OEUVRES

COMPLÈTES

DE POTHIER.

TOME VINGT-DEUXIÈME.

DE L'IMPRIMERIE DE P. DIDOT, L'AINÉ,
CHEVALIER DE L'ORDRE ROYAL DE SAINT-MICHEL,
IMPRIMEUR DU ROI.

OEUVRES

COMPLÈTES

DE POTHIER.

NOUVELLE ÉDITION.

TRAITÉS

DES PROPRES,
DES DONATIONS TESTAMENTAIRES.

A PARIS,

CHEZ THOMINE ET FORTIC, LIBRAIRES,

RUE SAINT-ANDRÉ-DES-ARTS, N° 59.

M. DCCCXXI.

TRAITÉ DES PROPRES.

De la division des biens en acquêts et propres.

L'esprit de notre droit coutumier est que chacun conserve à sa famille les biens qui lui en sont venus. De là est venue la distinction entre les acquêts et propres.

On appelle les acquêts les immeubles qui ne nous viennent point de famille, et que nous avons acquis nous-mêmes, soit à titre onéreux, comme par l'achat que nous en avons fait, soit à titre gratuit, comme par la donation ou legs qu'on nous en auroit fait.

Il faut pourtant en excepter ceux qui nous auroient été donnés ou légués par nos pères, mères, ou autres ascendants; car ces titres équipollent à celui des successions, et font des propres et non des acquêts, ainsi que nous le verrons plus bas.

Les propres sont ou réels ou fictifs, légaux ou conventionnels. Nous traiterons séparément de ces trois différentes espéces.

SECTION PREMIÈRE.

Des propres réels.

ARTICLE PREMIER.

Qu'est-ce qu'un propre. Division, et quelles choses sont
susceptibles de cette qualité.

§. I. Qu'est-ce qu'un propre réel.

Le terme de propre se prend différemment dans
notre droit, selon les différentes matières. En matière
de communauté de biens entre mari et femme, on
appelle propre tout ce qui n'entre point en communauté. C'est pourquoi les acquêts que chacun des conjoints a faits avant le mariage sont appelés propres de
communauté, parcequ'ils n'y entrent pas.

Ce n'est point de cette espéce de propres dont nous
entendons parler ici. Nous en avons déja parlé dans
notre *traité de Communauté.*

En matière de succession, de donation, de testament, de retrait lignager, on appelle propres les immeubles qui nous sont échus de la succession de quelques uns de nos parents.

§. II. Division des propres.

On divise les propres réels en naissants et avitins,
en propres de côté et ligne, et propres sans ligne.

Les propres naissants sont les héritages qui nous
sont transmis par la succession de quelqu'un de nos

parents qui les avoit acquis. Par exemple, si j'ai succédé à mon père à un héritage que mon père avoit acquis, cet héritage sera en ma personne un propre naissant paternel.

Les propres avitins ou anciens sont ceux qui m'ont été transmis par la succession d'un parent à qui ils avoient été transmis pareillement par succession. Par exemple, l'héritage que j'ai eu de la succession de mon père, qui l'avoit eu lui-même de la succession du sien, est un propre avitin.

Les propres de côté et ligne sont ceux qui sont affectés aux parents d'un seul côté. Par exemple, ceux qui me viennent de la succession de mon père ou de quelque parent paternel, sont propres du côté paternel, parcequ'ils sont affectés aux seuls parents de ce côté.

On appelle propres sans ligne les propres naissants qui me viennent de la succession d'une personne qui m'étoit parente, tant du côté de mon père que du côté de ma mère, par exemple, de la succession de mon fils, qui les avoit acquis de mon frère germain. Ils sont appelés sans ligne, parcequ'ils ne sont pas plus affectés à une ligne qu'à l'autre, à un côté qu'à l'autre, puisqu'ils procèdent d'un parent qui m'étoit parent de deux côtés.

§. III. Quelles choses sont susceptibles de la qualité de propres.

Il n'y a que les immeubles qui soient susceptibles de la qualité de propres : les meubles ne le sont pas.

La raison en est que, notre droit coutumier ayant

inventé la qualité de propres pour conserver les biens dans les familles, il n'a attaché cette qualité qu'aux biens qu'il s'est proposé d'y conserver. Or, en cela, il n'a eu en vue que les immeubles et non les meubles, tant parceque les meubles, dont le commerce est trop fréquent, ne sont point de nature à être conservé sainsi, que parceque c'étoit dans les héritages que consistoit la fortune des familles du temps de nos ancêtres, et non dans les meubles qui étoient alors très peu considérables, et qui, par cette raison, sont très peu considérés dans toutes les matières du droit coutumier.

Au reste, non seulement les héritages sont susceptibles de cette qualité, les immeubles fictifs, tels que sont les rentes et les offices, le sont aussi. Car cette espéce de biens, dans lesquels consiste aujourd'hui la fortune d'une grande quantité de familles, ayant été mise par cette raison au rang des immeubles, c'étoit une conséquence de leur attribuer toutes les qualités dont les immeubles sont susceptibles.

ARTICLE II.

Quel genre de successions fait des propres.

Toute succession de nos parents fait des propres, soit que ce soit une succession en ligne directe ascendante ou descendante, soit qu'elle soit en collatérale.

Renusson en excepte mal-à-propos les héritages que nous avons donnés à l'enfant auquel nous succédons, parceque, dit-il, ces héritages retournent plutôt *jure reversionis quàm jure hæreditario.* En cela il se trompe. Le droit de réversion n'a lieu que dans le pays de droit écrit, où il ne peut y avoir lieu à la question, n'y ayant point de propres en pays de droit écrit. Quant aux pays coutumiers, il est faux que les héritages donnés par les ascendants leur retournent à la mort de leur enfant *jure reversionis*, ce droit étant fondé sur des principes inconnus dans le droit coutumier. C'est vraiment à titre de succession qu'ils leur retournent. Les termes de la coutume sont formels; car, après avoir dit que propre ne remonte aux père, mère, ou autres ascendants, art. 314; elle ajoute en l'article suivant: Toutefois, succèdent ès choses par eux données. C'est donc vraiment à titre de succession que les ascendants succèdent à leurs enfants aux héritages qu'ils leur ont donnés, et, par conséquent, ces héritages leur sont propres, puisque c'est une régle générale que tout ce qui nous avient à titre de succession de nos parents nous est propre.

Il en est autrement de la succession de l'un des deux conjoints par mariage auquel le survivant succède à défaut de parents, suivant l'édit, *Undè vir et uxor,* que nous avons adopté en France. Les héritages qui lui sont échus par cette succession ne font point des propres; car il n'y a de propres que les immeubles qui nous viennent de la succession de nos parents.

Que si quelques coutumes ont défini les propres les héritages que nous possédons à titre successif, sans ajouter de nos parents, c'est que les successions se font à titre de parenté, et que, selon la coutume des jurisconsultes, les définitions ne se font que sur ce qui est ordinaire.

Mais pourquoi les successions *undè vir et uxor* ne

feroient-elles pas des propres aussi bien que les autres successions? La raison en est évidente; la loi ne donne la qualité de propres aux héritages qui nous viennent de succession que pour que nous les conservions aux côté et ligne de notre famille d'où ils nous sont venus. Or, cette raison ne se rencontre plus dans cette succession. C'est un étranger qui succéde à défaut de parents du défunt. Il n'y a plus, par conséquent, de famille du côté d'où l'héritage est venu, à qui il puisse être conservé; et, par conséquent, en vain lui donneroit-on la qualité de propre. Renusson, qui soutient contre notre sentiment que cet héritage est propre, convient qu'il n'est pas propre de succession par la raison que nous venons de dire; mais il prétend qu'il est propre de disposition. Cet auteur n'a pas réfléchi lorsqu'il a écrit cela; car un héritage n'est propre de disposition qu'en faveur de nos héritiers de la famille, dont il nous est venu; les portions dont les coutumes défendent de disposer sont appelées *réserves coutumières*, parceque les coutumes les réservent aux héritiers de la famille. N'y ayant dans notre espéce aucuns héritiers de la famille, ces héritages ne peuvent pas plus être propres de disposition que de succession.

Nous disons que l'héritage auquel j'ai succédé à ma femme, suivant l'édit *undè vir et uxor*, ne peut être considéré comme propre, parcequ'il ne reste plus personne de la famille de ma femme en faveur de qui la qualité de propre puisse être considérée. En seroit-il de même si j'avois succédé à ma femme en conséquence de la renonciation que ses parents auroient faite à sa succession? Je réponds que ce seroit la même chose : car, ces parents de ma femme qui res- tent m'étant absolument étrangers, ne peuvent être mes héritiers à cet héritage qui m'est venu de ma femme. La succession d'un propre est déférée aux pa- rents du défunt de la famille d'où lui est venu ce pro- pre, préférablement à tous ses autres parents, quoique plus proches ; mais elle ne peut être déférée à des per- sonnes qui ne sont point en tout parentes du défunt. Mais, dira-t-on, ne peut-il pas se faire que ces parents de ma femme soient aussi les miens ? Oui ; mais ce ne peut être que par une parenté différente de celle dont ils tou- choient ma femme. Car, puisque je n'étois pas parent de ma femme, ne lui ayant succédé que par l'édit *undè vir et uxor*, ils ne peuvent pas m'être parents par la même parenté dont ils touchoient ma femme. Cela présup- posé, il est évident qu'ils ne peuvent prétendre succé- der comme à un propre à l'héritage qui m'est venu de la succession de ma femme. Ils ne peuvent, en vertu de la parenté dont ils me touchent, y succéder que comme à un acquêt, puisque, par cette parenté, ils ne touchent point ma femme de qui l'héritage m'est venu. Ils ne peuvent y succéder du tout en vertu de la pa- renté dont ils touchent ma femme, puisque cette pa- renté ne les rend point mes parents.

Si la succession *undè vir et uxor* ne fait que des ac- quêts parceque cette succession n'avient pas à titre de parenté, à plus forte raison la succession à titre de déshérence ne fait-elle que des acquêts. Cette succession n'est pas même une vraie succession. Le seigneur qui suc- cède par déshérence ne succéde point *in jus defuncti*, mais *in bona vacantia*, par ce droit qu'ont les seigneurs de justice de s'approprier les choses qui se trouvent dans le territoire de leur justice n'avoir point de maître.

Cela pourroit peut-être souffrir quelque difficulté lorsque le seigneur de la justice, qui succéde par déshérence, est en même temps seigneur de fief. On pourroit peut-être dire que l'héritage qui lui arrive par déshérence se réunissant et consolidant au fief ou à la censive dont il relevoit, doit en suivre la qualité, et être propre si ce fief ou cette censive étoit un propre de ce seigneur; mais nous verrons, art. 4, que cette union civile, ne se faisant que quant à la féodalité, n'empêche pas que le corps d'héritage acquis par le seigneur ne soit un héritage distinct et séparé de ce-lui d'où il relevoit auparavant, et qu'il ne puisse avoir la qualité d'acquêt, quoique l'autre ait celle de propre.

ARTICLE III.

Quels titres équipollent à celui de succession.

§. I. Des donations faites par nos ascendants.

Les donations et les legs qui nous sont faits par nos père et mère ou autres ascendants sont des titres équi-pollents au titre de succession, et qui donnent la qua-lité de propres aux immeubles donnés ou légués, de la même manière que si le donataire les tenoit de la suc-cession du donateur. La raison de cette jurisprudence, qui est certaine, est que, selon la loi naturelle, les as-cendants doivent leur succession à leurs descendants. C'est pourquoi, lorsqu'ils leur ont fait des donations entre-vifs ou legs, ces donations ou ces legs sont con-

sidérés comme un acquittement de cette obligation naturelle qu'ils ont contractée de leur laisser leur succession, et, par conséquent, ces donations sont censées
des successions anticipées, et les legs sont censés faits
pour tenir lieu de la succession qui étoit due à ces enfants : d'où il suit que ces donations et ces legs sont en
quelque façon des titres de succession.

La raison pour laquelle les immeubles qui nous
aviennent à titre de succession nous sont propres est
qu'ils nous aviennent *jure sanguinis, jure familiæ*. Or,
cette raison se rencontre également dans ce qui nous
avient de nos ascendants par donation ou legs ; car
notre qualité d'enfants est le plus puissant de tous les
motifs qui ait pu porter nos ascendants à nous les faire.
C'est donc en cette qualité d'enfants, *jure sanguinis,
jure familiæ*, que nous tenons ce qui nous a été ainsi
donné. Et, par conséquent, ce qui nous a été ainsi
donné mérite également la qualité de propre, comme
si nous le tenions à titre de succession.

Ce qui nous a été donné par nos ascendants nous
est propre, non seulement dans le cas où nous accep-
terions par la suite leur succession, mais encore dans
le cas où nous y renoncerions ; car ce qui nous a été
donné nous en tient lieu.

Il y a plus : ce qui nous a été donné par nos ascendants nous est propre, quand même nous ne serions
pas leurs héritiers présomptifs. Par exemple, ce qu'un
aïeul donne aux enfants de son fils leur est-il propre ?
La raison de douter est qu'il semble qu'on ne puisse
dire que j'aie ces choses en avancement d'une succession, ou pour me tenir lieu d'une succession à laquelle je

ne suis point appelé. La raison de décider est que le vœu de la nature étant que nos biens passent à toute notre postérité, il est vrai de dire que la succession des biens de cet aïeul, non pas à la vérité immédiate, mais médiate, est due à ses petits-enfants, qui, selon le cours ordinaire et le vœu de la nature, doivent un jour lui succéder, quoique par le canal de leur père qui les précéde. Lors donc que leur aïeul leur donne ces biens, il ne fait qu'accélérer le temps auquel ils doivent un jour y succéder; il ne fait que sauter par-dessus le canal par lequel ils doivent un jour leur passer; et, par conséquent, il est vrai de dire, même en ce cas, que la donation faite à ces petits-enfants est une succession anticipée, qui doit donner la qualité de propres aux immeubles qui leur parviennent à ce titre.

Il y a des coutumes où le fils aîné est seul héritier. Ce qui est donné dans ces coutumes aux puînés leur est-il propre? La raison de douter est qu'il semble qu'on ne puisse dire que la donation qui leur est faite soit en avancement de succession, puisque, dans ces coutumes, ils ne sont pas habiles à succéder à ces biens, ni immédiatement, ni même médiatement. Sur ces raisons, il a été jugé, par un arrêt rapporté par Bouguier, qu'une donation faite à un enfant puîné, dans la coutume de Ponthieu, n'avoit fait que des acquêts. La raison de décider, au contraire, qu'une telle donation fait des propres est que si les puînés ne sont pas capables, dans ces coutumes, du titre civil d'héritiers qui est réservé au seul fils aîné, ils sont au moins capables d'une espéce de succession naturelle d'une portion des biens de leur père; les donations qui leur sont faites sont censées faites en avancement et en acquit de cette succession naturelle, ce qui suffit pour que ce qui leur revient à ce titre soit propre. Les coutumes d'Anjou et du Maine, art. 250 et 268, en ont des dispositions formelles.

Pour qu'un immeuble soit censé nous être avenu par donation de nos ascendants, et en conséquence soit propre, il faut que ce soit l'immeuble lui-même qui nous ait été donné. C'est pourquoi si mon père acquiert en mon nom un héritage, et qu'il le paie de ses deniers avec déclaration expresse qu'il n'entend point répéter contre moi l'héritage, il sera acquêt et non propre ; car cet héritage ne m'a point été donné par mon père à qui il n'a jamais appartenu ; il ne m'a donné que les deniers pour acquérir la chose, et non la chose même. Je tiens l'héritage non de lui, mais de l'étranger qui l'a vendu.

Si mon père a acquis un héritage en mon nom, et qu'ensuite il m'en fasse donation, cet héritage sera-t-il propre ? Renusson décide indistinctement que oui, et rapporte un arrêt. Je pense qu'il faut ainsi distinguer. Si je n'avois point accepté l'acquisition que mon père en a faite en mon nom, ou même que j'eusse refusé expressément de la ratifier, comme, en ce cas, cette acquisition reste pour le compte de mon père, la donation que mon père m'en a faite depuis est valable. C'est en vertu de cette donation que je deviens propriétaire de cet héritage, et, par conséquent, il m'est propre. C'est apparemment dans cette espéce que l'arrêt cité par Renusson a été rendu ; mais si j'avois ratifié l'acquisition qui en a été faite en mon nom, ayant, par cette ratification, acquis la propriété de cet héritage, la donation que mon père m'en feroit par la suite ne seroit pas valable, puisqu'on ne peut pas valablement donner à quelqu'un ce qui lui appartient déja. Cet héritage, en ce cas, ne m'appartiendroit donc point en vertu de la donation qui m'en auroit été faite par mon père, mais en vertu de l'acquisition qui en auroit été faite en mon nom, et, par conséquent, il sera acquêt.

Quid, si je ne m'étois point expliqué si j'agréois ou non cette acquisition faite en mon nom? En ce cas, la donation que j'accepterois supposeroit en moi la volonté de ne pas acquérir la chose en vertu de l'achat que mon père en auroit fait en mon nom, et dans mon père celle de prendre à mon refus cet achat pour son compte : en conséquence j'aurois cet héritage en vertu de cette donation, et il me seroit propre.

Ne supposons plus que mon père, qui a acquis cet héritage en mon nom, me l'ait donné depuis; mais supposons qu'il est mort avant que je me sois expliqué. Si je ratifiois cette acquisition, cet héritage sera-t-il censé m'appartenir en vertu de cette acquisition, ou à titre de succession de mon père, duquel je suppose encore que j'aie été seul héritier? Il me paroît qu'il faut faire cette distinction, si mon père, lorsqu'il a fait cette acquisition en mon nom, avoit qualité pour la faire, comme s'il étoit mon tuteur ; en ce cas, ce qu'il acquiert en mon nom m'étant acquis de plein droit et sans qu'il soit besoin d'acceptation, comme si je l'avois acquis moi-même, le fait du tuteur étant à cet égard le fait du mineur, cet héritage sera censé m'appartenir en vertu de cette acquisition, et non à titre de succession de mon père, et, par conséquent, me sera acquêt.

Que si mon père a fait cette acquisition en mon nom,
sans avoir aucune qualité, et comme un simple *negotiorum gestor;* comme, en ce cas, je ne peux acquérir
la propriété de cet héritage, ainsi acquis en mon nom,
que par la ratification que je ferois de cette acquisition,
étant devenu héritier de mon père, avant d'avoir fait
cette ratification, et, par conséquent, avant d'avoir acquis cet héritage, je le trouve en la succession, et je
suis censé, par conséquent, l'avoir à titre de succession.

Venons actuellement au cas où j'aurois partagé, avec
d'autres cohéritiers, la succession de mon père; en ce
cas, le partage fera connoître si j'ai cet héritage en vertu
de l'acquisition qui en a été faite en mon nom ou à titre
de succession de mon père; car, si cet héritage n'a point
été employé dans la masse des biens de mon père, et
qu'on y ait seulement employé le prix que mon père
a fourni pour cette acquisition, je serai censé avoir cet
héritage en vertu de cette acquisition que mon père en
auroit faite comme un simple *negotiorum gestor,* quand
je ne l'aurois pas ratifiée de son vivant; car la ratification que j'en fais depuis sa mort, en empêchant que
cet héritage ne soit compris en la masse de ses biens,
a un effet rétroactif au temps de l'acquisition, et empêche que cet héritage soit censé dépendre de la succession de mon père.

Que si, au contraire, cet héritage a été mis dans la
masse de la succession de mon père, et qu'il soit échu
dans mon lot de partage, en ce cas, je l'aurai à titre de
succession, nonobstant l'acquisition qui en a été faite
en mon nom; car un héritage acquis par mon tuteur
en mon nom est bien censé m'appartenir, tant que je

ne réfute pas l'acquisition ; mais lorsque je la réfute et que l'on acquiesce à ma réfutation, il est censé ne m'avoir jamais appartenu. Or, la masse des biens de mon père, dans laquelle mes frères et moi l'avons comprise, suppose en moi la volonté de réfuter cette acquisition, et dans mes cohéritiers celle d'acquiescer à ma réfutation, et de laisser l'acquisition pour le compte de la succession de mon père.

Ce qui nous est donné par nos ascendants nous est propre ; mais il en est autrement des immeubles que nous acquérons d'eux à titre de commerce. Il n'est pas douteux que ce que mon père me vend, ou me donne en paiement de ce qu'il me doit, m'est acquêt comme si je l'acquérois d'un étranger.

Cela a lieu, quand même mon titre d'acquisition seroit qualifié de donation ; car, si mon père me donne en récompense des services que je lui ai rendus, qui sont appréciables à prix d'argent, et qui égalent la valeur de l'héritage, une telle donation n'étant donation que *nomine tenus*, et étant *in rei veritate* une vraie vente, l'héritage que j'acquiers de mon père à ce titre m'est acquêt.

Quid, si les services ou les charges n'égaloient pas la valeur de l'héritage ? Je pense qu'en ce cas l'héritage seroit acquêt, seulement jusqu'à concurrence des services ou des charges, et que l'héritage étant censé donné pour le surplus, seroit propre pour le surplus.

Il en seroit autrement si mon père m'avoit vendu cet héritage au-dessous de sa valeur ; l'héritage me seroit entièrement acquêt. La raison de différence est que, dans l'espèce précédente, l'intention de mon père est de me faire une donation de l'héritage póur ce qu'il excéde la valeur des services qu'il m'a payés, ou des charges qu'il m'impose; que l'acte est une donation pour cet excédant: mais, dans l'espéce présente, il n'a d'autre intention que de me faire une vente, à vil prix à la vérité; mais une vente, quoiqu'elle soit faite à vil prix, n'est pas pour cela autre chose qu'une vente, n'étant pas de l'essence de la vente que le prix soit précisément le juste prix de la chose vendue. Le contrat étant donc une pure vente, l'héritage que j'acquiers à ce titre ne peut être autre chose qu'acquêt.

Il est vrai que si j'avois des cohéritiers venants avec moi à la succession de mon père, ils pourroient attaquer cette vente qui m'a été faite à vil prix, et la faire déclarer avantage indirect et donation simulée faite sous le nom de vente; mais il n'y a qu'eux qui soient recevables à cela; c'est pourquoi, si je n'ai point de cohéritiers, ou qu'ils ne se soient pas plaints, cette vente qui m'a été faite subsistant, l'héritage que j'ai acquis à ce titre ne peut passer que pour un acquêt en ma personne.

Lorsque nous disons qu'une donation est censée vente, et faire des acquêts jusqu'à concurrence des charges appréciables à prix d'argent, qui sont imposées par la donation, nous entendons parler des charges extrinséques aux choses données. A l'égard des charges qui sont charges de la chose même, une donation, pour être faite à ces charges, n'en est pas pour cela réputée onéreuse, c'est seulement donner les choses telles qu'elles sont.

Suivant ces principes, si mon père m'a donné un

héritage à la charge d'une rente foncière dont il est chargé, quelque forte que soit cette rente, la donation n'est point pour cela censée onéreuse. C'est une pure donation qui m'est faite de cet héritage, lequel me sera propre en entier.

Par la même raison, si mon père me fait donation de ses biens à la charge de payer ses dettes, quand même ces dettes égaleroient l'actif, cette donation n'est point réputée onéreuse, et les biens que j'aurai à ce titre me seront propres, parceque la charge des dettes est une charge de la chose qui m'est donnée, les biens renfermant en soi la charge des dettes.

Il en seroit autrement, si mon père m'avoit donné la moitié de ses biens à la charge de payer le total de ses dettes ; la moitié des biens qui m'est donnée n'étant par elle-même chargée que de la moitié des dettes, l'autre moitié dont on me charge étant extrinsèque à la chose donnée, rend la donation onéreuse jusqu'à la concurrence de cette autre moitié des dettes ; et, par conséquent, les biens compris dans cette donation me seront acquêts, jusqu'à cette concurrence.

Que s'il m'avoit donné des corps certains, par exemple, une certaine terre, à la charge de payer ses dettes, quand même cette terre feroit la portion la plus considérable de ses biens, la charge des dettes n'étant pas charge des corps certains, cette charge des dettes est entièrement extrinsèque à la chose donnée, et, par conséquent, rend la donation onéreuse, jusqu'à la concurrence de la quantité de toutes les dettes dont on m'a chargé.

Lorsqu'un père donne à son fils un héritage à la

place d'une somme d'argent qu'il lui avoit promise en dot, il semble que ce soit une donation en paiement, et, par conséquent, un titre équipollent à vente qui doit faire un acquêt; *nam dare in solutum est vendere.* Mais la disposition de l'art. 126 de la coutume de Paris, formée sur la jurisprudence qui avoit dès-lors prévalu, en décidant qu'il n'est point dû de profit en ce cas, nous insinue assez ouvertement que cet acte ne doit point être regardé comme une vente, mais comme un acte par lequel l'héritage est substitué à la place de la somme d'argent que le père avoit d'abord entendu donner, et qu'ainsi cet héritage doit être censé avenir à l'enfant à titre de donation, et, par conséquent, être propre.

Que si mon père m'a donné en dot 10,000 livres dont il me constitue une rente de 500 livres au capital de 10,000 livres, cette rente est certainement un acquêt, puisqu'elle n'a commencé à exister qu'en m'a personne.

§. II. *Si la donation faite aux héritiers présomptifs en ligne ascendante ou collatérale fait des propres.*

Les coutumes ont différentes dispositions sur cette question. Celles d'Anjou et du Maine disent en général que le don d'héritages fait à l'héritier présomptif, est réputé en avancement de succession, et non pas acquêt.

Les coutumes de Paris, art. 246, et d'Orléans, article 21, décident assez ouvertement le contraire. Ces coutumes font entrer en communauté tout ce qui est donné à l'un des conjoints pendant le mariage, fors en ligne directe. D'où il suit que, puisqu'elles n'exceptent que la ligne directe, tout ce qui avient à titre de donation en ligne collatérale, sans distinguer si le donataire est ou n'est pas héritier présomptif du donateur, est acquêt, puisqu'il n'y a que les acquêts qui tombent en communauté.

Que doit-on décider dans les coutumes qui n'ont à ce sujet aucune disposition? La jurisprudence est aujourd'hui constante, que la donation faite à l'héritier présomptif en collatérale ne fait que des acquêts. La raison en est qu'il n'y a d'obligation naturelle de laisser ses biens qu'à ses enfants. Nous ne les devons point à nos collatéraux. Les donations que nous leur faisons ne peuvent donc point être regardées comme l'acquittement anticipé de la dette de notre succession. Ce sont de puresdonations qui ne font, par conséquent, que des acquêts, suivant la maxime : *Il n'est si bel acquêt que don.*

Cela a lieu quand même le contrat de donation porteroit expressément qu'elle est faite à cet héritier présomptif en avancement de succession. Car étant impossible, *per rerum naturam*, d'avancer le paiement de ce qu'on ne doit pas, il est impossible qu'une telle donation soit en avancement de succession; et les termes dont on s'est servi dans l'acte ne peuvent pas lui donner une qualité qu'elle ne peut avoir.

Quid, de la clause que l'héritage donné sera propre au donataire, comme il l'auroit été, s'il y eût succédé? Voyez cette question *in fin. sect.* 3.

Les raisons que nous venons de rapporter paroissent

concluantes, pour décider que la donation que je fais de mes acquêts à mon héritier présomptif en collatérale ne peut être regardée comme un avancement de ma succession; qu'effectivement nous ne devons en aucune manière nos acquêts à nos collatéraux. Mais a-t-on eu raison de décider la même chose à l'égard de la donation que je fais de mes propres à mon héritier présomptif en collatérale? Car ne peut-on pas dire, que, suivant l'esprit de notre droit coutumier, nous devons la succession de nos propres à nos parents de la famille d'où ils procèdent; que c'est sur ce fondement que les coutumes ont établi les légitimes coutumières; qu'ainsi il semble que la donation que nous faisons à notre héritier présomptif des propres, peut fort bien passer pour un avancement de succession, et que les héritages ainsi donnés doivent leur être propres? Ces raisons sont spécieuses. Néanmoins, je pense que la jurisprudence a fort bien décidé que la donation que nous faisons, même de nos propres, à notre héritier présomptif, même en ligne collatérale, n'est point en avancement de succession. Il y a une grande différence entre la dette naturelle de nos biens envers nos enfants, et les légitimes coutumières qui sont dues par la loi municipale à l'héritier aux propres. Nous devons nos biens à nos enfants par la seule qualité qu'ils ont d'être nos enfants, et nous les leur devons dès notre vivant, quoique la dette ne soit exigible quaprès notre mort; en telle sorte que nous ne pouvons, sans manquer aux devoirs naturels, les en frustrer, en les dissipant de notre vivant. Les donations que nous leur faisons dès notre vivant, sont donc vraiment un paiement avancé et anticipé, et, par conséquent, une succession anticipée. Il n'en est pas de même de la légitime coutumière; elle est due à l'héritier en sa seule qualité d'héritier; et comme on ne peut avoir cette qualité d'héritier qu'après la mort de celui auquel on succède, on ne peut pas dire, comme dans l'espéce précédente, que lorsque nous donnons nos héritages propres à notre parent collatéral, quoique le plus proche habile à nous succéder, ce soit donation, ce soit un paiement anticipé d'un bien qui lui fût dû, quoique l'échéance de la dette ne fût pas encore venue; car, la réserve coutumière dans les propres n'étant point due à raison de la qualité de parent, ni même de plus proche parent, mais à raison de la seule qualité d'héritier, qualité que ce donataire n'a pas, puisque l'on ne peut avoir la qualité de mon héritier qu'après ma mort, qualité qu'il est même incertain s'il l'aura jamais, on ne peut pas dire que les propres que je lui donne soient quelque chose que je lui dusse, et dont je ne fais qu'anticiper le paiement: une telle donation ne peut donc passer, comme dans la précédente espéce, pour un acquittement anticipé de ma succession, pour une succession anticipée; mais c'est une pure donation qui ne fait que des acquêts.

Les héritages donnés par les descendants aux ascendants sont-ils propres dans la coutume de Paris? Renusson pense qu'ils le sont, lorsque les héritages qui leur sont donnés sont des héritages dont ils étoient les héritiers présomptifs. Comment peut-il concilier ce sentiment avec celui embrassé touchant la donation faite à l'héritier présomptif en collatérale qu'il convient ne

faire que des aquêts? Nous ne devons pas plus la succession de nos biens à nos ascendants qu'à nos collatéraux, et, par conséquent, la donation que nous leur
faisons de nos biens ne peut pas plus être regardée
comme une succession anticipée, que celle faite à nos
collatéraux. Il y a plus, la succession des ascendants
n'arrivant que contre l'ordre et le vœu de la nature,
turbato mortalitatis ordine, on ne peut pas regarder
les donations faites aux ascendants par leurs descendants, comme l'avancement d'une succession qu'il est
contre l'ordre et le vœu de la nature d'attendre.

§. III. Quand le titre de substitution fait-il des propres.

La substitution fidéicommissaire est une disposition
testamentaire qu'un testateur fait de ses biens, ou de
choses particulières, au profit de quelqu'un, non directement, mais par le canal de son héritier, ou d'un
premier légataire que le testateur charge de les lui restituer.

Il résulte de cette notion que le substitué tient du
testateur les choses comprises en la subtitution, et non
de la personne grevée de les lui restituer; le titre auquel ces choses aviennent au substitué, est la donation
testamentaire qui en est faite à son profit par le testateur. De là il suit que les héritages échus en vertu
d'une substitution, seront propres au substitué, si le
substitué est un des descendants du testateur, parcequ'en ce cas, la substitution est une donation testamentaire faite en directe, laquelle fait des propres.
Que si, au contraire, ce substitué n'est qu'un parent
collatéral du testateur, il semble que les héritages qu'il

recueillera seront des acquêts, quand même le substitué seroit l'héritier présomptif, ou même l'enfant du
grevé de substitution; car il ne tient pas ces biens de
la succession du grevé, dont la mort a fait ouverture
à la substitution, il les tient du testateur dont il n'est
que parent collatéral. La substitution, qui est son titre,
est une donation testamentaire en collatérale qui ne
peut faire que des acquêts. Nonobstant cette raison,
qui me paroît décisive, Renusson pense que si le testateur, en appelant à la substitution la famille du
grevé, a suivi l'ordre des successions, l'héritage sera
propre à ceux qui recueilleront la substitution. Ses raisons sont que la substitution étant faite dans la vue
d'assurer davantage à la famille les héritages substitués, elle ne doit pas avoir un effet contraire à cette
vue, qu'elle auroit néanmoins, si elle donnoit à ces
héritages, en la personne des substitués, la qualité
d'acquêts au lieu de celle de propres, qu'ils auroient
eue s'il n'y avoit point eu de substitution, et que les
héritiers y eussent succédé au grevé à titre de succession; d'ailleurs, que ces substitutions n'étant point faites
par aucune considération personnelle des substitués,
qui, n'étant point encore nés, n'avoient pu mériter
celle des testateurs, mais étant pour la considération
générale de la famille, les substitués qui recueilleroient
ces biens en vertu de la substitution, ne les recueilleroient pas tant *merito suo*, ce qui fait le caractère des
acquêts, que *jure sanguinis et familiæ*, ce qui fait celui des propres. Renusson rapporte deux arrêts pour ce
sentiment.

Lorsque le substitué est héritier du grevé, dont la

mort donne ouverture à la substitution, il n'est pas douteux que l'héritage compris en la substitution lui est propre pour la portion dont il est héritier, puisqu'il a cette portion, *jure hæreditario*, à titre d'héritier du grevé dans la succession duquel l'héritage s'est trouvé, et que le droit de créance qu'il avoit en vertu de la substitution contre la succession s'est confus pour cette portion par son addition d'hérédité.

Doit-on dire la même chose s'il n'étoit qu'héritier sous bénéfice d'inventaire? La raison de douter est que l'héritier sous bénéfice d'inventaire ne confond pas les créances qu'il a contre la succession. La raison de décider est, qu'encore que le bénéfice d'inventaire empêche la confusion du droit de créance qu'il a contre la succession pour raison des choses substituées à son profit, il n'en est pas moins vrai de dire que ces choses s'étant trouvées dans la succession du grevé, il en a été saisi comme héritier pour la part dont il est héritier, et, ayant acquis à ce titre d'héritier la propriété de cette part, elle lui est propre. La créance qu'il a de cette chose contre la succession, et dont le bénéfice d'inventaire empêche la confusion, lui donne droit de retenir cette chose ; il l'a en vertu de son droit de substitution ; mais on ne peut pas dire qu'il l'acquiert en vertu de ce droit, puisqu'il l'avoit acquise à titre d'héritier, par la régle, *le mort saisit le vif,* et que nous ne pouvons acquérir ce qui est déja à nous; *quod meum est meum amplius fieri non potest; nec ut ex pluribus causis res mihi deberi potest, ita ex pluribus causis mea esse potest.*

Si le grevé de substitution avoit aliéné l'héritage compris en la substitution, et que l'héritier du substitué, suivant le droit introduit par la nouvelle ordonnance de substitution, t. I, art. 31, se le fût fait délaisser par le tiers-détenteur, en ce cas, il n'est pas douteux que l'héritage sera acquêt pour le total; car, ne s'étant point trouvé dans la succession du grevé qui l'avoit aliéné de son vivant, on ne peut pas dire que le substitué l'ait à titre de succession de ce grevé; il ne peut, en ce cas, l'avoir qu'en vertu du seul titre de la substitution, laquelle étant, comme on le suppose, faite au profit du collatéral, étant une donation en collatérale, ne peut faire que des acquêts.

§. IV. Si la remise de la confiscation fait des propres ou des acquêts.

Lorsque la remise de la confiscation est faite à la personne même du condamné par des lettres d'abolition qu'il obtient du roi, il n'y a pas de difficulté que les héritages lui retournent avec la qualité de propres qu'ils avoient avant la confiscation; car les lettres d'abolition ayant détruit et réduit *ad non actum* la sentence de condamnation qui avoit opéré la confiscation, ces lettres ont plutôt fait cesser la cause en vertu de laquelle le condamné avoit perdu ses biens, qu'elles n'ont formé un nouveau titre d'acquisition. Le condamné recouvre ses biens plutôt qu'il ne les acquiert de nouveau. Ces lettres n'étant donc point un nouveau titre d'acquisition, et ne pouvant donner à ces biens une nouvelle qualité d'acquêts, puisqu'ils retournent au condamné plutôt qu'il ne les acquiert, ils retournent avec les mêmes qualités avec lesquelles il les possédoit avant la confiscation, et, par conséquent, avec la qualité de propres, s'ils avoient cette qualité. Dargentré avoit fait une distinction entre les lettres d'abolition qu'il appelle de justice, pour des cas de leur nature graciables, et celles qu'il appelle de pure grace, qui n'a point été suivie.

Lorsque le roi remet la confiscation aux plus proches parents du condamné, on a agité la question, si ces biens devoient être regardés comme des propres ou acquêts. Quelques anciens arrêts les ont décidés propres, sur le fondement que la remise de confiscation étoit comme une permission que le roi accordoit que les parents succédassent à ces biens, et qu'ainsi les parents, dans ce cas, étoient censés tenir ces biens à titre successif, et, par conséquent, comme propres. Ce raisonnement n'étoit pas juste ; car le don que le roi fait aux parents des biens confisqués, laisse subsister la sentence rendue contre le condamné, ne lui rend pas la vie civile, qu'il a perdue par la condamnation ; et comme le droit de succession passive est un droit attaché à l'état civil, qui ne lui est pas rendu, on ne peut supposer que ses parents, à qui le roi fait don de la confiscation, aient succédé à ses biens ; ils les tiennent donc à titre de don du roi, lequel titre fait des acquêts. Par ces raisons, la jurisprudence les juge acquêts.

ARTICLE IV.

Quelles choses sommes-nous censés tenir à titre de succession,
et par conséquent comme propres.

Nous possédons, comme propres, les immeubles
auxquels nous avons succédé, non seulement lorsque
nous avons toujours continué de les posséder à ce titre, mais même lorsqu'après avoir cessé de les posséder, nous les avons recouvrés plutôt par la résolution
de l'aliénation que nous en avons faite, que par un
nouveau titre d'acquisition.

Nous possédons à titre successif, et comme propres,
non seulement les immeubles auxquels nous avons
succédé immédiatement, mais encore ceux qui nous
sont avenus depuis la succession, en vertu d'un droit
auquel nous avons succédé.

Nous possédons comme propre tout ce qui, depuis
que nous avons succédé à un propre, est uni, incorporé, et fait partie de notre propre.

Nous possédons, comme propre, tout ce qui nous
reste d'un propre, et tous les droits que nous avons
retenus dans ce propre, ou par rapport à ce propre,
en l'aliénant.

§. I. Des choses dans lesquelles nous rentrons par la
résolution de l'aliénation que nous en avions faite.

Lorsque nous devenons propriétaires d'une chose
après avoir cessé de l'être, il faut bien examiner si
nous en redevenons propriétaires en vertu d'un nouveau titre d'acquisition que nous en faisons, ou seule-

ment par la résolution de l'aliénation que nous en avions faite.

Au premier cas, on ne considère plus l'ancien titre, mais celui auquel nous l'avons acquis de nouveau. Par exemple, si j'ai vendu mon héritage, qui m'étoit échu par succession, et que celui à qui je l'ai vendu ou ses successeurs me le revendent ou m'en fassent donation, on ne considère plus le titre de succession auquel je l'ai eu d'abord, parceque ce n'est plus en vertu de ce titre que j'ai cet héritage, mais en vertu de la vente ou de la donation qui m'en a été faite; et comme les titres de vente et de donation font des acquêts, il n'est pas douteux que cet héritage, qui m'avoit d'abord été propre, ne me sera plus qu'acquêt.

Au second cas, lorsque je redeviens propriétaire, non par un nouveau titre d'acquisition, mais par la seule résolution de l'aliénation que j'en avois faite, n'y ayant point de nouveau titre d'acquisition, l'héritage ne peut pas recevoir une nouvelle qualité d'acquêt qu'il n'avoit pas auparavant; le titre en vertu duquel je deviens propriétaire ne peut être que l'ancien titre, en vertu duquel je l'étois lorsque je l'ai aliéné, puisqu'on suppose qu'il n'en est point intervenu de nouveau, et que l'aliénation que j'en avois faite s'est résolue. Si donc avant que je l'eusse aliéné, je le possédois à titre de succession, il reprendra la même qualité de propre.

Faisons l'application de ce principe. J'ai vendu un héritage qui m'étoit échu à titre de succession; je prends des lettres de rescision contre la vente que j'en ai faite, soit pour cause de minorité, soit pour cause de lésion d'outre moitié du juste prix, ou pour quelqu'autre cause que ce soit; elles sont entérinées, et je rentre dans cet héritage. Il n'est pas douteux qu'il reprendra la qualité de propre; car la sentence, en vertu de laquelle je rentre, contient plutôt la destruction du titre par lequel je l'avois aliéné, qu'elle ne contient un nouveau titre d'acquisition. Voici un autre exemple : j'ai été condamné à une peine qui emporte mort civile et confiscation de biens, j'obtiens, par la suite, des lettres d'abolition, en vertu desquelles je rentre dans les biens qui avoient été confisqués; ces lettres ne sont pas tant pour moi un nouveau titre d'acquisition de ces biens, que la destruction de la sentence qui m'en avoit fait perdre la propriété.

Dargentré, néanmoins, fait une distinction dans cette espéce : il convient que dans le cas des lettres d'abolition, qu'il appelle de justice, qui sont accordées pour un cas graciable, les biens qui avoient été confisqués retournent avec la qualité de propres qu'ils avoient auparavant; mais il prétend que, lorsque ces lettres d'abolition sont de grace, et qu'elles sont accordées par une grace extraordinaire, et par la plénitude de la puissance du souverain, ces lettres renferment un véritable don des biens confisqués, et leur doit donner la qualité d'acquêts.

Cette distinction est rejetée par les auteurs, et je ne pense pas qu'elle doive être suivie; car, dans l'un et dans l'autre cas, les lettres d'abolition anéantissent la sentence de condamnation qui a opéré la confiscation; d'où il suit que les biens confisqués lui retournent, par la résolution du titre qui les lui avoit fai perdre. Ce n'est point une nouvelle acquisition qu'il fasse d'où puisse résulter la qualité d'acquêt.

L'héritage dont je redeviens propriétaire reprend la qualité de propre qu'il avoit, non seulement lorsque j'y rentre par la rescision et l'annulation du titre qui m'en avoit fait perdre la propriété, comme dans les espéces précédentes, mais même lorsque ce titre se résout pour l'avenir. C'est pourquoi, si la donation que j'avois faite d'un héritage propre est révoquée pour cause de survenance d'enfant, si j'avois vendu mon héritage propre avec la clause de réméré ou avec la clause commissoire, et que j'exerce le réméré, ou que j'y rentre en vertu de la clause commissoire faute de paiement; si je l'avois donné à rente, et qu'on me le déguerpisse; dans tous ces cas, et autres semblables, mon héritage, dont je redeviens propriétaire, n'est point acquêt, parceque ce n'est point en vertu d'un nouveau titre d'acquisition que j'en redeviens propriétaire; mais il reprend la qualité de propre qu'il avoit lorsque je l'ai aliéné, parceque, redevenant propriétaire par la résolution du titre d'aliénation que j'en avois fait, je recommence à le posséder au même titre auquel je le possédois auparavant. Outre cette raison, qui seule est très suffisante pour décider que, dans cette espéce, l'héritage reprend la qualité de propre, il se rencontre celles-ci: le droit de rente foncière que j'ai retenu dans l'héritage propre que j'ai aliéné, et en vertu duquel j'y rentre lorsqu'on me le déguerpit; le droit de rentrer en cas de réversion; le droit de rentrer dans l'héritage par la clause de réméré ou par la clause commissoire, sont des droits immobiliers qui m'étoient propres de la même nature que m'étoit l'héritage, suivant les principes que nous établirons au paragraphe troisième ; ces droits venant à se fondre, se terminer, et se réaliser dans l'héritage dans lequel je rentre en vertu de ces droits que j'ai conservés, il s'ensuit que cet héritage doit aussi avoir la même nature de propre, suivant les principes que nous établirons au paragraphe deuxième.

Lorsque j'ai donné entre-vifs un héritage propre, et que j'y rentre pour cause d'ingratitude du donataire, la sentence qui m'y fait rentrer doit-elle être regardée comme une simple résolution de la donation que j'en avois faite, ou bien comme un nouveau titre d'acquisition qui donne à cet héritage la qualité d'acquêt? La question fait difficulté, et est controversée. Je suis revenu à penser que cette sentence est un nouveau titre d'acquisition par lequel le juge m'adjuge, par forme de réparation de l'offense qui m'a été faite, ce que le donataire ingrat se trouve posséder de mes bienfaits.

Il me semble qu'on ne peut pas la considérer comme une simple résolution de la donation que j'avois faite ; car un acte entièrement consommé, tel qu'est la donation, ne peut se résoudre qu'en vertu de quelque condition résolutoire sous laquelle cet acte a été fait, sinon expressément, du moins tacitement. Or, on ne peut pas dire qu'une donation ait été faite sous la condition qu'elle se résolveroit en cas d'ingratitude du donataire. C'est à quoi même on n'a pas dû penser. Ce n'est donc point en vertu d'aucune condition résolutoire de la donation que le donataire est privé de la chose donnée, et que le donateur y rentre, mais par forme de peine prononcée contre le donataire au profit du donateur, et par forme de réparation de l'offense commise contre lui, ce qui est un vrai titre d'acquisition que le donateur fait de cette chose qui la rend acquêt. Une preuve que le donateur n'y rentre pas, en ce cas, par la résolution de la donation, c'est qu'il reprend la chose avec toutes les charges qui ont été imposées par le donataire, ainsi qu'on en convient, ce qui néanmoins ne devroit pas être, si la donation se résolvoit; car toutes les charges imposées par le donataire devroient se résoudre pareillement, suivant la régle, *soluto jure dantis solvitur jus accipientis.*

La commise d'un fief qui se fait au profit du seigneur, pour cause de désaveu ou de félonie, n'est regardée non plus que comme une peine prononcée par les coutumes contre le vassal au profit du seigneur, et un titre d'acquisition qui donne au fief qui est commis la qualité d'acquêt. Ainsi le décide Renusson en son *Traité des Propres,* et d'autres auteurs.

Lorsque j'ai vendu à crédit un héritage, et que l'acheteur, qui n'a pas payé le prix par une convention faite avec moi, se déporte de son achat et permet que je reprenne mon héritage, cette convention est regardée comme contenant plutôt une désistement et une résolution de la première vente, qu'une nouvelle vente et un nouveau titre d'acquisition. La raison en est que le contrat n'a pas été entièrement consommé dans cette espéce, où il manquoit à la consommation du contrat le paiement du prix. On peut, par un commun consentement, s'en désister; *re integrâ abire pacto à venditione potest.* C'est le sentiment de Dumoulin, sur le titre des fiefs, et notre coutume, article 112, en décidant que pour une telle convention il n'étoit point dû de nouveau profit, paroît avoir adopté ce sentiment, et avoir regardé cette convention, non comme contenant un nouvelle vente, un nouveau titre d'acquisition, mais plutôt un désistement de la première vente ; d'où il suit que l'héritage dans lequel le vendeur rentre n'est point un nouvel acquêt, mais qu'il reprend la même qualité de propre qu'il avoit lorsqu'il l'a aliéné.

§, II. Des choses qui nous aviennent en vertu d'un droit auquel nous avons succédé.

Non seulement les immeubles qui nous ont été transmis immédiatement par la succession de nos parents nous sont propres, tous ceux qui nous aviennent en vertu d'un droit auquel nous avons succédé le sont aussi ; car ils nous aviennent en notre qualité d'héritier ; c'est en tant qu'héritiers que nous en devenons propriétaires. Il est donc vrai de dire que nous les tenons à titre d'héritier, et, par conséquent, que ce sont des propres. Par exemple, mon père a acheté un héritage dont la tradition ne s'est faite que depuis sa mort à moi qui suis son héritier, cet héritage me sera propre, quoique je n'aie point succédé immédiatement à cet héritage, qui n'a jamais appartenu à mon père ; car, il suffit que j'aie succédé à l'action *ex empto* qu'avoit mon père pour se le faire livrer. En succédant à l'action par laquelle je me suis fait livrer l'héritage, c'est tout comme si j'avois succédé à l'héritage même.

Car de même que c'est un axiome en droit que *qui actionem habet ipsam rem habere videtur;* de même il faut dire que *qui in actionem successit in ipsam rem successisse videtur.*

On peut dire que j'ai cet héritage à titre d'héritier, puisque ce n'est qu'en ma qualité d'héritier, et en conséquence du droit auquel j'avois succédé à mon père qu'il m'a été livré, et que j'en suis devenu propriétaire. Ce droit auquel j'ai succédé étoit un droit à un héritage, *jus ad immobile,* et, par conséquent, suivant les principes établis au paragraphe précédent, un droit immobilier qui étoit en ma personne un propre. Ce droit n'étoit autre chose que l'héritage même considéré sous un certain aspect, non comme étant déja *in dominio,* mais comme étant *in credito,* et devant un jour parvenir en notre domaine. Il s'ensuit que l'héritage auquel le droit qui m'étoit propre vient à se terminer, et dans lequel il vient à se fondre et réaliser par la tradition qui m'en est faite, doit être pareillement propre, puisqu'il n'est rien autre chose que le terme et la réalisation du droit qui m'étoit propre. On doit décider la même chose, et par la même raison, dans toutes les autres espèces semblables. Par exemple, si le parent auquel j'ai succédé avoit vendu un héritage, et qu'il lui fût resté, par rapport à cet héritage, une action rescisoire pour y rentrer par la rescision de la vente qu'il en avoit faite, ou qu'il eût conservé un droit de réméré ou une action en vertu de la clause commissoire, si, après sa mort, j'exerce comme son héritier cette action rescisoire, ou ce droit de réméré, ou une action en vertu de la clause commissoire, cet héritage me sera propre, et même s'il étoit déja propre à mon parent lorsqu'il l'a vendu, il me sera propre avitin, tel qu'il me l'auroit été si mon parent ne l'avoit jamais vendu, et que j'y eusse succédé immédiatement. Car, l'action que mon parent a retenue et conservée par rapport à l'héritage, est propre de même nature qu'étoit l'héritage, suivant les principes que nous verrons au paragraphe quatrième. Ce droit auquel j'ai succédé m'étoit donc propre, tel que l'étoit l'héritage, lorsque venant à exercer ce droit par moi-même, il s'est terminé, fondu, et réalisé en l'héritage même; il s'ensuit que l'héritage me rentre avec la même qualité de propre que ce droit avoit, et, par conséquent, avec la même qualité de propre que cet héritage auroit eu lui-même, s'il n'eût point été aliéné, et que j'y eusse succédé immédiatement.

Suivant les mêmes principes, si j'acquiers par prescription la propriété d'un héritage dont celui à qui j'ai succédé s'étoit mis en possession, cet héritage me sera propre tout comme si j'avois succédé à l'héritage même; car, quoique le défunt n'en ait point eu la propriété, et que ce soit moi qui l'aie acquise, il suffit que je l'aie acquise en vertu d'un droit de possession auquel j'ai succédé, pour que cet héritage soit propre, ainsi que le droit auquel j'ai succédé, et de même que si j'y avois succédé immédiatement.

Mon père a vendu et livré un héritage à crédit, il meurt peu après; et par une convention entre l'acheteur et moi, par laquelle l'acheteur se déporte de son achat, je rentre dans l'héritage, cet héritage me sera-t-il propre? Il y a beaucoup plus de difficulté que dans les es-

pèces précédentes; car on ne peut pas dire dans cette espèce comme dans les précédentes, que je deviens propriétaire de l'héritage en vertu d'un droit auquel j'ai
succédé. Mon père ayant vendu à crédit cet héritage, n'a
conservé aucun droit à cet héritage auquel j'aie pu succéder; il n'avoit que l'action *ex vendito* pour être payé
du prix, laquelle étant une action mobiliaire n'étoit
pas susceptible de la qualité de propre. D'un autre côté,
on peut dire que la convention par laquelle un acheteur se déporte de son achat, suivant les principes établis au paragraphe précédent, étant plutôt un résilie-
ment de la vente qui en a été faite qu'une nouvelle
vente qui m'est faite, il s'ensuit que je rentre dans cet
héritage plutôt que je ne l'acquiers; et comme j'y rentre
en qualité d'héritier du vendeur, la convention en vertu
de laquelle j'y rentre étant une convention que je n'ai
pu faire que comme héritier, je tiens donc cet héritage
à titre d'héritier, ce qui suffit pour qu'il me soit propre.
Mais, dit-on, mon père n'ayant conservé aucun droit
à cet héritage, je n'ai pu succéder à aucun droit en
vertu duquel je sois devenu propriétaire de l'héritage;
on ne peut donc pas dire que j'aie l'héritage en vertu
d'un droit auquel j'aie succédé, en vertu d'un droit successif, ce qui est néanmoins nécessaire pour qu'il soit
propre.

Je réponds : Je l'ai en vertu du droit *ex vendito* auquel j'ai succédé, et, par conséquent, en vertu d'un
droit successif. Il est vrai que le droit *ex vendito* n'a-
voit dans son origine et dans le temps que j'y ai succédé, pour objet, que le paiement du prix, et étoit
une action mobiliaire non susceptible de la qualité

de propre : mais, *ex accidenti,* par le désistement que l'acheteur a fait de son achat, et la convention qu'il y a eu entre lui et moi en ma qualité d'héritier, ce droit *ex vendito* que j'avois a changé de terme, et a pour objet l'héritage dans lequel il m'étoit permis de rentrer, au lieu d'en exiger le prix ; de droit mobilier qu'il étoit, il est devenu immobilier, ayant pour objet l'héritage ; c'est en vertu de ce droit que je suis rentré et devenu propriétaire de l'héritage, et, par conséquent, en vertu d'un droit successif, ce qui suffit pour qu'il soit propre.

Mon père avoit eu un héritage qu'il avoit donné à rente, en retenant un droit de refus : depuis sa mort cet héritage a été vendu ; j'exerce le droit de refus, cet héritage sera-t-il propre ou acquêt ? Il sera acquêt ; car le titre de mon acquisition est la vente qui en a été faite d'abord à l'étranger, et par l'événement à moi comme subrogé à l'étranger. Le droit de refus auquel j'ai succédé ne m'a donné que la préférence. J'ai été préféré en vertu de ce droit, mais j'ai acquis en vertu de la vente qui en avoit été faite.

Que si la vente qui a donné lieu au droit de refus avoit été faite du vivant de mon père, le droit d'avoir cet héritage ayant été acquis à mon père, s'étant trouvé dans la succession, et étant un droit immobilier qui m'est propre, il n'est pas douteux que si j'exerce ce droit, l'héritage me sera propre ; car, je l'acquiers en vertu d'un droit acquis à mon père auquel j'ai succédé.

J'ai transigé sur la propriété d'un héritage dont mon père m'a transmis la possession, l'héritage me sera-t-il propre ou acquêt ? Il faut entrer dans la discussion de la question sur laquelle j'ai transigé. S'il appartenoit à la personne qui m'a fait la contestation, et qui, par la transaction, au moyen de l'argent que je lui ai donné s'est désistée de son droit, cette transaction est pour moi un véritable titre d'acquisition en vertu duquel je possède l'héritage; je ne le tiens plus de la succession de mon père, mais je le tiens en vertu de ce nouveau titre, et, par conséquent, l'héritage m'est acquêt.

Mais à moins qu'il ne soit justifié que l'héritage appartenoit à celui qui m'en a fait la contestation, ou que le prix que j'ai donné par la transaction, qui se trouveroit égaler la valeur de cet héritage, ne le fît présumer; hors ces deux cas, il faut dire que cet héritage est propre, et que je n'ai donné l'argent convenu par la transaction que pour me rédimer d'un procès; la propriété étant présumée être par-devers le possesseur, tant que le contraire ne paroît pas; c'est pourquoi je ne serai point censé l'avoir acquis par la transaction, mais le tenir de la succession de mon père, et en conséquence il sera propre.

§. III. De ce qui échoit par partage ou licitation entre cohéritiers.

Comme il est de la nature de toute communauté de devoir un jour se partager, *nulla enim in æternum communio est,* et qu'en conséquence une succession n'est déférée à plusieurs héritiers qu'à la charge du partage que chacun d'eux a droit de demander à ses cohéritiers, il s'ensuit que le partage et les actes qui en tiennent lieu, tels qu'est l'acte de licitation, doivent être regardés comme l'exécution et la détermination du titre de succession, et non comme un titre d'acquisition distinct et séparé du titre de succession. De là il suit que tout ce qui avient par partage et licitation est censé avenir à titre de succession, et chaque cohéritier est censé avoir succédé à tout ce qui tombe dans son lot, ou à tout ce qui lui est adjugé par licitation, ces actes n'ayant fait que déclarer et déterminer les choses auxquelles chaque cohéritier devoit être censé avoir succédé; et, par conséquent, tout ce qui échoit à chacun des cohéritiers, soit par partage ou par licitation, est propre pour le total, et non pas seulement pour la portion que l'héritier y avoit avant le partage; cela a passé en jurisprudence constante. De là la maxime que les partages ont parmi nous un effet rétroactif, et ne sont que déclaratifs de ce à quoi chacun a succédé.

Cela a lieu quand même l'héritage qui m'avient par licitation composeroit seul tout l'actif de la succession. En vain dira-t-on qu'il répugne que n'étant héritier que pour une partie, par exemple, pour un quart, je sois censé avoir succédé à ce qui fait le total de l'actif de cette succession. Je réponds que cela ne paroît point répugner, si on fait réflexion que le quart indivis en cet héritage auquel j'ai succédé, renfermoit, en conséquence de la qualité d'indivis, le droit de demander le partage et même la licitation de cet héritage, au cas que ce fût la commodité commune de sortir de cette manière de communauté, et, par conséquent, il renfermoit le droit d'avoir le total de cet héritage si j'étois le plus hardi licitant. Il est donc vrai de dire que c'est en vertu d'un droit renfermé dans celui auquel j'ai succédé, et, par conséquent, en vertu d'un droit au-

quel j'ai succédé, que je le licite, èt que je deviens, par
le moyen de la licitation, propriétaire du total de l'héritage. Or, suivant les principes établis au paragraphe
précédent, je suis censé avoir succédé, non seulement
aux choses auxquelles j'ai succédé directement et immédiatement, mais aussi aux choses qui me sont avenues en vertu d'un droit auquel j'avois succédé, et elles
sont également censées propres comme si j'y avois
succédé immédiatement. Donc, en cette espéce, il ne
répugne point que je sois censé avoir succédé au total
de cet héritage, puisqu'en succédant au quart indivis,
j'ai vraiment succédé au droit d'avoir le total, si la licitation en décidoit ainsi.

La licitation n'est pas le seul acte qui tienne lieu
de partage. Tout acte passé entre cohéritiers ou quelques uns d'eux, où on puisse présumer que l'intention
principale des parties a été de sortir de communauté,
doit passer pour partage, quand cet acte seroit qualifié du nom de vente ou de quelque autre nom, parceque la nature des actes doit se régler, non par le
nom qu'on leur a donné, mais par ce qui s'est passé
entre les parties, par ce que les parties ont eu en vue
et se sont proposé.

Selon ces principes, la jurisprudence est devenue
constante, que lorsque mes cohéritiers ou quelqu'un
d'entre eux me vend sa part qu'il a par indivis dans
quelque héritage de la succession, ou qu'il me la donne
à rente, soit perpétuelle, soit viagère, pourvu que cette
rente viagère réponde à la valeur de la part qu'il me
céde, tous ces actes tiennent lieu de partage, et en
conséquence les parts de mes cohéritiers qui me sont

cédées, sont censées m'être avenues à titre de succession, et me sont propres. La raison en est qu'on présume que l'intention de mes cohéritiers n'a pas été tant de vendre, ni la mienne d'acheter, que de sortir de communauté.

Il en seroit autrement si mon cohéritier m'avoit fait donation de sa part, ou me l'eût donnée pour une rente viagère qui n'excédât pas le revenu de cette part. Un tel acte ne peut passer pour tenir lieu de partage; car il est de la nature des partages que chacun des copartageants ait intention d'y recevoir autant qu'il donne, ce qui ne se rencontre pas dans ceux-ci. Par conséquent, cet acte ne pouvant être regardé comme fait *animo dividendi*, mais étant vraiment une donation que mon cohéritier me fait de sa part, cette part me sera acquêt.

§. IV. De ce qui est uni à un propre.

Tout ce qui est uni et incorporé à un propre est propre de la même nature que la chose dont il est l'accessoire, selon cette maxime de droit: *Accessorium sequitur naturam rei principalis.*

C'est pourquoi si j'ai bâti un édifice sur un terrain propre, si j'y ai planté des bois, des vignes, etc., ces choses étant des accessoires de ma chose, suivant la régle, *superficies solo cedit,* elles seront propres de la même nature que le sol, sans même que l'héritier aux propres doive aucune récompense de ce qu'il en aura coûté, comme l'avance mal-à-propos Renusson, ainsi que nous l'avons montré au *traité des Successions.*

Il n'en est pas de même de l'union civile comme de la naturelle. Les héritages que j'acquiers dans ma censive et dans mon fief ne seront pas pour cela propres, comme l'est ma censive ou mon fief dominant; mais ils seront acquêts, si j'en suis devenu propriétaire par un titre qui fait des acquêts. La raison en est qu'il ne se fait qu'une union de mouvance. Les héritages ne sont plus, à la vérité, qu'un même fief avec le mien dont ils relevoient; mais ils n'en sont pas moins des corps d'héritages naturellement distincts et séparés de mon fief dominant dont ils relevoient, et, par conséquent, ils peuvent avoir une qualité différente.

L'union de simple destination doit encore moins faire des propres. C'est pourquoi lorsque j'achéte un morceau de terre enclavé dans ma métairie, et le comprends dans les baux à ferme que je fais de cette métairie, ce morceau de terre ne sera pas moins un acquêt. Lorsque j'achéte des droits dont mon héritage propre étoit chargé, *v. g.*, un droit d'usufruit ou de rente foncière, lesquels, par cette acquisition, sont réunis à mon droit de propriété, il n'y a pas lieu à la question si ces droits sont acquêts ou s'ils suivent la nature de propres de mon héritage; car, ces droits s'éteignant par l'acquisition que j'en fais, ils ne sont susceptibles d'aucune qualité; mon héritage libéré demeurera propre comme il l'étoit sans aucune récompense. Ce titre ne produira aucun acquêt; car par ce titre je me libère plutôt que je n'acquiers.

On demande si des augmentations de gages qu'un officier a été obligé d'acquérir sont des acquêts, ou s'ils suivent la qualité de propres qu'avoit l'office? Il faut examiner comment elles ont été créées, comme quelques unes l'ont été, pour pouvoir être possédées séparément de l'office; il n'est pas douteux qu'elles sont acquêts, sinon elles sont censées unies à l'office et en faire partie, et, par conséquent, doivent en ce cas suivre sa qualité.

Lorsque je rentre dans un héritage au moyen du retrait féodal, il faut dire que cet héritage m'est acquêt; le retrait féodal étant un vrai achat, n'étant que le droit d'être préféré à un acheteur étranger.

§. V. De ce qui reste d'un propre et des droits qu'on retient par rapport à un propre.

Il n'est pas douteux que ce qui reste d'un propre est propre, quand même cet héritage auroit péri et changé de forme; car tout ce qui reste de ma chose, qui a péri, m'appartient au même titre et de la même manière que m'appartenoit ma chose; *quod ex re med superest meum est.* Par exemple, si ma maison a été inondée, la place ou la masure qui en reste demeure propre de la même nature qu'étoit la maison.

Quid, des matériaux qui sont détachés? Si le proprétaire conserve la volonté de les replacer dans la reconstruction de la maison, comme, en ce cas, ils conservent la nature d'immeubles, ainsi que nous l'avons vu au paragraphe précédent, ils conservent aussi la qualité de propres, sinon ils sont devenus meubles, et, par conséquent, non susceptibles de cette qualité.

Tous les droits que nous retenons dans une chose, lorsque nous l'aliénons, ou par rapport à cette chose, nous sont propres de la même manière que l'étoit la chose; car ces droits dérivant du droit de propriétaire que nous avions, doivent retenir la qualité des choses dont ils dérivent.

C'est pourquoi, si j'aliéne mon héritage à titre de cens et de rente foncière, le droit de cens ou de rente foncière que je retiens sur cet héritage m'est propre, ainsi que m'étoit l'héritage.

Il n'en est pas de même d'une rente qu'on me constitueroit par le contrat de vente pour le prix de mon héritage propre par moi vendu. Cette rente sera un acquêt; car cette rente n'est pas un droit que je retiens dans l'héritage; c'est un droit personnel que j'acquiers contre l'acheteur de mon héritage par la rente qu'il m'en fait pour et en acquit de la somme qu'il me doit pour le prix de mon héritage ; acquérant ce droit de rente à titre d'une vente qui m'en est faite, c'est évidemment un acquêt. Mais, dira-t-on, je retiens, pour raison de cette rente, une hypothéque sur l'héritage; cette hypothéque est un droit sur l'héritage, *jus in re :* or, nous avons dit que les droits retenus dans un héritage propre lorsque nous l'aliénons, conservoient la qualité de propres; la réponse est que cela est vrai des droits qui subsistent *principaliter et per se;* mais ce principe ne peut recevoir d'application à un droit d'hypothéque qui ne subsiste pas *principaliter et per se,* et n'est que l'accessoire d'une créance personnelle : car l'accessoire doit suivre la nature de la chose principale.

C'est pourquoi, en cette espéce, la rente qui m'est constituée pour le prix de mon héritage étant un acquêt, l'hypothéque qui ne lui est qu'accessoire ne peut pas changer sa nature d'acquêt, et lui donner la qualité de propre.

Il en est de même d'une servitude prédiale; *finge*, d'un droit de vue. Par exemple, j'ai deux maisons, dont l'une acquêt, qui a des vues sur l'autre qui m'est propre; par l'aliénation de celle qui m'est propre, je retiens les droits de servitude de vue tels qu'ils sont. On ne peut pas dire que ce droit de servitude de vue que je retiens dans la maison propre que j'aliéne ait la qualité de propre; car ce droit de servitude que je retiens n'est pas un droit qui subsiste par lui-même : c'est un droit attaché à la maison acquêt que je retiens; il en fait partie, *quid enim aliud sunt jura servitutum quàm qualitates prædiorum?* et, par conséquent, ce droit de servitude doit suivre la nature de la maison acquêt dont il est une dépendance inséparable.

Non seulement les droits que je retiens dans un héritage propre, lorsque ce sont des droits qui subsistent *principaliter et per se*, me sont propres, il en est de même de ceux que je retiens, non pas proprement dans cet héritage, mais par rapport à cet héritage. Par exemple, si je vends mon héritage propre avec la clause de réméré, ou avec la clause commissoire, par laquelle je stipule qu'il me sera permis d'y rentrer, si je ne suis pas payé dans un certain temps; ce droit de réméré, ce droit de rentrer dans l'héritage par la clause commissoire, sont des droits propres de la même nature qu'étoit l'héritage.

Il en est de même des actions rescisoires que j'ai contre l'aliénation que j'ai faite de mon héritage. Par exemple, pour cause de lésion d'outre moitié du juste prix, de minorité, ou pour quelque autre cause; ces droits étant des droits que j'ai conservés par rapport à l'héritage aliéné, me sont propres de même nature qu'étoit l'héritage.

§. VI. De quelle qualité doivent être présumés les héritages dont l'origine est incertaine.

L'héritage dont l'origine est incertaine doit être présumé plutôt acquêt que propre: la qualité d'acquêt étant la première et la plus naturelle qualité d'un héritage, puisque tout héritage est acquêt avant que d'être propre, la qualité de propre ne pouvant survenir à un héritage qu'après que celui qui l'a acquis, et en la personne de qui il est acquêt, l'a transmis par succession. D'ailleurs, la qualité de propre servant de fondement à des droits établis en faveur de la famille sur des héritages contre le droit commun, lorsque des familles réclament des droits sur ces héritages, c'est à elles à justifier la qualité qui sert de fondement à leurs prétentions, suivant la maxime que c'est au demandeur à fonder sa demande: *Incumbit onus probandi ei qui dicit.*

Par exemple, un parent de mon vendeur veut retirer sur moi un héritage par retrait lignager, le fondement de sa demande est que cet héritage est un propre; c'est donc à lui à justifier cette qualité de propre, puisqu'elle sert de fondement à sa demande.

Un héritier veut faire retrancher de mon legs les quatre cinquièmes d'un héritage sur le fondement qu'il est propre; c'est à lui à le justifier. Vous me direz que le légataire étant demandeur en saisissement de legs, c'est plutôt à lui, comme demandeur, à justifier que l'héritage est acquêt. Je réponds que c'est l'héritier qui prétend que les quatre cinquièmes doivent être exceptés du legs ; *excipiendo fit actor;* et c'est, par conséquent, à lui à justifier le fondement de son exception, le fondement de cette réserve ; et, par conséquent, à lui à justifier la qualité de propre. Que s'il est question d'une succession entre l'héritier aux propres et l'héritier aux acquêts, il est évident que l'héritier aux acquêts étant le plus proche parent, il n'a rien à prouver autre chose que la proximité de sa parenté. C'est à l'héritier aux propres qui veut l'exclure à justifier la qualité des propres, qu'il prétend lui donner droit à la succession.

ARTICLE V.

Des effets de la qualité de propres, et quand elle s'éteint.

§. I. Des effets de la qualité des propres.

Cette qualité de propres a trois principaux effets :

1º En matière de succession. La succession de propres est affectée aux parents de la famille d'où ils viennent, à l'exclusion des autres parents, quoique plus proches ;

2º En fait de disposition. Les coutumes réservent dans les héritages propres, à l'héritier aux propres, une certaine portion dont elles défendent de disposer à son préjudice par testament. Quelques unes même défendent de disposer d'une certaine portion de propres par donation entre-vifs ;

3° Lorsqu'un propre est vendu, les coutumes accordent aux parents de la famille le droit de le retirer par retrait lignager sur l'acquéreur étranger.

Nous avons parlé de ces trois différents effets aux *traités des Successions, des Donations entre-vifs et testamentaires*, et au *traité du Retrait lignager*, où est le siége de ces matières.

§. II. Quand s'éteint la qualité de propres.

Il est évident que la qualité de propres s'éteint par l'extinction de l'immeuble qui en est le sujet, pourvu qu'il n'en reste rien; car elle se conserve dans ce qui en reste, ainsi que nous l'avons vu. Ainsi, lorsqu'une rente propre est amortie, lorsqu'un office propre est supprimé, le propre est éteint, et cette qualité ne se conserve pas dans les effets du remboursement; car ces deniers ne font plus partie de la rente, qui ne subsiste plus, ni de l'office. Et d'ailleurs, étant quelque chose de mobilier, ils ne sont point susceptibles de la qualité de propres. Il n'en est pas de même de la place sur laquelle étoit bâtie une maison qui a été incendiée. Cette place conserve toujours la qualité de propre qu'avoit la maison, car elle en fait partie, *area est pars domûs*, et elle est susceptible de cette qualité. De là il suit que si on y reconstruit une nouvelle maison, elle aura la même qualité de propres que l'ancienne; car la place sur laquelle elle a été bâtie, et dont le nouveau bâtiment est l'accessoire, lui communique cette qualité de propre, suivant les principes établis en l'article précédent.

La qualité de propre s'éteint aussi, *salvo subjecto,*

lorsque l'héritage sort de la famille; mais s'il y rentre par la résolution du titre qui l'en a fait sortir, cette qualité de propre revivra.

La qualité de propre s'éteint aussi, quoique l'héritage reste dans la famille, lorsque quelqu'un de la famille commence à le posséder à un titre qui fait des acquêts, c'est-à-dire à tout autre titre que de succession et de donation en directe.

Il sembleroit suivre de ces principes que la qualité de propre est éteinte dans les héritages qui sont retirés par retrait lignager, ce retrait consistant à rendre le lignager acheteur à la place de l'étranger à qui il a été vendu. Néanmoins, comme le retrait lignager a été introduit pour conserver les héritages dans les familles, il ne doit pas avoir un effet contraire aux vues de la loi qui l'a introduit. La coutume ne regarde pas la qualité de propre comme éteinte dans l'héritage retiré par retrait lignager, et elle donne aux parents de la ligne d'où ils procédent, le droit d'y succéder préférablement aux héritiers des acquêts de ce lignager; mais comme cet héritage est pourtant, dans la vérité, acquêt, elle veut que l'héritier de la ligne n'y succéde qu'en remboursant à l'héritier aux acquêts le prix pour lequel il l'a retiré.

L'héritage tient donc, en ce cas, et de la nature d'acquêt, et de la nature de propre : de la nature d'acquêt, parceque effectivement le lignager est acheteur, *tunc enim pecuniâ suâ acquisivit;* et de la nature de propre, parceque c'est *jure sanguinis et familiæ* qu'il a été subrogé à cet achat.

Nous remettons à traiter cette question plus amplement au *traité du Retrait lignager*.

SECTION II.

Des propres fictifs.

§. I. Des propres de subrogation.

La subrogation de propres est une fiction de droit qui fait passer la qualité de propre qu'avoit un immeuble que nous aliénons à un autre immeuble que nous acquérons à la place, et qui nous en tient lieu.

Pour que la subrogation fasse passer la qualité d'une chose à une autre, il faut que trois choses concourent : 1° il faut que ce soit une qualité extrinséque, telle qu'est la qualité de propre; car il est évident que les qualités intrinséques des choses ne peuvent passer d'une chose à une autre; 2° il faut que la chose à laquelle on veut faire passer la qualité d'une autre soit susceptible de cette qualité : de là il suit que, si je vends mon héritage propre, si je reçois le remboursement de ma rente propre, la qualité de propre qu'avoit ma rente ou mon héritage, ne peut pas, par la seule force de la subrogation, passer aux deniers du prix ou du remboursement qui me tiennent lieu de mon propre, parceque ces deniers, étant quelque chose de mobilier, ne sont pas susceptibles de la qualité de propre, suivant le principe établi, chap. 1, art. 1, §. 3. Quand même le prix m'en seroit encore dû lors de ma mort, cette créance du prix de mon propre ne pourroit avoir la qualité de propre, parceque étant mobiliaire elle n'en est pas susceptible.

Il faut 3° que la chose en laquelle on veut faire passer la qualité d'une autre par subrogation ait été acquise immédiatement à la place de cette chose, et en tienne lieu : de là il suit que si je vends mon héritage pour une somme dont on me constitue rente, quoique sur-le-champ et par le même contrat, cette rente sera acquêt, et ne recevra point, par la subrogation, la qualité de propre qu'avoit mon héritage; car elle ne me tient pas lieu immédiatement de mon héritage; je ne l'ai pas immédiatement acquise pour mon héritage, mais pour le prix qui m'en étoit dû.

Par la même raison, si, par partage, le lot de mon cohéritier est chargé envers moi du retour d'une somme pour laquelle il m'ait constitué rente, cette rente me sera acquêt; car elle ne me tient lieu que de la somme qui m'étoit due pour ce retour. C'est à cette somme due pour ce retour que, par l'effet rétroactif des partages, je suis censé avoir succédé, et non point à la rente que je suis censé avoir acquise pour cette somme.

Les trois conditions requises pour la subrogation se trouvent concourir dans l'échange que je fais de mon héritage propre contre un autre immeuble : 1° il me tient lieu immédiatement de mon héritage; 2° étant immeuble, il est susceptible de la qualité de propre; 3° cette qualité de propre est une qualité intrinsèque qui peut passer d'une chose à une autre.

Il se fait donc, en ce cas, un vrai propre de subrogation, et l'immeuble que je reçois en échange de mon héritage sera réputé propre de la même nature qu'étoit mon héritage, quant à tous effets, non seulement en ma personne, mais à perpétuité à tous ceux de ma famille, à qui il sera transmis par ma succession. La coutume de Paris, art. 143, en a une disposition expresse. Quand aucun a échangé son propre héritage à l'encontre d'un autre héritage, l'héritage est propre de celui qui l'a eu par échange. Notre coutume, art. 385, en a une pareille disposition.

Si l'héritage que j'ai reçu en échange de mon héritage propre étoit d'une valeur plus considérable que le mien, et que j'eusse donné une somme de deniers pour retour, notre coutume, art. 385, décide qu'il sera acquêt jusqu'à la concurrence des tournes, et que néanmoins l'héritier aux propres pourra le retenir en remboursant. Cette disposition de la coutume d'Orléans est fondée en raison de droit et d'équité; car cet héritage ne me tient pas seulement lieu de mon héritage propre, mais encore de l'argent que j'ai donné en retour. Cet héritage ne me tenant donc pas lieu pour le total de mon héritage propre, il ne me le doit être que pour une portion et pour le surplus, et au *prorata* de la somme donnée pour retour, il doit être acquêt, ainsi que le décide notre coutume.

Ce que notre coutume ajoute que, quoique notre héritage soit pour cette portion acquêt, l'héritier aux propres pourra néanmoins la retenir en remboursant, est fort sage. L'héritier aux acquêts, qui doit succéder à cet héritage pour la portion pour laquelle il est acquêt, est mis hors d'intérêt par le remboursement qu'on lui fait, et on évite la licitation qui auroit pu faire sortir entièrement le propre de la famille contre la vue que la loi a eue de l'y conserver par la subrogation.

Cette disposition de la coutume d'Orléans, étant fondée en droit et équité, doit, quant aux deux parties, être suivie dans la coutume de Paris et dans les autres coutumes, d'autant que celle d'Orléans ayant été réformée après celle de Paris par les mêmes réformateurs, et cette disposition étant un article de la réformation, elle doit passer pour une explication de celle de Paris.

Voici une autre espéce où il se fait subrogation de propre : il se trouve dans une succession un héritage qui est pour moitié paternel, et pour l'autre moitié maternel, et qui vaut 10,000 livres, et un autre qui est en entier propre paternel, qui vaut 5,000 livres, cet héritage deviendra en la personne de l'héritier maternel, par la subrogation, propre maternel; car il a cet héritage immédiatement à la place de la moitié de l'autre héritage, qui étoit pour cette moitié propre maternel.

Quid, dans cette espéce, deux frères germains partagent les successions de leurs père et mère : l'un a en partage tous les héritages paternels, et l'autre tous les maternels; ces héritages paternels seront-ils réputés dans celui à qui ils sont échus propres maternels jusqu'à concurrence de la part qu'il devoit avoir dans les propres maternels, dont jusqu'à concurrence ils lui tiennent lieu, *et vice versâ?* Non; ils sont pour le total propres paternels, comme les maternels seront maternels pour le total à l'autre enfant. Il est censé avoir

succédé à son père pour le total à ces héritages échus
en son lot, à la charge d'un retour envers son frère,
lequel, de son côté, est censé avoir succédé pour le total aux héritages maternels, à la charge pareillement
d'un retour, desquels retours qu'ils doivent de part et
d'autre il s'est fait compensation; cette espéce-ci est
bien différente de la précédente. Dans cette espéce,
les héritages paternels qui tombent en partage à l'un
des enfants ne sortent point de la famille du père; ils
doivent plutôt conserver leur vraie et naturelle qualité
d'héritages paternels, que d'acquérir une qualité feinte
de propres maternels par la subrogation : au lieu que,
dans l'espéce précédente, l'héritage paternel qui est
donné à l'héritier maternel sort de la famille paternelle du défunt; il ne peut donc plus conserver sa
qualité de paternel, rien n'empêche donc qu'il ne
puisse recevoir, par la fiction de la subrogation, la
qualité de propre maternel qu'avoient les héritages
dont il tient la place. Dans notre espéce, l'enfant qui
avoit les deux qualités d'héritier paternel et d'héritier
maternel doit être plutôt censé avoir ces héritages paternels de la succession paternelle dont ils procédent
effectivement, que de celle dont ils ne procédent pas;
mais, dans l'espéce précédente, l'héritier de la ligne
maternelle ne peut avoir les héritages de la ligne paternelle, comme héritages de cette ligne. Il n'a d'autre
titre pour les avoir que la convention pour laquelle
on les lui a cédés, pour lui tenir lieu de ceux de la
ligne maternelle dont il est héritier. Il tient donc cet
héritage comme tenant la place des héritages de la
ligne maternelle auxquels il a succédé, et par consé-

quent, comme propres de cette ligne par subrogation. Les coutumes de Sens, art. 44, et de Troyes, art. 154, en ont des dispositions conformes à notre décision.

Quid? de cette espéce? Un père ayant à partager les biens de la communauté avec son fils, qui a droit à la moitié de cette communauté comme héritier de sa mère, donne un de ses propres à son fils pour le remplir de cette portion en la communauté; cet héritage sera-t-il, par subrogation, propre maternel, ou conservera-t-il sa qualité de propre paternel? il semble qu'il ne le peut conserver; car cet enfant, dans l'acte de partage de communauté qu'il fait avec son père, n'ayant d'autre qualité que celle d'héritier de sa mère, l'héritage paternel qui lui est cédé par ce partage, lui appartient à titre d'héritier de sa mère. Or, il paroît répugner que l'héritage qu'il a comme héritier de sa mère, soit propre paternel. Il semble donc qu'il ne peut être qu'un propre subrogé maternel, comme lui tenant lieu des héritages qu'il devoit avoir de sa mère, ou acquêt si c'étoit des sommes mobiliaires qui lui fussent dues comme héritier de sa mère, et en paiement desquelles son père les lui eût donnés; *nec obstat,* que cet héritage passant du père au fils ne sorte point de la famille du père; car il ne suffit pas pour que cet héritage ait dans la personne du fils la qualité de propre paternel, qu'il lui soit passé immédiatement de son père sans être sorti de la famille, il faut encore que le fils l'ait *jure familiæ,* c'est-à-dire à titre de succession paternelle, ou de donation qui soit comme une succession anticipée. Que si un fils avoit un héritage de son père par la vente que son père lui en auroit faite, il n'est pas douteux que cet héritage, quelque ancien propre qu'il fût, quoiqu'en quelque façon il ne sortît point de la famille, seroit néanmoins acquêt en la personne du fils, parceque le fils ne l'auroit pas *jure familiæ*, mais comme étranger au titre qui fait des acquêts. Pareillement, en cette espéce, l'héritage qui passe au fils ne doit point être, en la personne du fils, l'héritage paternel, parcequ'il ne l'a point *jure familiæ*, mais acquêt, puisqu'il l'a en paiement des sommes qui lui sont dues de la succession de sa mère, et la donation en paiement étant un acte équipollent à vente, *dare in solutum est vendere*, c'est tout comme s'il avoit cet héritage à titre d'une vente que son père lui en auroit faite; ou si c'étoit des immeubles qui lui revenoient de la succession maternelle, cet héritage lui étant donné à la place des héritages de la succession maternelle, qui lui étoient propres maternels, doit être par subrogation un propre maternel. La question ne laisse pas de souffrir difficulté. Il y en a qui pensent que cet héritage est en la personne du fils héritage paternel; que le père est censé lui laisser en avancement de succession, non pas de la vente purement et simplement, mais *sub more*, et à la charge que son fils ne lui demandera aucune part en la communauté. Mais je trouve la première opinion plus régulière.

Quid? du cas ou deux conjoints auroient mis en communauté tous leurs biens immeubles de part et d'autre, si par le partage entre le père et l'enfant héritier de sa mère, il écheoit au lot de l'enfant des heritages paternels, conserveront-ils leur qualité d'héritages paternels, *et vice versâ*, si le père avoit eu en partage des héritages de sa femme, que l'enfant recueillît ensuite de la succession de son père ces héritages, auroient-ils la qualité d'héritages maternels? Chopin décide pour l'affirmative, lib. 2, tit. 1, *de moribus Parisiensium*, n° 26; car, dit-il, *pura et simplex bonorum partitio nequaquàm tollit immutativè nativam rerum qualitatem statumque iis primitùs insitum.* Mais cette raison, quoique exprimée en beau latin, n'est autre chose qu'une pétition de principes; car c'est précisément ce dont il est question. Je ne puis être de l'avis de Chopin, suivi par Renusson. Je me fonde sur les raisons alléguées en la question précédente, qu'il répugne que ce qui me vient à titre d'héritier de ma mère, soit propre paternel, et que ce qui me vient de la succession de mon père, soit propre maternel. Cet héritage paternel qui tombe dans mon lot, est censé avoir été acquis par ma mère par le titre de la communauté de biens établie par son contrat de mariage, et, m'étant transmis par sa succession, est un propre naissant maternel en ma personne, et les héritages de ma mère ayant passé par le partage de la communauté à mon père, sont sortis de la famille de ma mère, et ont perdu leur qualité de biens maternels; et lorsqu'ils me sont transmis par la succession de mon père, ils me sont propres naissants paternels.

Si l'office qui m'étoit propre est supprimé par un édit, et que, par ce même édit, le roi en crée d'autres qu'il donne, par forme d'indemnité, à ceux dont les offices sont supprimés, ce nouvel office aura, par sa subrogation, la qualité de propre qu'avoit l'office supprimé, et cette qualité de propre qu'avoit mon office dans le dernier instant qu'il a cessé d'exister, a pu passer au nouvel office qui, dans le même instant, m'a été donné pour m'en tenir lieu.

Il en seroit autrement si mon office ayant été supprimé purement et simplement, à la charge de pourvoir par la suite à l'indemnité des particuliers, le roi, *ex intervallo*, en créoit d'autres, et qu'il m'en donnât un pour mon indemnité; il ne pourra plus, en ce cas, y avoir lieu à la subrogation; car, la qualité de propre qu'avoit mon office ayant péri avec lui, elle ne peut plus passer à un autre. Le nouvel office ne me tient pas lieu immédiatement de l'autre qui m'étoit propre, puisqu'il s'est passé un intervalle depuis qu'il a cessé d'exister. Il me tient lieu seulement de l'indemnité qui m'étoit due.

SECTION III.

Des propres fictifs établis par les articles 94 de la coutume de Paris, et 351 de celle d'Orléans.

Les articles 94 de la coutume de Paris, et 351 de celle d'Orléans, ont établi une espèce de propres fictifs, en décidant que les deniers provenants du rachat des rentes propres des mineurs remboursées durant leur minorité, ou l'emploi de ces deniers, auroient même nature de propre dans la succession desdits mineurs qui décéderoient en minorité, que celle qu'avoient lesdites rentes. Voici les termes de la coutume de Paris : *Rentes constituées à prix d'argent sont réputées immeubles jusqu'à ce qu'elles soient rachetées. Toutefois, au cas que celles qui appartiennent aux mi-*

neurs soient rachetées pendant leur minorité, les deniers de rachat ou le remploi d'iceux en autres rentes ou héritages sont censés de même nature et qualité d'immeubles qu'étoient les rentes ainsi rachetées pour retourner aux parents du côté et ligne dont les rentes étoient procédées. La coutume d'Orléans ajoute : *et le semblable aura lieu* pour deniers procédants de la vente d'héritages des mineurs. Cette disposition qui a été ajoutée aux coutumes de Paris et d'Orléans lors de leur réformation, a été prise de la jurisprudence des arrêts, et, par conséquent, forme un droit commun dans tout le pays coutumier.

Le motif de cette disposition a été de conserver les biens des familles contre les fraudes des tuteurs, qui pourroient procurer le rachat des rentes des mineurs qui seroient propres d'une autre ligne que de la leur, pour en frustrer les parents de cette autre ligne dans la succession du mineur, au cas qu'il vînt à décéder.

§. I. De la nature des propres fictifs établis par l'article 94 de la coutume de Paris.

Les propres fictifs établis par l'article 94 de la coutume de Paris, sont une espéce de propres de subrogation ; mais cette subrogation est bien différente de la subrogation parfaite dont nous avons parlé ci-dessus.

1° La subrogation parfaite ne donne la qualité de propres qu'aux choses qui en sont susceptibles ; celle-ci donne cette qualité à des choses mobiliaires, telles que sont les deniers provenus du rachat des rentes des mineurs.

2° La subrogation parfaite ne transfère la qualité de propre qu'à l'immeuble que nous avons immédiatement pour et au lieu de notre immeuble propre : celle-ci donne cette qualité aux choses que le mineur n'a que médiatement à la place de la rente propre qui lui a été remboursée.

3° La qualité de propre que donne la subrogation parfaite a tous les mêmes effets qu'ont les véritables propres et la même durée. Au contraire, la qualité de propre que donne l'article 94 de la coutume de Paris, n'a d'effet que pour le seul cas de cet article, et s'éteint à la majorité, ainsi que nous le verrons par la suite.

§. II. Quelles choses sont propres par la disposition de l'art. 94 de la coutume de Paris.

Non seulement les deniers qui proviennent du rachat de la rente propre du mineur sont censés propres dans sa succession lorsqu'ils sont encore existants, le remploi qui en a été fait en autres héritages ou rentes, c'est-à-dire les héritages ou rentes qui auroient été acquises de ses deniers ont la même qualité. C'est ce qui est porté en termes exprès par la disposition de l'article ci-dessus rapporté.

Est-il nécessaire pour cela qu'il ait été fait déclaration par le contrat d'acquisition dudit héritage ou rente, que le prix provient des deniers du rachat de la rente propre qui a été remboursée au mineur? Il est évident que cela n'est pas nécessaire ; autrement il ne tiendroit qu'au tuteur, en ne faisant point de déclaration, d'empêcher cette subrogation de propre ordonnée par la coutume, et, par ce moyen, la disposition de la coutume faite principalement pour empêcher les fraudes des tuteurs, deviendroit illusoire. C'est pourquoi, dans ce cas, quoiqu'il n'ait été fait aucune déclaration, les héritiers aux propres du mineur auront droit de prétendre dans les acquêts de la succession du mineur, faits depuis ledit rachat, le montant de la somme dudit rachat, pour tenir lieu de l'emploi des deniers.

Je ne crois pas néanmoins qu'il soit indifférent de faire ou de ne pas faire, lors de la première acquisition qui se fera depuis le rachat, une déclaration que cette acquisition est faite des deniers dudit rachat. Lorsque cette déclaration est faite, je pense que c'est cet héritage déterminément qui est subrogé à la rente propre qui a été rachetée, en telle sorte que l'héritier aux propres ne peut pas prétendre autre chose pour le remploi de ladite rente propre, et qu'il le prend pour le prix qu'il a été acquis, soit que depuis il ait augmenté ou diminué; et s'il est entièrement péri, c'est pour le compte de l'héritier aux propres, qui n'a point, en ce cas, de remploi à prétendre dans la succession du mineur.

Que si au contraire il n'a été fait aucune déclaration lors des acquisitions qui ont été faites depuis le rachat, en ce cas, je pense que le remploi accordé par la coutume à l'héritier aux propres n'est déterminément d'aucun corps d'héritages, mais consiste seulement dans le droit de prendre la somme à laquelle monte le rachat. Les acquêts faits depuis ledit rachat, qui se trouveroient dans la succession du mineur, seront délivrés à l'héritier aux propres en paiement du rachat qui lui appartient, eu égard à leur valeur au temps du partage, et non point au prix pour lequel ils auroient acquis, parceque c'est la somme plutôt que le corps d'héritage qu'il a droit de prétendre pour ledit remploi. D'où il suit pareillement que si quelqu'un desdits acquêts est péri, cette perte ne tombera point sur cet héritier aux propres, pourvu qu'il en reste assez d'autres pour le remplir de la somme qu'il a droit de prétendre pour ledit remploi.

Cela doit surtout avoir lieu dans le cas où, lors de la première acquisition qui a été faite depuis le rachat de la rente, le tuteur auroit eu d'autres fonds du mineur à employer, qui auroient pu servir à faire ladite acquisition sans les deniers de rachat. Il est évident, en ce cas, que le remploi de ses deniers ne peut être déterminé précisément à l'héritage qui a été acquis le premier depuis le remploi, puisqu'il est incertain si c'est des deniers dudit rachat, ou des autres fonds du mineur qu'il a été acquis.

Dans le cas ou il ne paroîtroit pas que lors de la première acquisition faite depuis le rachat de la rente propre, il y eût eu d'autres fonds à employer que les deniers dudit rachat, qui eussent pu servir à ladite acquisition sans les deniers dudit rachat, il y auroit plus de fondement à soutenir que le remploi desdits deniers devroit consister déterminément dans cet héritage premier acquis, encore qu'il n'y eût point de déclaration faite. Néanmoins, même en ce cas, je pencherois à décider que le remploi des deniers du rachat n'est point fait faute de déclaration déterminée à aucun corps d'héritage. Cette décision, en établissant une règle uniforme, prévient des procès auxquels pourroient donner lieu les questions de fait, s'il y avoit ou non, lors de la première acquisition, d'autres fonds qui aient pu servir à la faire, que ceux du rachat de la rente.

L'héritier aux propres aura-t-il le choix des meilleurs acquêts, pour le remploi qui lui est dû du rachat de la rente propre? Je ne pense pas qu'il doive avoir ce choix. Je pense plutôt que le commissaire au partage doit, entre les différents acquêts, lui délivrer plutôt ceux faits dans le temps le plus voisin du rachat que ceux faits dans le temps le plus éloigné, parceque, encore que son remploi ne soit déterminé à aucun, il est plus naturel de choisir ceux qui le plus vraisemblablement sont provenus des deniers de son propre. S'ils ont été faits à-peu-près dans le même temps, je crois qu'on le doit payer en acquêts, qui ne sont ni les meilleurs ni les plus mauvais.

Quid, si le tuteur n'a fait aucun emploi des deniers provenus du rachat de la rente propre, mais les a dissipés? En ce cas, l'action qu'a le mineur contre son tuteur, pour s'en faire faire raison, lui tenant lieu de ses deniers, c'est cette créance du mineur contre le tuteur qui, dans sa succession, doit être prise par l'héritier aux propres pour le remploi de ladite rente.

Quid, si les deniers du rachat ont été employés à acquitter les dettes du mineur? En ce cas, la libération de ces dettes tenant lieu de remploi, l'héritier aux propres fera confusion sur lui de la part qu'il auroit portée desdites dettes, si elles se fussent trouvées extantes lors du décès du mineur, et il se fera payer du surplus par les héritiers des autres biens, qui se trouvent d'autant plus libérés par les deniers provenus du rachat de la rente propre.

Que si c'étoit à l'acquittement d'une rente foncière, ou à la libération d'une charge réelle, comme d'un droit de servitude, que les deniers provenus du rachat de la rente propre eussent servi, en ce cas, n'y ayant que les héritiers du patrimoine dont est l'héritage qui étoient chargés de cette rente foncière, ou charge réelle, qui profitent de cette libération, ils seront tenus du remploi envers l'héritier de la ligne d'où procédoit l'héritage vendu, ou la rente qui a été amortie, dont les deniers du rachat ont procuré cette libération. Et si la rente foncière, ou charge réelle, étoit à prendre sur des héritages de la même ligne d'où procédoit la rente remboursée, en ce cas, l'héritier aux propres du côté et ligne, qui profite seul de l'emploi fait des deniers du rachat de cette rente, n'auroit aucun remploi à faire.

Les profits et droits de centième denier, dus pour les héritages d'une succession échue au mineur, sont bien des charges réelles de ces héritages; mais comme ils sont principalement une dette personnelle du mineur, qui contracte cette dette en acceptant la succession, et que, s'ils se trouvoient encore dus au décès du mineur, tous ses héritiers en seroient tenus, il s'ensuit que, si les deniers du rachat de la rente propre ont servi à les acquitter, le remploi de ces deniers dus à l'héritier de la ligne d'où procéde cette rente doit être à la charge de tous les héritiers, de la même manière que nous l'avons dit ci-dessus.

Si les deniers de la rente propre ont servi à libérer l'hypothéque de l'héritage du mineur, hypothéqué à la dette d'un tiers, dont le mineur n'étoit point lui-même personnellement tenu ; en ce cas, l'action de recours que le mineur a acquise, par ce paiement, contre les vrais débiteurs de cette dette, tient lieu d'emploi des deniers du rachat de cette rente, et doit être, dans la succession, déférée à l'héritier de la ligne d'ou procédoit la rente, comme y étant subrogée. Que, si les débiteurs sont insolvables, en ce cas, on doit faire consister le remploi des deniers du rachat, non dans l'action de recours qu'a le mineur contre ses débiteurs, qui, au moyen de leur insolvabilité, n'a rien de réel qui résulte de la libération de l'héritage ; mais dans l'hypothéque que ces deniers ont procurée, qui est quelque chose de réel, et qui est de même prix que la somme qui a été employée ; le bénéfice de cette libération ne se trouvant que par-devers les héritiers du patrimoine dont est cet héritage libéré, ils doivent être seuls tenus du remploi envers l'héritier de la ligne d'où procédoit la rente, dont les deniers du rachat ont servi à libérer leur héritage.

Au reste, l'héritier du patrimoine, dont l'héritage libéré fait partie, n'est tenu du remploi du rachat de la rente propre que subsidiairement, et à défaut de ce qu'on pourroit retirer de l'action de recours, qui, ayant été acquise véritablement des deniers de cette rente, doit, jusqu'à concurrence de ce qu'on en peut retirer, tenir lieu de l'emploi du rachat de la rente propre. La libération de l'hypothéque de cette dette ne contient aussi un avantage au profit de l'héritier du patrimoine

dont est l'héritage libéré, qu'à proportion de ce dont
le débiteur est insolvable ; car l'avantage de la libération de l'hypothéque de cette dette doit se mesurer sur
le préjudice qu'auroit causé cette hypothéque à l'héritier qui auroit succédé au mineur à cet héritage, s'il
n'eût pas été libéré. Or, cette hypothéque ne lui auroit causé aucun préjudice, jusqu'à concurrence des
sommes qu'il auroit pu recouvrer du débiteur par la
cession d'action qu'il se seroit fait faire, en libérant
lui-même son héritage, s'il ne l'eût pas déja été. L'hypothéque, dont l'héritage étoit chargé, ne pouvant
donc faire de préjudice que pour raison et jusqu'à
concurrence de la somme qui n'auroit pu être recou-
vrée du débiteur ; il s'ensuit que la libération de cette
hypothéque n'est un avantage que jusqu'à cette concurrence : d'où il suit que l'héritage libéré ne doit être
chargé du remploi des deniers du rachat de la rente
propre qui ont servi à sa libération que jusqu'à concurrence, et que le remploi doit se prendre pour le
surplus sur l'action de recours que le mineur a acquise
contre les débiteurs de la rente acquittée, à laquelle
l'héritage étoit hypothéqué.

Si les deniers du rachat de la rente propre avoient
servi à faire les réparations d'un héritage du mineur,
l'amélioration dudit héritage étant l'emploi des deniers,
ce seroit sur cet héritage que l'héritier de la ligne d'où
procédoit la rente, devroit prendre le remploi desdits
deniers du rachat. Par conséquent, ce seroit l'héritier
du patrimoine, d'où est cet héritage, qui seroit seul
tenu dudit remploi ; et, si cet héritage étoit de la même

ligne que la rente rachetée, il n'y auroit point de remploi à prétendre.

Néanmoins, s'il paroissoit que le tuteur du mineur, héritier présomptif de ses meubles et acquêts, eût fait l'emploi de ce rachat aux réparations des propres d'une autre ligne que la sienne, à dessein de jeter sur cette autre ligne le remploi desdits deniers, pendant que lesdites réparations, au lieu d'être faites de ses deniers, auroient pu être faites des revenus desdits héritages, ou même des deniers du prix du mobilier du mineur, que ce tuteur avoit entre ses mains, et qui naturellement devoient servir auxdites réparations ; je pense qu'en ce cas, le décès du mineur venant à arriver, l'héritier aux propres pourroit être fondé à prétendre que, nonobstant l'emploi fait par le tuteur, le remploi des deniers de rachat de la rente propre fût pris sur la succession des meubles et acquêts du mineur, et non sur l'héritage propre qui en auroit été réparé.

S'il n'avoit été fait aucune déclaration de l'emploi des deniers du rachat de la rente propre, que depuis ce rachat il eût été fait plusieurs acquisitions d'héritages ou de rentes par le mineur, et qu'il eût été fait aussi des amortissements de rentes constituées ou foncières par le mineur, en ce cas, la succession des propres du mineur doit-elle contribuer, pour ce qu'elle profite desdits amortissements, avec la succession aux acquêts dudit mineur, au remploi des deniers dudit rachat ? Je le pense ainsi ; car étant incertain, faute de déclaration, si ce sont les acquêts plutôt que les amortissements, ou les amortissements plutôt que les acquêts, qui aient été l'emploi des deniers dudit ra-

chat, il est raisonnable de les prendre proportionnel-
lement sur l'un et l'autre de ces deux objets.

Ce que la coutume de Paris a décidé pour le prix du
rachat des rentes propres du mineur, doit-il s'étendre
au prix des héritages et autres immeubles propres? On
peut dire pour la négative que ce droit établi par l'article 94 de la coutume de Paris, étant un droit singulier, ne doit point être étendu ; que cet article a été fait
pour empêcher les fraudes qu'il seroit facile de commet-
tre à l'égard des rentes dont on peut faciliter le remboursement pour engager à le faire ; que n'y ayant pas lieu
de craindre pareilles fraudes à l'égard des héritages
des mineurs, qui ne peuvent se vendre que pour de
justes causes, la raison qui a fait décider que le prix
du rachat des rentes seroit conservé à la ligne d'où elles
procèdent, ne se rencontre point à l'égard des héritages, et qu'ainsi on ne doit point étendre aux héritages ce qui n'est ordonné que pour les rentes.

Nonobstant ces raisons, il n'est pas douteux que ce
que la coutume a décidé pour les rentes a pareillement
lieu pour les héritages, et autres immeubles des mineurs.

La coutume d'Orléans s'en explique formellement
à la fin de l'article 351, qui est tiré mot à mot de celui de la coutume de Paris ; et comme les commissaires
qui ont réformé notre coutume et y ont inséré cet article sont les mêmes que ceux qui, quatre ans auparavant, avoient réformé celle de Paris, il y a lieu de penser que ce qu'ils ont ajouté à la fin de notre article, qui
est le même mot à mot que celui de Paris, doit également servir d'explication aux deux coutumes dont la
disposition est la même.

Le retour en deniers qu'a reçu le mineur par le partage d'une succession immobiliaire, ce qu'il a touché du prix de la licitation d'un héritage adjugé à son cohéritier, étant le prix du droit que le mineur avoit dans la succession immobiliaire, et, par conséquent, le prix d'un propre, doit, aux termes de nos coutumes, être réputé propre de même nature qu'auroient été les immeubles de cette succession dans celle de ce mineur, s'il décéde mineur.

Que si le mineur, par le partage des meubles et immeubles d'une succession, a eu sa part en meubles de ladite succession, ces meubles, jusqu'à concurrence de la part qu'il auroit dû avoir dans les immeubles de cette succession, doivent-ils être regardés comme le prix de ces immeubles, et par conséquent, comme propres? Non; car, suivant l'effet rétroactif qu'on donne aux partages, il n'est pas censé avoir jamais succédé à autre chose qu'aux meubles qui sont tombés dans son lot. Ils ne lui tiennent donc pas lieu d'autre chose dans l'espéce présente, quoique, par le même effet rétroactif du partage, le cohéritier du mineur soit censé de même avoir immédiatement succédé à tout l'immeuble qui lui est avenu par la licitation, à la charge du retour envers le mineur, en telle sorte que le mineur soit censé n'avoir jamais eu part dans ces immeubles. Néanmoins, comme ce retour est par sa nature le prix d'un droit à une succession immobiliaire, et par conséquent d'un propre, il se trouve compris dans la disposition de nos coutumes.

Nos coutumes doivent-elles s'étendre aux propres conventionnels des mineurs, dont il sera parlé en la section suivante? Par exemple, un mineur, comme héritier de sa mère, est créancier de son père de 10,000 livres que sa mère avoit stipulées propres à ceux de son côté et ligne. Cette créance est un propre maternel conventionnel, qui auroit appartenu dans la succession de ce mineur aux parents de la ligne maternelle. Le père a rendu compte à son fils mineur, et lui a payé cette somme de 10,000 livres qu'il lui devoit. Cette somme provenant du paiement de cette créance sera-t-elle réputée dans la succession du mineur, décédé depuis en minorité, propre maternel, ainsi que l'auroit été cette créance, si elle n'eût point été acquittée? La jurisprudence a décidé cette question pour l'affirmative. La raison en est que *tantùm fictio debet operari in casu ficto, quantùm veritas in casu vero*, et que, par conséquent, les deniers provenus des propres fictifs reçus par le mineur durant sa minorité, ne doivent pas moins conserver la qualité de propres que ceux provenus des propres réels. Autrement le survivant seroit toujours le maître d'éluder l'effet des réserves de propres, en faisant ou faisant faire à ses enfants des paiements simulés de ces reprises, qui ne lui coûteroient guère à faire, puisque étant tuteur les deniers retournent en ses mains.

Les deniers provenus du prix des propres des interdits conservent-ils leur qualité de propres dans la succession de l'interdit décédé durant son interdiction, comme il est décidé à l'égard de ceux provenus du prix des propres du mineur? Les auteurs sont partagés sur cette question. Renusson et Duplessis tiennent l'affirmative, et elle a été différemment jugée par arrêt. On peut dire pour l'affirmative que la même raison sur laquelle est fondée la disposition de nos coutumes pour les deniers du prix des propres des mineurs, milite également à l'égard des interdits; qu'ainsi *ubi eadem ratio, idem jus statuendum est.* Cependant il paroît que la dernière jurisprudence est pour la négative. On cite un arrêt qui l'a jugé ainsi contre la dame d'Argouges au mois de mars 1699. On l'avoit jugé de même en 1696, par un arrêt rapporté par Lemaître; mais, en 1609 et en 1690, on avoit jugé pour l'affirmative.

La raison qu'on peut apporter pour la négative est que cette disposition de la coutume renferme une attention particulière qu'elle a eue à l'intérêt des mineurs, suivant que nous l'avons expliqué au commencement de cette section : quoique les interdits soient très dignes de la protection des lois, et qu'ils jouissent de plusieurs avantages accordés aux mineurs; néanmoins on ne peut pas douter que les mineurs, qui sont l'espérance d'un état, ne méritent encore une plus grande faveur que les interdits: c'est pourquoi, on ne peut pas tirer en argument pour les interdits, tout ce que les lois ont établi en faveur des mineurs.

§. III. *Quel effet ont les propres fictifs.*

La coutume dit que les deniers du rachat sont censés de même nature et qualité d'immeubles qu'étoient les rentes ainsi rachetées, pour retourner aux parents du côté et ligne dont lesdites rentes étoient procédées.

Elle fait suffisamment entendre que le cas qu'elle a eu en vue en établissant cette fiction, et en transférant aux deniers du rachat la qualité qu'auroient les rentes, a été la succession du mineur, et qu'elle a voulu conserver dans cette succession aux parents du côté et ligne qui auroient succédé à la rente, les deniers qui en sont provenus. Le cas de la fiction, établie par la coutume, étant donc le cas de la succession du mineur, ainsi qu'elle s'en exprime directement, et étant de principe que les fictions ne doivent avoir d'effet que pour les cas pour lesquels elles sont faites, il s'ensuit que les deniers provenus du rachat des rentes propres des mineurs ne doivent avoir la nature et qualité fictives de propres, que la coutume leur donne, que pour le cas de la succession du mineur, pour y faire succéder les parents de la ligne d'où procédoit la rente.

Ces deniers ou le remploi d'iceux ne doivent donc point avoir tous les effets de véritables propres ; d'où il suit : 1° que si l'héritier aux propres, qui, dans la succession, succéde à ces deniers comme à des propres, est marié, ces deniers ne laisseront pas de tomber comme quelque chose de mobilier en la communauté conjugale qui est entre cet héritier et sa femme ; car ces deniers ne sont réputés propres qu'à l'effet qu'il y succéde. Dès l'instant qu'il y a succédé, on ne doit plus considérer en eux que leur vraie nature de meubles, et comme tels, ils doivent tomber en communauté.

De là il suit, 2° que si le mineur lui-même, qui auroit dans son coffre les deniers provenus de ce rachat, venoit à se marier sans les stipuler propres, ils tomberoient en la communauté qu'il contracteroit avec sa femme, comme un pur mobilier.

Ceci fait naître une question : Si le mineur, qui fait entrer en sa communauté conjugale les deniers du rachat de sa rente propre, vient ensuite à décéder en minorité, les héritiers de la ligne d'où procédoit la rente, auront-ils à prendre dans la succession le total du prix de ce rachat, ou seulement la moitié? Il semble d'abord qu'ils ne peuvent en prétendre que la moitié, parceque la femme du mineur en ayant acquis, par la communauté conjugale, la moitié, il ne reste plus que l'autre moitié dans la succession du mineur.

Néanmoins il y a lieu de décider que les héritiers du mineur sont en droit de prétendre le total du rachat dans la succession du mineur. La raison en est que la communauté n'est pas un titre gratuit. Si la femme du mineur a acquis la moitié des deniers du rachat du mineur, le mineur a acquis à la place la moitié de ce que la femme a apporté ou fait entrer par ses soins en la communauté, ce qui lui tient lieu d'emploi, lequel, aux termes des coutumes, est aussi bien propre que les deniers mêmes. C'est pourquoi, quoique la moitié des deniers du rachat que la femme du mineur a acquis ne se trouve plus dans la succession du mineur, se trouvant à la place autre chose qui tient lieu de l'emploi, le total du prix du rachat est censé y être, et peut être prétendu par l'héritier de la ligne d'où l'héritage procédoit.

Du principe que nous avons établi que la qualité de propre fictif, que la coutume donne aux deniers du rachat, n'a d'effet que pour la succession du mineur, il s'ensuit qu'il n'en doit point avoir pour le droit de disposer, et que le mineur, parvenu à l'âge de tester, pourra disposer, par testament, de ce propre fictif. Il suit encore que les deniers du rachat de cette rente étant saisis par les créanciers du mineur, se distribueront comme un pur mobilier.

Il suit encore que l'héritage acquis de ces deniers ne sera point sujet au retrait lignager, s'il est vendu par le mineur.

§. IV. Quand s'éteignent les propres fictifs.

Les propres fictifs s'éteignent de deux manières: 1° Par la consommation de la fiction, c'est-à-dire lorsqu'elle a eu son effet, et que les parents de la ligne d'où procédoit la rente remboursée, ou l'héritage aliéné, ont succédé au propre fictif du mineur.

Que si le parent a succédé à un immeuble acquêt du mineur qui tenoit lieu d'emploi des deniers du rachat de la rente, cet immeuble sera sans doute propre en la personne de l'héritier du mineur, puisque c'est un immeuble qu'il a eu à titre de succession; mais sera-ce un propre naissant qui ne montera pas plus haut que la personne du mineur qui l'a acquis, ou sera-ce un propre de la même ligne d'où étoit la rente dont il tient lieu d'emploi? Il semble qu'il doit être un propre naissant en la personne de cet héritier dont l'origine ne remonte pas plus haut que la personne du mineur de la succession duquel il l'a eu; car cet héritage est effectivement un acquêt de ce mineur: c'est lui qui l'a mis dans la famille; il n'y a pas été auparavant lui. Si la coutume le réputoit propre ancien de la même ligne dont étoit la rente rachetée qu'il a remplacée, c'étoit par une fiction qui n'est établie que pour la succession de ce mineur, qui ne doit, par conséquent, avoir d'effet que pour cette succession, et qui, ayant eu son effet, cesse et doit faire place à la vérité.

D'un autre côté, on dit qu'un propre n'est autre chose qu'un immeuble échu *jure familiæ*, et, par conséquent, le propre d'une telle ligne est celui qui nous est échu, *jure talis familiæ*, par exemple, *jure familiæ avi paterni*, ou bien *proaviæ maternæ*. Or, il est vrai, et il n'est pas nécessaire de donner pour cela un nouvel effet à la fiction, que l'héritier du mineur tient cet héritage *jure familiæ*, d'où procédoit la rente rachetée, et, par conséquent, il doit être en sa personne un propre de cette ligne.

La réponse est que ce principe est faux. Ce qui constitue la nature du propre avitin, du propre ancien, est son origine. Un héritage est propre de la ligne de mon bisaïeul paternel, non pas parce que j'y ai succédé *jure talis familiæ, jure familiæ proavi paterni*, mais parcequ'il me vient originairement de mon aïeul paternel par une suite de successions non interrompues. C'est pourquoi, dans l'espéce présente, quoique j'aie succédé au mineur à l'héritage dont il est question, *jure talis familiæ, putà, jure familiæ proavi paterni*, parceque, par une fiction établie pour la succession de ce mineur, cet héritage étoit représentatif d'une rente qui venoit originairement de mon bisaïeul paternel; il n'étoit point subrogé à la rente qui en venoit par une fiction dont l'effet fût perpétuel, tel que celui dont nous avons traité section précédente, mais il ne l'étoit que pour la succession de ce mineur; il s'ensuit que cet héritage n'est point en ma personne un propre avitin, mais un simple propre naissant.

Si l'héritier, qui a succédé au mineur aux deniers représentatifs de la rente propre rachetée, a été lui-même mineur, et décéde par la suite en minorité, la fiction continuera-t-elle à avoir lieu en sa succession? Lalande, sur notre coutume, et Brodeau, sur celle de Paris, tiennent la négative. Les raisons de leur sentiment se présentent d'abord. C'est pour la succession du mineui dont la rente qui a été rachetée étoit le propre que la coutume a établi sa fiction. Elle est consommée aussitôt qu'on a succédé à ce mineur, et ne doit donc plus avoir d'effet; *fictio semel jungitur*. Ces deniers, dans la personne de l'héritier qui a succédé au mineur, ne sont point à son respect le prix d'aucun immeuble, d'aucun propre qu'il ait eu, puisqu'il ne succéde effectivement qu'à des deniers; et, par conséquent, quoique cet héritier soit lui-même mineur, et décéde mineur, il semble que dans sa succession ils ne peuvent plus être réputés propres. Néanmoins il paroît que le sentiment contraire a prévalu, et que la fiction se perpétue lorsque l'héritier qui a succédé au mineur aux propres fictifs est lui-même mineur, et décédé mineur. La raison est qu'autrement l'intention de la loi seroit souvent éludée, quand, par exemple, il y a plusieurs frères mineurs.qui se succédent les uns aux autres.

2° Les propres fictifs, dont il est ici question, s'éteignent par la majorité du mineur, quoique la fiction n'ait point eu son effet, et on ne doit point faire à cet égard de distinction entre les deniers provenus du rachat de la rente et les immeubles acquis de ces deniers.

Lalande, d'après Brodeau, prétend que, quoique le mineur soit parvenu à la majorité, néanmoins le propre fictif doit durer au respect du tuteur, si le mineur devenu majeur décéde avant que son tuteur lui ait rendu compte; mais ce sentiment, que Lalande a emprunté de Brodeau, n'est fondé sur aucune raison suffisante, et n'a point été suivi.

§. V. Si la subrogation établie par l'article 94 de la coutume de Paris, et l'art. 351 de celle d'Orléans, s'étend à autre chose qu'à la qualité de propre.

L'esprit général du droit coutumier est de conserver les biens dans les familles. C'est, conformément à cet esprit, pour conserver contre les fraudes des tuteurs le bien des différentes familles dans la succession des mineurs, qu'elle a voulu que les deniers du rachat des rentes des mineurs fussent censés de même nature et qualité qu'étoient les rentes. Elle exprime l'intention qu'elle a eue; car elle ajoute: *Pour retourner aux parents du côté et ligne dont les rentes étoient procédées.* Elle fait assez connoître par ces termes, que ce qu'elle s'est proposé par cette disposition, est que le bien d'une ligne du mineur ne passe point à une autre ligne, et que le bien de chaque famille lui soit conservé.

De là naissent plusieurs questions. On demande si les deniers du prix de l'héritage féodal du mineur, aliéné durant sa minorité, ou d'une rente inféodée, rachetée durant sa minorité, doivent dans sa succession être censés non seulement propres de la même ligne d'où procédoit l'héritage ou la rente, mais aussi bien nobles que l'étoit l'héritage ou la rente, en telle sorte

que les mâles doivent succéder à ces deniers à l'exclusion des filles, comme ils auroient succédé à l'héritage
ou à la rente. On peut dire pour l'affirmative que la
coutume a voulu conserver la succession des biens des
mineurs aux personnes qui doivent y succéder, et prévenir les fraudes des tuteurs ; que la fraude que com-
mettroit un tuteur, qui seroit, par exemple, le beau-
frère d'un mineur, en procurant le rachat d'une rente
inféodée du mineur, parceque la succession présomp-
tive des biens nobles de ce mineur regardoit les frères
de ce mineur, à l'exclusion de la femme du tuteur,
sœur du mineur, n'étoit pas une moindre fraude que
celle d'un tuteur qui procureroit le rachat des rentes
d'une autre famille que la sienne ; qu'on doit croire
que la loi a eu également intention de prévenir l'une
et l'autre ; et que, par conséquent, la succession des deniers provenus du prix de l'héritage, ou de la rente
noble, doit être déférée, non seulement aux seuls parents de la ligne dont l'héritage ou la rente procédoit,
mais aux seules personnes qui auroient succédé à l'héritage ou à la rente, c'est-à-dire aux seuls mâles, à l'exclusion des filles. On peut ajouter que si la coutume
n'eût voulu faire passer aux deniers du rachat que la
seule qualité de propres, elle ne se seroit pas servie de
termes généraux et indéfinis, tels que ceux dont elle s'est
servie ; mais elle auroit dit déterminément, *sont réputés
propres.* Ces termes généraux, *de même nature et qualité,*
comprennent non seulement la qualité des propres,
mais toutes les autres qualités qui peuvent se considérer
dans les successions, comme de biens nobles, de biens
roturiers ; et les deux termes dont la coutume s'est scr-

vie, *de nature et qualité*, paroissent indiquer deux différentes choses : l'une la qualité de propre, et l'autre de bien noble ou roturier. Pour la négative, on dira que la coutume exprime par ces termes, *pour retourner aux parents du côté et ligne*, qu'elle a eu en vue de conserver l'intérêt de chaque ligne, de chaque famille, dans la succession du mineur, et non pas l'intérêt de chaque personne ; que pour cela elle a voulu que la même nature d'immeuble, et la même qualité de propre de ligne qu'avoit la rente qui a été rachetée, et qui en affectoit la succession à une certaine famille, passât aux deniers du rachat, et en affectât la succession à la même famille ; que les termes, *de même nature et qualité*, ne sont point des termes généraux et indéterminés, qui comprennent la qualité de biens nobles ou roturies, aussi bien que celle de propres de ligne, puisqu'ils sont limités et déterminés par ces autres termes, *pour retourner aux parents du côté et ligne*, qui suivent immédiatement ceux-ci, *de même nature et qualité*, et qui font suffisamment comprendre que la coutume n'entend parler que de la nature d'immeubles ; à l'effet d'exclure ces deniers de la succession mobiliaire, et de la qualité de propres de la ligne d'où la rente procédoit ; à l'effet d'affecter la succession de ces deniers aux parents de cette ligne. Ce dernier sentiment me paroît le plus conforme à l'esprit de la coutume. On peut appliquer les mêmes raisons de part et d'autre à la question du cas inverse, qui est de savoir si l'héritage féodal, qui tient lieu du remploi du prix d'une rente ou autre bien roturier, doit être, dans la succession de ce mineur, déféré aux mâles, suivant la nature du bien féodal, ou partagé entre les mâles et les filles, comme l'auroit été la rente dont il tient lieu d'emploi. Il faut, conformément à la décision de la question précédente, décider qu'il sera déféré aux mâles suivant la nature du bien féodal.

On demande si, dans notre coutume d'Orléans, qui défère la succession de la nue propriété des acquêts immeubles aux frères et sœurs du défunt, préférablement à l'aïeul, les deniers du rachat d'une rente, acquêt du mineur, doivent être censés conserver la qualité d'immeubles, pour que les frères et sœurs du défunt succèdent à la nue propriété desdits deniers, préférablement à l'aïeul qui est héritier du mobilier? Je ne le pense pas, par les raisons que nous avons déja alléguées, que la coutume, qui n'a d'autre objet que d'empêcher que les biens d'une famille passent à l'autre, n'a entendu parler dans sa disposition que des rentes propres de ligne; c'est ce qui résulte formellement des derniers termes de l'article, *pour retourner aux parents du côté et ligne dont lesdites rentes étoient procédées.* C'est donc des rentes qui sont procédées d'une ligne dont il est question dans cette disposition, et elle ne doit pas être étendue au rentes acquêts.

Il nous reste une question: Lorsque le mobilier du mineur a servi à acquitter ses dettes mobiliaires auxquelles, suivant la coutume de Paris, les héritiers du mineur des différentes lignes auroient contribué, si elles ne se fussent pas trouvées acquittées, l'héritier au mobilier du mineur pourroit-il prétendre contre les autres héritiers des autres lignes le remploi de ce mobilier, pour la portion dont ils auroient été tenus des dettes qui en ont été acquittées, et dont leur patrimoine s'est trouvé libéré de la même manière que nous avons dit que cela s'observoit, lorsque les deniers du rachat d'une rente propre auroient servi à acquitter les dettes? Non : 1° parceque c'étoit la destination naturelle du mobilier de ce mineur de servir à acquitter ces dettes; 2° parceque la coutume a bien ordonné que le prix des rentes et des héritages de chaque famille, qui seroient aliénés ou remboursés, seroit conservé à la famille d'où ils procédoient; mais elle n'a rien ordonné de semblable à l'égard du mobilier, et l'esprit de notre droit françois est de faire peu d'attention au mobilier.

SECTION IV.

Des propres conventionnels.

Les propres conventionnels sont ceux qui sont formés par les conventions.

Les conventions qui les forment sont les stipulations qu'on a coutume d'insérer dans les contrats de mariage, qu'une certaine somme de deniers que l'un des futurs conjoints apporte en mariage lui sera propre.

La clause qu'une certaine somme sera employée en achat d'héritages, équipolle à la stipulation de propres suivant l'art. 351 de notre coutume. Il faut observer que ce n'est que par forme d'exemple que notre coutume parle en cet article d'une somme donnée par père et mère, et que la décision auroit pareillement lieu dans le cas où un étranger fourniroit la dot sous cette clause, et même dans le cas où une personne, qui se marieroit *de suo*, stipuleroit qu'une certaine somme

qui lui appartient seroit employée en achat d'héritages.

La simple destination d'emploi en achat d'héritages,
ainsi que la simple stipulation de propres, lorsqu'on ne
donne pas plus d'étendue à cette clause, n'ont d'autre
effet que d'exclure la somme de la communauté, et de
donner au conjoint et à ses héritiers une action de reprise de cette somme. Mais cette action n'est propre
que de communauté, et elle n'est considérée dans la
personne des enfants auxquels elle a passé par la succession du prédécédé des deux conjoints qui avoit fait
la stipulation, que comme une somme mobiliaire à
laquelle le survivant leur succéde comme leur héritier
au mobilier.

Exemple : Si un homme a stipulé qu'une somme
de 10,000 livres lui seroit propre, et qu'elle seroit employée en achat d'héritages, et qu'il meurt sans que
l'emploi ait été fait, laissant un enfant, lequel meurt
ensuite, la mère de cet enfant lui succédera à cette action de reprise qu'il avoit à exercer.

Que si cela étoit stipulé à l'égard des deniers de la
femme; qu'il y eût par le contrat de mariage de la femme
une destination en achat d'héritages, et qu'elle fût dé-
cédée avant que l'emploi en eût été fait, laissant un
enfant, on a douté si le père survivant pouvoit succéder à son enfant à l'action de reprise de cette somme.
L'ancienne jurisprudence étoit qu'il ne le pouvoit; parceque, s'il eût fait l'emploi de la somme en un héri-
ritage, il n'auroit pas succédé à cet héritage, qui seroit
devenu un propre naissant maternel en la personne de
l'enfant; il paroissoit que sa négligence à exécuter une

des clauses du contrat de mariage, ne devoit pas rendre sa condition meilleure, et lui procurer la succession de cette somme. Mais cette jurisprudence a changé, et on pense aujourd'hui qu'il peut succéder à cette action de reprise; et que la destination d'emploi n'a d'autre effet que d'exclure la somme de la communauté, et ne forme aucun empêchement de la part du mari.

Il en seroit autrement si le mari s'étoit formellement obligé par le contrat de mariage à en faire l'emploi; car, de l'inexécution de cet engagement contracté par le mari envers la famille de sa femme, il doit résulter des dommages et intérêts, lesquels consistent à donner aux parents maternels, dans la succession de l'enfant, la reprise des deniers dont le mari s'étoit obligé de faire l'emploi, pour les dédommager et tenir lieu des héritages auxquels ils auroient succédé, si le mari avoit satisfait à son obligation.

Les stipulations de propres, et les destinations en achat d'héritages peuvent recevoir une plus grande étendue par l'addition de ces termes, *aux siens,* ou bien *à ses hoirs,* ou bien *à ses héritiers. Putà,* s'il a été ainsi stipulé: *Le surplus des biens des futurs leur sera propre et aux leurs;* ou bien: *Ladite somme sera employée en achat d'héritages, qui seront propres à la future et aux siens.*

L'effet de cette addition est non seulement d'exclure de la communauté le mobilier ainsi réservé, mais de faire de l'action de reprise de cette somme, en la personne des enfants qui y auront succédé, un propre fictif auquel lesdits enfants se succéderont les uns aux autres, à l'exclusion de leur père ou mère survivants.

Au reste ces termes de *siens*, *hoirs* ou *héritiers*, ne comprennent que les enfants. C'est pourquoi ils n'empêchent point le survivant de succéder au dernier mort de ses enfants à cette action de reprise.

Que si on ajoute ces termes, *à ceux de son côté et ligne*, cette stipulation de propre aura encore une plus grande étendue, et comprendra les parents collatéraux du conjoint qui a fait la stipulation; c'est pourquoi s'il prédécéde, le survivant ne succédera pas même au dernier mort de ses enfants à cette action de reprise; ce seront les parents de ses enfants, du côté du prédécédé, qui y succéderont.

Les stipulations des propres qui se contiennent dans le premier degré, et n'ont d'autre objet que d'exclure de la communauté conjugale la somme réservée propre, peuvent se faire non seulement par les contrats de mariage, mais par de simples actes de donations entre-vifs, ou par des testaments; car chacun étant le maître de prescrire telle loi ou telle condition que bon lui semble à sa libéralité; *unusquisque quem voluerit modum liberalitati suæ apponere potest;* il s'ensuit que celui qui donne, soit entre-vifs, soit par testament, à quelqu'un une somme d'argent, peut valablement stipuler que cette somme sera propre au donataire, c'est-à-dire qu'elle n'entrera point dans la communauté conjugale du donataire, pourvu que, si c'est par acte entre-vifs, la stipulation se fasse par l'acte même, ou du moins dans l'instant même de la donation; car le donateur entre-vifs se dessaisissant dans l'instant même de la donation, ne peut plus par la suite prescrire de loi à ce qui n'est plus à lui.

6.

En est-il de même des stipulations de propres, qui ont plus d'étendue, et qui vont à changer l'ordre des successions? ces stipulations, que la faveur des mariages a fait admettre, peuvent-elles se faire aussi par de simples actes de donations entre-vifs, ou par des testaments? Quelques-uns de nos auteurs ont pensé que cela se pouvoit, par la raison ci-dessus alléguée, que chacun peut prescrire telles conditions qu'il veut à sa donation ; mais le sentiment contraire, qu'on m'a assuré prévaloir, est plus régulier. Il est vrai que chacun peut prescrire telles conditions que bon lui semble à ce qu'il donne, mais pourvu que cette condition ne donne point atteinte à l'ordre public qu'il n'est pas permis aux particuliers de déranger. Or, les successions sont d'ordre public. Il n'est point donné au pouvoir d'un donateur, ni d'un testateur, d'intervertir l'ordre de la succession de son donataire ou légataire, par rapport à la somme qu'il lui donne ; *privatorum enim cautione legum auctoritati non noceri*, comme dit Papinien en la loi 16, ff. *de suis et legit. hæred.*, dans une espéce où il est aussi question de l'ordre des successions. Si, contre cette maxime, notre jurisprudence a admis ces stipulations qui intervertissent l'ordre des successions dans les contrats de mariages, c'est la grande faveur qu'ont parmi nous les contrats de mariage : ce qui les rend susceptibles de toutes sortes de conventions qui les y a fait admettre; mais cela ne se doit point étendre à d'autres actes.

Ces stipulations, qui intervertissent l'ordre des successions, et que la faveur des contrats de mariage y a fait admettre, sont de droit très étroit, et ne s'étendent ni d'une personne à une autre, ni d'une chose à une autre, ni d'un cas à un autre.

1° Elles ne s'étendent pas d'une personne à une autre. Ainsi la stipulation de propre qu'une épouse future fait au profit d'elle, des siens, ou de ses héritiers, ne comprend que ses enfants, qui, dans la signification rigoureuse de ces termes, *siens, hoirs, héritiers,* y sont compris, et ne s'étend point aux collatéraux.

Par la même raison, si un père, en dotant sa fille, *de suo,* a stipulé que les deniers qu'il lui donnoit seroient propres à sa fille, aux siens, et à ceux de son côté et ligne, quoiqu'il y ait quelque raison de présumer que le donateur a voulu conserver cette somme à sa famille plutôt qu'à celle de sa femme qui lui est étrangère, et que sur ce fondement, quelques arrêts aient jugé que l'action de reprise étoit, en ce cas, affectée aux seuls parents du côté du donateur, néanmoins le sentiment le plus conforme aux principes, et le plus reçu aujourd'hui, est que cette action de reprise est affectée indistinctement à tous les parents de la fille qui a été ainsi dotée, parceque, suivant le sens rigoureux et grammatical de la clause, ils se trouvent tous indistinctement compris, et que, pour affecter cette action à la seule famille du donateur, il faut autre chose qu'une présomption de sa volonté: ces affectations qui sont de droit étroit, devant être faites en termes formels.

2° Ces stipulations ne s'étendent pas d'une chose à une autre. C'est pourquoi si j'ai stipulé propre à ceux de mon côté et ligne le surplus de mon bien, cela s'entend seulement du bien que j'avois lorsque j'ai été marié, et ne s'étend point à ce qui me seroit avenu depuis par succession, donation, etc.

Cela ne s'étend point non plus aux actions de remploi résultantes de l'aliénation de mes propres que j'aurai fait durant mon mariage, parceque ces actions n'étant nées que lors de l'aliénation, elles n'existoient pas encore lors de la stipulation de propres, qui, dans la signification rigoureuse, ne doit comprendre que le mobilier que j'avois alors.

On peut dire néanmoins, en un cas, que les stipulations de propres que je fais du surplus de mon bien à ceux de mon côté et ligne doivent comprendre les actions de remploi; c'est dans le cas où le surplus de mon bien n'auroit consisté qu'en héritages ou autres immeubles. Comme la signification ne pourroit avoir d'autre effet, dans le cas où je les aurois conservés, puisque, indépendamment de la stipulation, par leur nature ils auroient été faits propres à mes enfants qui y auroient succédé, on en doit conclure que dans la stipulation de propres on a eu en vue le cas où ces héritages seroient aliénés, puisqu'elle ne pouvoit avoir d'effet que dans ce cas, et qu'on a voulu faire un propre fictif de l'action de remploi que produiroit l'aliénation. De ce que les stipulations ne s'étendent pas d'une chose à une autre, il suit pareillement que la stipulation que le mobilier des successions sera propre. ne s'étend point à ce qui avient par donation ou legs, à moins que ces donations ou legs ne fussent faits par des ascendants; car telles donations sont des successions anticipées. Enfin la clause n'a lieu que pour les

successions qui arrivent durant le mariage, et non pas
pour celles qui écherroient depuis le mariage aux enfants de celle qui a fait la stipulation.

3° Ces stipulations ne s'étendent point d'un cas à
un autre. Ce qui est stipulé pour le cas de la communauté ne s'étend point à celui des successions, ni le
cas de la succession à celui de la disposition. C'est
pourquoi un enfant peut léguer à son père l'action de
reprise des deniers dotaux de sa mère, stipulés propres à ceux de son côté et ligne, quoique cette action
soit dans la succession un propre fictif maternel, parceque la stipulation n'ayant eu pour objet que le cas
de la succession, cette action n'est réputée propre que
pour le cas de la succession, et non pour celui de la
disposition.

Les propres fictifs s'éteignent: 1° lorsque la fiction
a été consommée. Si une femme, qui a stipulé propre
à elle et aux siens une somme de 9,000 livres, a laissé
trois enfants, on demande si dans la succession de celui qui est mort, le second et le troisième enfant qui est
resté peut prétendre, à l'exclusion de son père, non
seulement le tiers que cet enfant avoit de son chef en
cette reprise, mais encore les 1,500 livres qui appartenoient à ce dernier, comme héritier du premier décédé. La raison de douter est que la fiction avoit déja
eu son effet pour les 1,500 livres dans la succession
du premier décédé; mais il faut néanmoins décider
que le dernier survivant doit, à l'exclusion de son
père, succéder à ces 1,500 livres, parceque, quoique
la fiction ait déja eu son effet à l'égard des 1,500 livres
dans la succession du premier décédé, néanmoins elle

n'a pas eu tout son effet, elle n'a pas été consommée : l'intention de la femme ayant été de conserver à ses enfants et au dernier survivant d'eux toute cette somme, la fiction n'est point consommée tant qu'il reste encore un enfant. Que si la stipulation avoit été faite à ceux du côté de ligne, la fiction ne seroit consommée qu'après que les collatéraux auroient succédé à cette fiction, à l'enfant dernier survivant.

2° Le propre fictif s'éteint par l'extinction des reprises ou remploi, auxquels cette qualité est attachée.

Cette extinction arrive : 1° par le paiement, lorsque le conjoint, qui étoit le débiteur de la reprise, l'a payée à ses enfants, à qui elle étoit due; 2° par l'acceptation que l'enfant créancier de cette reprise fait de la succession du survivant qui en étoit le débiteur; le concours des deux qualités de créancier et de débitéur, qui, par cette acceptation, se réunissent en ce cas en sa personne, éteignent l'action de reprise.

Au reste, dans ces deux cas, le propre n'est éteint que lorsque l'enfant est décédé majeur; car, s'il décéde mineur, les deniers provenants du paiement de ce propre, ou l'emploi d'iceux, tiennent lieu dans la succession du propre même, comme nous l'avons déja vu en la section précédente; et lorsqu'il a accepté la succession du survivant qui en étoit le débiteur, les biens de la succession du débiteur tiennent lieu d'emploi de la somme qui lui étoit due.

FIN DU TRAITÉ DES PROPRES.

TRAITÉ

DES DONATIONS

TESTAMENTAIRES.

Les donations testamentaires sont celles qui sont faites par testament.

Le testament est la déclaration qu'une personne fait, selon la forme prescrite par la loi, de ses dernières volontés sur la disposition qu'elle entend faire de ses biens après sa mort.

Cela revient à cette définition des instituts : *Testamentum est justa voluntatis sententia de eo quod post mortem suam quis fieri velit.*

Par le droit romain, il y a différence entre testament et codicile. Le testament est l'acte qui contient l'institution d'héritier. Les codiciles sont des actes qui ne contiennent aucune institution d'héritier, mais seulement des legs et fidéicommis. Selon nos coutumes, qui n'ont point admis l'institution d'héritier, il n'y a aucune différence entre testaments et codiciles, et les testaments ne sont parmi nous autre chose que ce qui est appelé par le droit romain codicile.

Néanmoins, selon l'usage ordinaire de parler, nous appelons ici testament l'acte qui contient les principales dispositions du défunt; et codiciles, les actes par lesquels il y a ajouté quelques autres dispositions: mais cette différence n'est que dans les mots, et il n'y a aucune différence, selon notre droit coutumier, entre testament et codicile.

Nos testaments n'étant, selon notre droit coutumier, autre chose que ce qu'étoient par le droit romain les codiciles *ab intestat*, il suit de là qu'une personne peut faire plusieurs testaments, qui sont tous valables, en ce qu'ils ne contiennent rien de contraire.

CHAPITRE PREMIER.

De la forme des testaments.

Le testament est un acte qui appartient au droit civil, et qui, pour être valable, doit être fait selon les formes prescrites par les lois.

ARTICLE PREMIER.

Des régles générales sur les formes des testaments.

Il y a différentes formes de faire les testaments, qui sont autorisées par les lois du royaume.

Elles ont toutes cela de commun, 1° que chaque personne qui veut faire son testament, en quelque forme qu'elle le fasse, le doit faire séparément, et non point conjointement avec une autre personne; c'est ce qui est établi par l'ordonnance de 1735, qui, article 77, abroge et défend l'usage des testaments mu-

tuels, soit par mari et femme, soit par d'autres personnes.

Le motif de cette loi paroît avoir été afin que les
testateurs eussent plus de liberté, et ne fussent pas
exposés aux suggestions de la personne avec qui ils fe-
roient conjointement leur testament.

L'ordonnance excepte les actes de partage entre enfants et descendants, lesquels, dans les pays où ils sont
en usage, article 17, peuvent se faire par les père et
mère conjointement, art. 77.

Elle déclare aussi n'entendre *rien innover à l'égard
des donations mutuelles pour cause de mort....., suivant
la réserve portée par l'art. 46 de l'ordonnance de 1731.*
Cet article, auquel cette ordonnance renvoie, parle des
dons mutuels et autres donations faites entre mari et
femme.

Cette disposition peut se rapporter aux testaments
mutuels qui se font dans la coutume de Dunois entre
mari et femme. Il y a d'autant plus lieu de décider
que ces testaments ont continué d'être valables depuis
l'ordonnance, que, par cette coutume, il n'est pas permis à un mari et à une femme de se donner autrement que par testament mutuel; de manière que si le
testament mutuel leur étoit interdit, ils ne pourroient
plus user du droit que la coutume leur accorde de se
donner; mais les dispositions faites à des tiers par ces
testaments doivent être déclarées nulles depuis l'ordonnance.

Les formes de tester ont, 2° de commun, que le
testament, pour être valable, doit être rédigé par écrit;
c'est la disposition de l'art. 1ᵉʳ de l'ordonnance de 1735 :

Toutes dispositions testamentaires seront faites par écrit. Cet écrit n'est pas seulement requis pour la preuve de ces dispositions, mais il appartient même à la forme de la disposition : c'est pourquoi l'ordonnance rejette la preuve par témoins des dispositions qui ne seroient pas par écrit, quelque modique que fût la somme dont le défunt auroit disposé.

C'est, 3° une règle commune à tous les testaments, qu'ils ne peuvent se faire par signes ; l'ordonnance, article 2, les déclare nuls, encore qu'ils eussent été rédigés par écrit sur lesdits signes : les signes ont paru quelque chose de trop équivoque pour autoriser des dernières volontés déclarées de cette manière.

Il y a deux formes de testament, celle du testament olographe, et celle du testament solennel ; on peut encore ajouter celle du testament militaire, et celle du testament fait en temps de peste. Les testaments, pour être valables, doivent être faits suivant quelqu'une de ces formes.

L'ordonnance de 1735, art. 3, déclare expressément nulles les dispositions testamentaires qui seroient faites par lettres missives.

ARTICLE II.

Du testament olographe.

§. I. Ce que c'est, et où a-t-il lieu.

Le testament olographe est celui qui est entièrement écrit et signé de la propre main du testateur.

Le testament olographe est admis dans tout le pays coutumier. A l'égard des provinces régies par le droit écrit, l'ordonnance de 1735 dit qu'il sera admis dans les provinces où il étoit en usage avant l'ordonnance.

Dans cette variété de lois touchant le testament olographe doit-on suivre celle du domicile du testateur, ou celle du lieu où le testament olographe a été écrit? En faveur de celle du domicile, on dit qu'en fait de formalités d'actes, la régle est qu'on suit la loi du lieu où l'acte se passe; mais cette régle, dit-on, n'a lieu que pour les actes solennels qui sont faits par personnes publiques, ces personnes devant se conformer à la loi et au style du lieu où elles sont personnes publiques. Le testament olographe est plutôt un testament dispensé de solennités qu'un acte solennel, à l'égard duquel la régle ci-dessus citée ne reçoit, par conséquent, aucune application; c'est pourquoi c'est plutôt la loi du domicile du testateur qui doit décider si le testament olographe doit être admis ou non, puisque c'est la loi qui gouverne sa personne et a empire sur la personne qui seule peut le dispenser des solennités des testaments, en lui permettant d'en faire un olographe dans le particulier; d'où il suit que, lorsque le testateur est domicilie dans un pays où la loi permet l'usage des testaments olographes, il en peut faire un quelque part où il se trouve, et qu'au contraire, il n'en peut faire nulle part, si la loi de son domicile, qui régit sa personne, ne lui permet pas.

On dit, au contraire, pour la coutume du lieu ou le testament olographe a été passé, que c'est mal-à-propos qu'on restreint aux actes reçus par personnes publiques la règle qui décide que les formes des actes se réglent par la loi du lieu ou ils ont été passés; que cette règle doit avoir lieu à l'égard de tous les actes sujets à quelques formes, soit qu'ils soient faits par des personnes publiques, soit qu'ils soient faits par des particuliers, et, par conséquent, qu'elle doit avoir lieu à l'égard des testaments olographes, qui ne sont pas simplement, comme on le dit, des testaments dispensés des formes, mais des testaments d'une forme particulière; l'obligation imposée au testateur de les écrire en entier de sa propre main, de les dater et signer, étant une véritable forme, ce dernier sentiment paroît autorisé par un arrêt du 14 juillet 1722, rapporté au septième volume du *Journal des Audiences*, qui a declaré nul un testament olographe fait en Italie.

§. II. De la forme intrinsèque du testament olographe.

La loi ne requiert rien autre chose touchant sa forme, sinon qu'il soit entièrement écrit, daté, et signé de la main du testateur; ordonnance de 1735, art. 20. Un seul mot qui seroit écrit d'une autre main rendroit ce testament nul, quand même ce mot seroit superflu dans le testament; car on ne pourroit dire que le testament est *entièrement écrit* de la main du testateur, ce qui est de la forme essentielle de ce testament; c'est ce qui a été jugé pour le testament de la dame Berroyer, qui avoit fait légataire universel son beau-frère, par un testament écrit de sa main, dans lequel le terme de *beau* se trouvoit écrit en interligne d'une autre main : la cour, après avoir ordonné une vérification par experts, déclara le testament nul.

Observez néanmoins que, pour qu'un interligne écrit d'une autre main vitiât le testament, il faudroit qu'il fût constant qu'il en fît partie, *putà*, par l'approbation que le testateur auroit faite de l'interligne, autrement il seroit au pouvoir d'un tiers, en la possession duquel un testament tomberoit, de détruire ce testament en y insérant quelque interligne, ce qui ne doit pas être.

A plus forte raison, un testament écrit d'une main tierce seroit-il nul, quoique daté et signé de la main du testateur, et quoique chaque disposition fût apostillée de sa main par ces mots : Bon pour une telle somme.

Si le testament contenoit plusieurs dispositions qui fussent chacunes datées et signées, et que l'une d'elles ne fût pas entièrement écrite de la main du testateur, les autres ne laisseroient pas d'être valables; car ce sont comme autant de testaments dont la nullité de l'un ne doit pas entraîner la nullité des autres par la règle : *Utile per inutile non vitiatur. Secùs,* si toutes étoient souscrites par une seule signature.

La date que l'ordonnance requiert pour le testament olographe est celle du jour, du mois et de l'année qu'il est fait, art. 38. Il est mieux d'écrire cette date en lettres ; ce ne seroit pas néanmoins une nullité si elle étoit écrite en chiffres, n'y ayant aucune loi qui le défende.

La signature doit être à la fin de l'acte, parcequ'elle en est le complément et la perfection.

C'est pourquoi si le testateur avoit, après et au bas de sa signature, écrit de sa main quelque disposition qu'il n'eût pas signée, cette disposition non signée seroit nulle. Il n'est pas, à la vérité, nécessaire de signer chacune de ces dispositions, et la signature du testateur, qui est en fin du testament, confirme toutes les dispositions du testament qui la précédent ; mais cette signature ne peut se référer à ce qui est écrit après, ni par conséquent le confirmer.

L'expression du lieu où le testament olographe a été fait n'est pas nécessaire pour sa validité, puisque aucune loi ne requiert cette expression.

Les interlignes ne sont pas défendus dans un testament olographe ; il suffit qu'ils soient reconnus pour être de la main du testateur, pour mériter foi.

Les ratures qui se trouvent dans un testament olographe n'annullent que la disposition qui se trouve raturée ; toutes les autres ne laissent pas de subsister.

Si même dans une disposition il y avoit quelques mots de raturés qui ne fussent pas essentiels, ces ratures n'empêcheroient pas la validité même de la disposition où elles se trouveroient ; arrêt du 11 juillet 1716 : mais si c'étoit le nom de la chose ou de la somme léguée, ou celui de la personne à qui le legs est fait qui fût raturé, il est évident que la disposition ne devroit pas être valable.

Toutes ces décisions sont indistinctement vraies lorsqu'on peut lire ce qui est raturé; mais lorsque les ratures sont telles qu'on ne peut rien lire de ce qui est raturé, la partie raturée peut quelquefois donner lieu à faire infirmer tout le testament; savoir, lorsque le testament étoit en la possession de celui au profit de qui il étoit fait, et qu'on peut soupçonner que ce soit lui qui ait fait les ratures; car, comme ce qui est raturé pouvoit contenir une révocation ou limitation des dispositions non raturées, la volonté du testateur, même à l'égard des dispositions non raturées, ne se trouvant point certaine, le testament ne doit point avoir effet, même à l'égard de ces dispositions. Il y a apparence que c'étoit l'espéce de l'arrêt de 1621, cité par les auteurs, qui a infirmé, pour le tout, un testament dans lequel il y avoit plusieurs ratures, quoique non lisibles; hors ce cas, les ratures, quoique non lisibles, ne doivent point donner atteinte aux parties du testament qui se peuvent lire, suivant les lois 2 et 3, ff. *de his quœ in testamen. delent.*

§. III. De la forme extrinséque.

Nous avons vu ce qui appartenoit ou non à la forme intrinséque et substance du testament olographe; il est de plus sujet à des formes extrinséques, pour que ceux au profit de qui il est fait puissent former, en conséquence, action en justice pour la délivrance de ce qui leur est légué.

Ces formes sont: 1° l'acte de dépôt qui doit s'en faire chez un notaire par la personne qui se trouve porteur du testament.

Cet acte est, en un cas, requis pour la validité du testament; savoir, lorsque le testateur a fait profession religieuse, son testament olographe est nul, s'il ne l'a déposé et reconnu par-devant notaire avant l'émisssion de ses vœux solennels; ordónnance de 1735, art. 21; ce qui est ordonné pour empêcher que des religieux ne fissent des testaments depuis leur profession, qu'ils antidateroient du temps avant leur profession.

Hors ces cas, le dépôt du **testament** n'est pas requis pour la validité du testament; et ce dépôt ne se fait que pour qu'il en demeure une minute dont on puisse donner des expéditions à tous ceux qui ont intérêt au testament. C'est pour cette raison qu'on a coutume de déposer les testaments olographes; il n'importe que ce soit avant ou depuis la mort du testateur que ce dépôt se fasse, ni par qui il se fasse.

Il est défendu aux curés qui reçoivent des testaments d'en délivrer des expéditions à peine de nullité; c'est pour cela qu'il leur est enjoint de le déposer chez un notaire incontinent après la mort du testateur, s'ils ne l'ont fait auparavant; ordonnance de 1735, art. 26.

2° Le contrôle et l'insinuation qui doivent se faire du testament appartiennent aussi à sa forme extrinsèque; ces formes ne sont pas requises pour sa validité, mais seulement en faveur du fisc; c'est pourquoi la demande en délivrance de legs faite en vertu d'un testament ni contrôlé ni insinué, n'en est pas moins valable; mais celui qui l'a donnée, les procureurs qui ont agi sur une pareille demande, sont exposés à des condamnations d'amende.

3° Il faut qu'il soit reconnu par les héritiers pour être écrit et signé de la main du testateur, ou que, sur leur refus de le reconnoître, l'écriture soit vérifiée par des experts.

Lorsque le testateur l'a reconnu lui-même, de son vivant, par-devant les notaires chez qui il en a fait le dépôt, pour être entièrement écrit et signé de sa main, je pense qu'il ne faut pas d'autre reconnoissance.

Les actes de dépôt et de reconnoissance sont, comme nous l'avons dit, des actes extrinsèques au testament, c'est pourquoi, quand il s'y trouveroit quelque défaut, cela ne donneroit aucune atteinte au testament.

ARTICLE III.

Du testament solennel en pays coutumier.

§. I. Exposition générale des formalités du testament solennel en pays coutumier.

Les différentes coutumes requéroient différentes solennités pour les testaments, auxquelles l'ordonnance de 1735, art. 22, a dérogé. Elle a ordonné que dans tous les pays où les formes du droit écrit n'étoient pas établies, il n'y auroit plus que deux formes de faire un testament; la forme du testament olographe, dont il a été parlé en l'article précédent, et celle du testament reçu par personnes publiques.

Les solennités de ce dernier consistent : 1° en ce qu'il doit être reçu par deux notaires ou par un notaire avec deux témoins. Les autres personnes publiques qui, par la coutume du lieu, ont qualité pour recevoir des testaments, peuvent les recevoir à la place d'un notaire.

Dans les actes ordinaires, on tolère qu'un notaire signe en second un acte reçu par son confrère, auquel il n'a pas été présent; mais lorsqu'un testament est reçu par deux notaires, il est indispensable que les deux notaires y soient présents. Le testament seroit déclaré faux, s'il étoit prouvé que l'un des notaires l'eût signé sans être présent, et le notaire seroit très punissable.

Les témoins qui sont appelés pour la confection du testament doivent être nommés et suffisamment désignés par le testament, de manière qu'on les puisse connoître; au reste, l'omission de leur qualité ne fait pas une nullité, pourvu qu'ils soient suffisamment désignés d'ailleurs : suivant ces principes, par un arrêt du 31 août 1722, un testament a été confirmé, quoique la qualité des témoins n'eût été exprimée que par ces termes, principaux habitants de ce village.

2° Le notaire ou autre personne publique ayant qualité pour recevoir des testaments, doit l'écrire tel que le testateur le lui dictera; art. 23.

Cet article porte expressément : *Lesquels notaires ou tabellions ou l'un d'eux écriront;* c'est pourquoi il n'est plus douteux que le testament doit être écrit de la main du notaire ou autre personne publique qui le reçoit, et qu'il ne suffiroit pas que cette personne publique le fît écrire par une autre, et le signât.

3° Il doit, après l'avoir écrit, en faire lecture au

testateur, et faire mention expresse de cette lecture; art. 23.

4° Enfin, il doit le signer et le faire signer par les témoins et par le testateur; et au cas que le testateur ait déclaré qu'il ne sait ou ne peut signer, il en doit faire mention.

Toutes les autres formalités requises par les différentes coutumes ne sont plus nécessaires; par exemple, il n'est plus nécessaire d'exprimer que le testament ait été dicté et nommé, lu et relu, fait sans suggestion, etc.

Les ratures, quoique non approuvées, qui se trouvent dans les testaments reçus par personnes publiques ne forment aucun défaut, et ne sont d'aucune considération lorsqu'elles n'intéressent point la disposition; arrêt du 11 juillet 1716, au sixième volume du *Journal.*

Les interlignes qui s'y trouvent sont regardés comme nuls; mais ne préjudicient pas au surplus du testament.

§. II. De la compétence ou capacité de celui qui reçoit le testament.

Le notaire qui reçoit le testament doit être compétent; il faut pour cela qu'il le reçoive dans l'étendue de la juridiction où il est notaire.

Cependant les notaires des Châtelets de Paris, Orléans, et Montpellier, pouvant, par un privilége particulier de ces Châtelets, recevoir des actes par tout le royaume, ils y peuvent, par conséquent, recevoir des testaments.

Ce privilége est établi par l'art. 463 de notre coutume.

Il n'est pas nécessaire pour qu'un notaire, quoique subalterne, soit compétent, que le testateur soit domicilié dans le territoire de la juridiction de ce notaire, ni que les biens dont il dispose y soient situés; les réglements qui défendent à ces notaires de passer des actes pour autres personnes que pour personnes domiciliées dans leur juridiction, ni pour autres biens que ceux qui y sont situés, ayant cessé d'être observés, depuis que les offices des notaires royaux établis dans les juridictions seigneuriales ont été débités.

Un notaire, quoique mineur, reçoit valablement un testament, non seulement lorsqu'il a obtenu du roi une dispense d'âge, mais même lorsque par subreption, et sur un faux extrait baptistaire, il a été reçu notaire; la bonne foi des parties qui le voient en possession de son état de notaire, rend valables les actes qu'il reçoit, suivant ce qui est décidé, en une espéce peu différente, en la loi, *barbarius Philippus* 3, ff. *de off. præt.*

Il en est autrement du testament qui auroit été reçu par un notaire interdit, quand même le testateur auroit ignoré l'interdiction; car il est plus facile d'en avoir connoissance, et ces interdictions sont connues dans le lieu.

Un notaire peut recevoir le testament de ses parents, même de son père, comme il a été jugé par un arrêt rapporté par Lemaître; il doit être moins suspect que tout autre pour attester les dernières volontés de son père.

Un notaire apostolique n'est pas compétent pour recevoir un testament; car ces notaires ne sont compétents que pour les actes qui concernent la juridiction ecclésiastique : or, les testaments n'appartiennent pas à cette juridiction.

Observez néanmoins que, par édit de décembre 1691, le roi a créé des notaires royaux apostoliques, auxquels il a donné le pouvoir, concurremment avec les autres notaires, de recevoir les testaments des gens d'église; mais ce n'est pas en leur simple qualité de notaires apostoliques qu'ils ont ce droit, mais en leur qualité d'officiers royaux, et en vertu de cet édit, qui leur en donne le droit.

Quoique les secrétaires du roi aient le titre de *notaires*, ils ne sont pas compétents pour recevoir des testaments.

L'ordonnance, art. 25, permet aux curés de recevoir des testaments dans l'étendue de leurs paroisses, dans les lieux où la coutume le permet. Notre coutume d'Orléans est de ce nombre.

L'ordonnance le permet même aux curés réguliers; il y avoit une raison de douter, qui est que les réguliers, ne jouissant pas de l'état civil, paroissoient devoir être incapables de tous offices civils et, par conséquent, de recevoir des testaments. La réponse à cette raison est que les lois, en permettant à ces réguliers de tenir des cures, les rendent capables de toutes les fonctions civiles attachées à leur qualité de curés.

C'est une question si un curé interdit par le supérieur ecclésiastique peut recevoir des testaments?

Pour la négative, on dit : 1° que, la puissance ecclésiastique n'ayant aucun empire sur les fonctions civiles et sur tout ce qui est de l'ordre civil, l'interdiction prononcée par un juge ecclésiastique ne peut, à la vérité, directement *et per se*, s'étendre à la fonction de recevoir des testaments, qui est une fonction civile, mais qu'elle peut s'y étendre indirectement *et per consequentias*, en ce que la loi civile accordant le droit des testaments aux curés, en leur qualité de curés, et l'interdiction du juge ecclésiastique suspendant le curé de son état de curé, le curé interdit de son état de curé est indirectement interdit de tout ce qui y est attaché et, par conséquent, de la fonction de recevoir des testaments ; on ajoute, 2° que les rois ayant accordé aux juges ecclésiastiques une juridiction et le droit de rendre des décrets, ils sont censés leur avoir accordé ce qui en est une suite ; savoir, le droit d'interdire, même des fonctions civiles, ceux qu'ils décréteroient ; 3° que le curé, quoique décrété par un juge ecclésiastique, devient suspect, et cesse d'être d'une réputation assez entière pour pouvoir faire des fonctions publiques ; 4° enfin, on dit que l'ordonnance, en donnant aux desservants le droit de recevoir un testament, suppose assez que le curé interdit ne le peut plus. Telles sont les raisons que M. *** a employées pour prouver qu'un curé interdit par le supérieur ecclésiastique ne pouvoit recevoir des testaments ; il me semble qu'on peut répondre au premier argument, qu'il est vrai que la fonction de recevoir des testaments est attachée à la qualité de curé, mais qu'il suit de là seulement que si le curé étoit privé entièrement et déposé de son état de curé par le supérieur ecclésiastique, il seroit indirectement privé du pouvoir de recevoir des testaments; mais l'interdiction ne le privant pas de son état de curé, le suspendant seulement des fonctions spirituelles qui y sont attachées, cette interdiction ne peut s'étendre aux fonctions civiles qui sont entièrement indépendantes des fonctions spirituelles et d'un ordre différent. On répond au second que nos rois, en accordant une juridiction aux juges ecclésiastiques, leur ont accordé le droit de prononcer des condamnations et des décrets; mais de même que les condamnations qu'ils prononcent ne doivent pas s'étendre à ce qui est de l'ordre civil, qu'ils ne peuvent, en conséquence, prononcer des peines qui emportent privation de l'état civil, ni même qui en emportent la moindre diminution, telles que seroient des peines infamantes; de même les décrets qu'ils rendent ne doivent pas s'étendre à ce qui est de l'ordre civil, et ne peuvent, par conséquent, suspendre de son état de bonne fame, ni des fonctions civiles, la personne décrétée. Au troisième argument, on répond que les ecclésiastiques étant sujets à deux juges, au civil pour les crimes de l'ordre civil, au juge ecclésiastique pour les délits ecclésiastiques, tant qu'il n'est point décrété par le juge civil, mais seulement par le juge ecclésiastique, il ne peut être juridiquement suspect de crime dans l'ordre civil. Au quatrième argument, on répond qu'on établit des desservants, non seulement pour le cas auquel un curé est interdit, mais pour cause de démence ou d'infirmité, ou d'absence nécessaire; dans lesquels cas les curés ne pouvant pas faire les fonctions civiles qui leur sont attribuées, non plus que les ecclésiastiques, il étoit nécessaire de les attribuer, en leur place, aux desservants.

A l'égard du curé décrété de prise de corps, ou seulement d'ajournement personnel, par le juge séculier, il est, en vertu de ces décrets, aux termes de l'ordonnance de 1670, art. 11 du titre 10, incapable de toutes fonctions civiles et, par conséquent, de recevoir des testaments.

Il est même exclus des fonctions spirituelles jusqu'à ce qu'il ait purgé son décret, non en vertu de ce décret, *per se*, le juge séculier n'ayant pas le pouvoir de lier, mais les canons, qui excluent d'exercer les fonctions spirituelles tous ceux qui le sont des fonctions civiles, les excluent.

Un curé ne peut recevoir de testaments que sur sa paroisse. Je pense qu'il ne peut aussi, même sur sa paroisse, recevoir de testaments d'autres que de ses paroissiens; car notre coutume dit *le curé du testateur*, ce qui souffre difficulté.

Il n'est pas néanmoins nécessaire que le testateur ait sur cette paroisse un domicile proprement dit; il suffit qu'il y soit résidant.

Il y a plus, lorsqu'une personne se trouve surprise de maladie sur une paroisse où elle ne comptoit que passer, et qu'elle y décéde, le curé de la paroisse peut recevoir son testament, ainsi jugé par arrêt du 2 mars 1714, au sixième volume du *Journal des Audiences*.

Un prêtre séculier, commis à la desserte d'une cure

par l'évêque, a le même droit que le curé pour recevoir des testaments; ordonnance de 1735, art. 25.

Les desservants réguliers n'ont pas ce droit, l'ordonnance n'ayant parlé que des séculiers.

Notre coutume donnoit aussi ce droit aux vicaires, mais l'ordonnance le leur a ôté; art. 25.

Suivant le réglement de quelques hôpitaux, autorisés par lettres-patentes dûment registrées, les chapelains ont droit de recevoir les testaments des personnes qui y sont malades.

Notre coutume, art. 289, accorde ce droit aux chapelains de l'Hôtel-Dieu d'Orléans pour les testaments de ceux qui y seront malades et y décéderont.

La coutume accordant ce droit aux chapelains pour les testaments de ceux qui décéderont à l'Hôtel-Dieu, il paroît s'ensuivre que le testament reçu par un desdits chapelains devient nul, lorsque le testateur revenu en santé est sorti de l'Hôtel-Dieu, ce qui peut souffrir difficulté.

L'ordonnance de 1735, art. 25, a conservé ce droit de recevoir des testaments aux chapelains des hôpitaux qui l'avoient.

Les curés, ou autres personnes ecclésiastiques qui ont reçu un testament, doivent, incontinent après la mort du testateur, s'ils ne l'ont pas fait auparavant, le déposer chez un notaire du lieu, et ils ne peuvent en délivrer d'expéditions; ordonnance de 1735, art. 26.

Il y a des lieux où les officiers de justice, jusqu'aux greffiers, ont qualité pour recevoir des testaments; dans d'autres, les officiers municipaux ont ce droit;

l'ordonnance de 1735, article 24, confirme ces usages.

C'est une chose commune à tous ceux qui reçoivent des testaments que, pour qu'ils les reçoivent valablement, il faut qu'il ne leur soit fait aucun legs par ledit testament, ni à leurs parents. C'est ce qui résulte de l'art. 63 de l'ordonnance de Blois, qui défend aux curés de recevoir des testaments dans lesquels eux ou leurs parents seroient légataires, ce que la jurisprudence a étendu aux notaires et autres personnes publiques qui reçoivent des testaments, y ayant, à l'égard de toutes ces personnes, une entière parité de raison.

L'ordonnance, en défendant aux curés de recevoir des testaments, où eux, ou leurs parents seroient légataires, n'a pas déterminé jusqu'à quel degré de parenté. Il y a un arrêt de réglement, du 11 août 1607, qui défend aux notaires de recevoir des actes pour leurs cousins germains ou autres parents plus proches; d'où il paroît qu'on doit inférer qu'il est défendu de recevoir des testaments dans lesquels leurs cousins germains seroient légataires. Néanmoins, par arrêt du 6 juillet 1722, rapporté au septième volume du *Journal des Audiences,* un testament reçu par deux notaires, dont l'un étoit cousin par sa femme du légataire universel a été confirmé.

Quoiqu'un curé profite indirectement des legs faits à la fabrique de son église pour fondations d'obits, saluts, etc., il ne laisse pas de pouvoir valablement recevoir le testament qui contient quelque legs de cette espéce; car on ne peut regarder ces legs comme faits à lui.

§. III. Quelles personnes peuvent être ou non témoins dans un testament.

Les témoins, dont la présence est requise dans les testaments, doivent aussi avoir certaines qualités; comme les testaments appartiennent entièrement au droit civil, et que la fonction de ces témoins est une fonction civile, *officium civile*, il s'ensuit qu'il n'y a que les citoyens qui jouissent de tout leur état civil, qui puissent être témoins dans un testament.

C'est pourquoi, 1° les étrangers qui ne sont point naturalisés ne peuvent être témoins dans les testaments.

2° Les religieux ne le peuvent être; car ils ne jouissent pas de l'état civil.

Quand même un religieux auroit été relevé de ses vœux par le pape, il ne seroit pas capable de cette fonction; car la puissance du pape, qui est toute spirituelle, et qui ne s'étend point aux choses séculières, ne peut lui restituer la vie civile qu'il a perdue.

Les religieux curés sont aussi incapables de cette fonction; car le bénéfice dont un religieux est pourvu ne lui rend pas la vie civile.

Pourroit-il être témoin, au moins dans le testament d'un de ses paroissiens, dans les coutumes où il pourroit, en sa qualité de curé, le recevoir? La raison de douter se tire de cette règle de droit, *non debet ei cui plus licet, id quod minus est non licere:* or, dit-on, c'est quelque chose de plus de recevoir un testament que d'y servir de témoin. Néanmoins, je pense qu'il ne peut y servir de témoin quoiqu'il puisse le recevoir,

La raison de différence est que sa qualité de curé ne le rend capable que des seules fonctions civiles qui sont attachées à sa qualité de curé; c'est pourquoi il peut bien recevoir le testament de son paroissien, parceque c'est en sa qualité de curé qu'il le reçoit; les lois l'y autorisent; mais il ne peut pas y servir de témoin, parceque ce n'est pas en sa qualité de curé qu'il serviroit de témoin: à l'égard de la régle *non debet cui plus licet, etc.*, la réponse est que cette régle souffre beaucoup d'exceptions; et qu'elle n'a pas d'application toutes les fois qu'il se trouve, comme dans cette espéce, disparité de raison.

A l'égard du religieux évêque, l'éminence de la dignité de l'épiscopat lui rend l'état civil, et le rend, par conséquent, capable de toutes les fonctions civiles.

3° Les novices sont aussi incapables d'être témoins dans les testaments; ordonnance de 1735, art. 41 Quoiqu'ils jouissent encore de la vie civile, qu'ils ne perdront que par leur profession, néanmoins l'habit religieux qu'ils ont pris les sépare du siécle tant qu'ils le portent, et les rend incapables de toutes fonctions civiles et séculières.

4° Ceux qui ont perdu la vie par une condamnation, soit par un jugement contradictoire, soit par contumace, sont aussi incapables de faire la fonction de témoin dans les testaments.

5° Ceux qui ont été condamnés à une peine infamante le sont aussi; car, quoiqu'ils n'aient pas perdu la vie civile, néanmoins l'infamie les rend incapables de toutes fonctions civiles.

6° Ceux qui sont en décret de prise de corps, ou

même d'ajournement personnel, étant incapables de toutes fonctions publiques et civiles, sont aussi incapables de servir de témoins dans les testaments.

Nous avons déja observé qu'il faut que le décret soit émané d'un juge séculier, celui qui est émané d'un juge ecclésiastique ne pouvant s'étendre qu'aux fonctions spirituelles.

7° Les femmes ne peuvent être témoins dans les testaments; ordonnance de 1735, art. 40; car elles sont incapables de toutes fonctions civiles: *Feminæ ab omnibus officiis civilibus remotæ sunt; l. 2, ff. de reg. jur.* La pudeur de leur sexe, qui ne leur permet pas *in cœtibus hominum versari,* est la raison qui les a fait exclure.

8° Par la même raison ceux qui ne sont pas suffisamment âgés ne peuvent servir de témoins dans des testaments. L'ordonnance de 1735, art. 39, fixe à vingt ans accomplis l'âge pour être capable de cette fonction, sauf dans les pays régis par le droit écrit, où il suffit d'avoir l'âge de puberté, c'est-à-dire de quatorze ans accomplis, qui est celui dont le droit écrit se contente pour la capacité de tester.

Outre ceux qui sont incapables des fonctions civiles, il y a encore quelques personnes qui ne peuvent être témoins dans les testaments; savoir: 1° ceux qui ne savent pas signer; ordonnance de 1735, art. 44, la signature des témoins étant nécessaire pour la solennité du testament en pays coutumier.

2° Les clercs, domestiques, et serviteurs de la personne publique qui a reçu le testament; ordonnance de 1735, art. 42.

Au reste, rien n'empêche que les parents de celui

qui reçoit le testament y servent de témoins; un testament, où le frère du notaire qui l'avoit reçu avoit servi de témoin, a été confirmé par arrêt du 2 décembre 1669, rapporté par Soef., 11, 18, 42.

8° Enfin, ceux à qui il est fait, par ce téstament, quelques legs, soit universel, soit particulier, à plus forte raison ceux qui, dans les coutumes où l'institution d'héritier a lieu, comme dans le Berry, y sont héritiers institués ou substitués; ordonnance, art. 43.

Au reste, pourvu que ce ne soit point à eux-mêmes qu'il soit fait quelques legs, ils peuvent servir de témoins, quand même il en auroit été fait à leurs enfants, et en cela, les simples témoins diffèrent de celui qui a reçu le testament.

<h3 style="text-align:center">ARTICLE IV.</h3>

Des formes des testaments et codiciles dans les pays de droit écrit.

Dans les provinces du royaume régies par le droit écrit, il y a deux espéces de testaments, le nuncupatif et le mystique.

§. I. Forme du testament nuncupatif.

Le testament nuncupatif se fait de vive voix en présence de sept témoins, le notaire compris (à moins que les statuts particuliers ne se contentent d'un moindre nombre), auxquels le testateur déclare de vive voix ses volontés, lesquelles, à mesure qu'il les déclare, sont rédigées par écrit par le notaire, qui doit ensuite en faire lecture au testateur, et faire mention de cette lecture; après quoi le testament doit être signé par le notaire et les autres témoins, et par le testateur, le tout sans divertir à autres actes; si le testateur déclare qu'il ne sait ou ne peut signer, il en doit être fait mention; art. 5.

La mention que les témoins ont été convoqués n'est pas nécessaire; art. 6.

Lorsque le testateur est aveugle, il faut appeler un huitième témoin qui signe avec les autres; art. 7.

§. II. Forme du testament mystique.

Le testament mystique, ou secret, se fait en cette forme: le testateur, après avoir écrit ou fait écrire par un autre ses dernières volontés, qu'il doit signer de sa main, présente à sept témoins, le notaire compris (à moins que les statuts particuliers des lieux ne se contentent d'un moindre nombre), le papier où elles sont contenues, clos et scellé, ou le fait clore et sceller devant eux, leur déclare que ce papier est son testament écrit et signé de lui, ou écrit par un autre et signé de lui, après quoi le notaire dresse l'acte de subscription qui doit être écrit sur ledit papier ou sur la feuille qui lui sert d'enveloppe, et cet acte de subscription doit être signé par le notaire, les autres témoins et le testateur, le tout sans divertir à d'autres actes; et si, par un empêchement survenu depuis la signature du testament, le testateur ne pouvoit signer, il en sera fait mention; art. 9. Ceux qui ne savent pas lire ne peuvent faire le testament mystique; art. 11.

Mais l'ordonnance permet à ceux qui savent lire, quoiqu'ils ne sachent pas signer, de faire un testament mystique qui ne soit pas signé d'eux, en appelant, en ce cas, un huitième témoin, qui signera l'acte de subscription, et il doit être fait mention de la cause pour laquelle il est appelé.

Il est clair que ceux qui ne peuvent parler ne peuvent faire de testament nuncupatif; art. 8. Il sembleroit qu'ils n'en pourroient faire de mystique, parceque, selon la forme de ce dernier, le testateur doit déclarer que le papier qu'il présente est son testament, ce que ne peut faire celui qui ne peut parler; néanmoins, l'ordonnance permet à ceux qui ne peuvent parler de faire un testament mystique, à ces conditions: 1° qu'il faut qu'en ce cas le testateur sache écrire, et que son testament soit écrit en entier, daté et signé de sa main, 2° qu'il écrive de sa main, en présence des témoins, au haut de l'acte de subscription, que le papier qu'il présente est son testament, et qu'il soit fait mention par le notaire que le testateur a écrit ces mots en sa présence et celle des témoins.

§. III. Qualités des témoins dans les testaments, soit nuncupatifs, soit mystiques.

Les témoins qui sont admis à ces testaments doivent avoir les qualités rapportées en l'article précédent, §. 3, et tout ce que nous y avons dit reçoit ici son application.

Ils doivent ordinairement savoir écrire, puisqu'ils doivent signer.

Néanmoins, comme il ne seroit pas facile de trouver dans les campagnes des témoins qui sussent signer en aussi grand nombre que l'est celui qui est requis pour ces testaments, l'ordonnance, art. 45, permet de se servir, dans les testaments qui seront faits ailleurs que dans les villes ou bourgs fermés, de témoins qui ne sachent pas signer, à la charge de faire mention de la déclaration qu'ils auront faite qu'ils ne savent signer, et à la charge qu'il y en aura au moins deux qui signeront.

Il est particulier aux testaments mystiques, qu'on puisse s'y servir de témoins, pour l'acte de subscription, qui soient légataires, soit universels, soit particuliers; art. 43.

A l'égard de ceux qui sont institués ou substitués héritiers, ils ne peuvent pas plus servir de témoins dans les testaments mystiques, que dans toutes les autres espéces de testaments; art. 43.

§. IV Formes des testaments *inter liberos*, et des codiciles.

Les testaments faits *inter liberos*, c'est-à-dire qui contiennent, ou un partage que le testateur fait entre ses enfants, ou des dispositions, quelles qu'elles soient, au profit de quelques uns des enfants ou descendants du testateur, ne sont pas sujets aux formes ci-dessus expliquées; mais ils peuvent être ou simples testaments olographes, même dans les lieux où ces testaments ne sont point admis entre autres personnes, ou faits en présence de deux notaires, ou d'un notaire et de deux témoins; art. 15, 16 et 17.

Si ces testaments contenoient quelques dispositions au profit de quelque autre personne, elles seroient nulles, et il n'y auroit de valables que celles faites au profit des enfants et descendants du testateur; article 18.

Les codiciles, c'est-à-dire les actes qui ne contiennent point l'institution d'héritier, mais seulement des legs ou fidéicommis, ne sont point non plus sujets aux formes des testaments; il suffit qu'ils soient faits en présence de cinq témoins, suivant la loi 8, §. *ult. cod. de codicillis*, ou même d'un moindre nombre, lorsque les statuts des lieux s'en contentent; art. 14.

ARTICLE V.

De la forme des testamets militaires, et de ceux faits en temps de peste.

Les testaments militaires et ceux faits en temps de peste, ne sont pas assujettis à toutes les formalités des autres testaments.

§. I. Quelles personnes peuvent faire un testament militaire, et dans quelles circonstances.

Il est permis de faire un testament militaire, non seulement aux officiers et soldats qui servent dans les troupes du roi, mais même à tous ceux qui sont à la suite des troupes ou chez les ennemis, soit à cause de leurs emplois ou fonctions, tels que sont les commissaires des guerres, les aumôniers, les chirurgiens, etc., soit à cause du service qu'ils rendent aux officiers, soit à l'occasion de la fourniture des vivres et munitions; art. 31.

Les officiers, soldats, et autres personnes ci-dessus

mentionnées, ne jouissent du droit de faire un testament militaire que lorsqu'elles sont: 1° ou en expédition militaire; 2° ou en quartier hors du royaume; 3° ou prisonniers chez les ennemis; 4° ou dans une place assiégée où la communication soit interrompue.

§. II. De la forme des testaments militaires.

Nos testaments militaires ne sont pas absolument dispensés de toutes formes, comme l'étoient ceux des Romains; art. 29.

Dans ces testaments, les majors et officiers d'un rang supérieur, les prévôts d'armées, leurs lieutenants et greffiers, les commissaires de guerre, peuvent tenir lieu de notaires, et le testament militaire peut être reçu, ou par deux de ces officiers, ou par l'un d'eux assisté de deux témoins; art. 27.

Ceux des blessés peuvent être reçus par un aumônier, quand même il seroit religieux, ou par un chapelain d'hôpital, en présence de deux témoins; art. 27.

Ce testament doit être signé par le testateur, ou il doit être fait mention qu'il a déclaré ne pouvoir ou ne savoir signer; il doit être aussi signé par celui qui l'a reçu, et par les témoins, ou il doit être fait mention que lesdits témoins ont déclaré ne savoir signer; article 28.

C'est une propriété du testament militaire qu'on peut s'y servir de témoins qui ne savent signer.

Mais cela n'a lieu que lorsque le testateur signe lui-même; art. 28.

C'est encore une propriété du testament militaire, qu'on peut s'y servir pour témoins d'étrangers non naturalisés, pourvu qu'ils ne soient point notés d'infamie; art. 40.

Ceux qui jouissent du droit de faire un testament militaire peuvent aussi le faire dans la forme des testaments olographes; art. 29.

§. III. Jusqu'à quand sont valables les testaments militaires.

Les testaments militaires qui ne sont pas revêtus des formes des testaments ordinaires, cessent d'être valables, six mois après que le testateur est de retour dans un lieu où il peut tester dans la forme ordinaire; art. 32.

§. IV. Des testaments en temps de peste.

En temps de peste, ceux qui se trouvent dans les lieux infectés, soit qu'ils soient malades, soit qu'ils soient en santé, peuvent, en quelque pays que ce soit, se servir de la forme du testament olographe; art. 35 et 36.

Ils peuvent aussi, en quelque pays que ce soit, faire leur testament, ou par-devant deux notaires, ou deux officiers de justice royale, seigneuriale, ou municipale, jusqu'aux greffiers inclusivement, ou par-devant l'un desdits notaires ou officiers et deux témoins, ou par-devant le curé, vicaire, ou autre prêtre chargé d'administrer les sacrements, et deux témoins; art. 33 et 36.

Ce qui a été réglé sur la signature, tant du testateur que de ceux qui recevront le testament, et des témoins, à l'égard du testament militaire, a pareillement lieu à l'égard de ceux-ci; art. 34.

Les testaments faits en temps de peste contre la forme du droit commun, cessent d'être valables six mois après que le commerce a été rétabli dans le lieu infecté, ou que le testateur a passé dans un lieu où le commerce n'est point interdit; art. 37.

CHAPITRE II.

Des différentes dispositions que les testaments renferment, et des vices qui peuvent s'y rencontrer et les annuler.

SECTION PREMIÈRE.

Des différentes dispositions que les testaments renferment.

§. I. De l'institution d'héritier.

Selon le droit romain, la principale disposition qu'un testament doit renfermer est l'institution d'héritier.

L'institution d'héritier est un acte par lequel le testateur nomme une ou plusieurs personnes pour lui succéder en tous ses droits actifs et passifs.

Cette institution est tellement de l'essence du testament, qu'un acte qui ne contient point d'institution d'héritier n'est point un testament, mais un simple codicile.

Elle est tellement de l'essence du testament, que si l'institution se trouve vicieuse, et qu'elle devienne par la suite caduque, aucun de ceux qui ont été institués n'étant héritier, soit parcequ'ils seroient morts avant le testateur, ou qu'ils auroient répudié sa succession, le vice ou la caducité de l'institution entraîne la nullité du testament, à moins qu'il n'y eût au testament la clause qu'on appelle codicillaire, par laquelle le testateur déclare que, si son testament ne peut valoir comme testament, sa volonté est qu'il vaille au moins comme un codicile, auquel cas, le vice ou caducité de l'institution n'entraîne pas la nullité des autres dispositions contenues au testament, telles que sont les legs et fidéicommis, lesquels sont valables, et l'héritier qui succéde *ab intestat* en est chargé.

Il est aussi de l'essence du testament qu'il contienne l'institution d'héritier des enfants du testateur au moins en quelque partie, ou en quelque chose de la succession, ou leur exhérédation expresse; la prétérition de quelqu'un des enfants du testateur est un vice qui entraîne la nullité de tout le testament, à moins qu'il ne contînt la clause codicillaire, auquel cas, la prétérition n'opère la nullité que de l'institution des héritiers, et de la substitution dont ladite institution auroit été chargée, les autres dispositions du testament ne laissent pas d'être valables en vertu de ladite clause codicillaire; ordonn. de 1735, art. 53.

Tout ceci n'a pas lieu dans nos coutumes; elles ont pour maxime, que *l'institution d'héritier n'a lieu;* elles ne connoissent d'autre héritier que celui que la loi appelle à la succession d'un défunt; elles ne permettent point aux particuliers de se donner à eux-mêmes des héritiers : c'est pourquoi, dans nos coutumes,

non seulement l'institution d'héritier n'est point requise pour la validité des testaments, mais on n'y peut
point faire proprement d'institution d'héritier.

Si quelqu'un néanmoins, en pays coutumier, insti-
tuoit par son testament un héritier, cette disposition
ne seroit pas nulle, mais elle ne vaudroit que comme
legs universel; celui qui seroit ainsi institué ne seroit
pas héritier, mais seroit un simple légataire universel
qui devroit demander la délivrance de son legs à l'héritier appelé par la loi à la succession.

L'ordonnance de 1735 a regardé la loi qui admet
l'institution d'héritier, et celle qui la rejette, comme
lois réelles qui exercent leur empire seulement sur les
choses qui sont situées en leur territoire, à l'égard de
toutes personnes, même de celles domiciliées ailleurs.
Suivant ce principe, elle décide que, lorsqu'un testateur, quoique domicilié en pays de droit écrit, fait
une institution d'héritier, elle ne vaut que comme un
legs universel à l'égard des héritages situés dans les
pays coutumiers, dont les lois rejettent l'institution
d'héritier, ou même comme simple legs particulier,
si l'institution étoit faite *ex re certâ, aut ex certâ sum-
mâ;* art. 62.

Vice versâ, elle décide que l'institution d'héritier,
faite par une personne domiciliée en un pays dont la
loi rejette cette institution, ne laisse pas d'être valable
pour les héritages situés dans un pays dont la loi admet cette institution; art. 71.

L'ordonnance ne s'écarte point de ce principe, en
décidant, par lesdits articles, qu'à l'égard des meubles,
rentes et autres effets qui n'ont aucune situation, et

qui, en conséquence, suivent la personne du testateur, l'institution vaut comme institution, ou seulement comme un legs, suivant que le testateur est domicilié dans un pays dont la loi admet l'institution, ou dans un autre dont la loi la rejette; car, si c'est cette loi qui décide, c'est en tant qu'elle est la loi qui régit ces sortes de choses.

Suivant ce principe, que c'est la loi qui régit les choses qui doit décider si l'institution doit valoir comme institution ou comme un legs, on ne doit faire aucune attention à celle du lieu où le testament est fait; c'est pourquoi l'ordonnance décide que les décisions des art. 68 et 71 ont lieu en quelque endroit que le testament soit fait.

On ne considère point, à la vérité, ni le lieu où l'institution est faite, ni le domicile du testateur, pour décider si l'institution doit valoir comme institution ou seulement comme legs à l'égard des choses qui ont une situation; *contrà*, on fait attention à ces lieux pour décider si le legs universel doit valoir comme institution; car, lorsque ce legs est fait dans le pays coutumier par une personne domiciliée au pays de droit écrit, ce legs universel vaut comme institution pour les choses situées en pays de droit écrit, et pour celles qui suivent la personne du testateur; art. 70.

La raison de cet article est que le domicilié du pays de droit écrit, qui fait un legs universel par le testament qu'il fait en pays coutumier, est présumé vouloir tester suivant l'usage de son pays, et vouloir faire une institution d'héritier; et que, s'il s'est exprimé

par les termes de légataire universel, c'est par erreur
dans les termes.

On fait aussi attention au lieu où se fait le testament, pour la forme dans laquelle doit être faite l'institution de ceux qui ont droit de légitime; car, quoiqu'il ne suffise pas à un domicilié du pays de droit
écrit, lorsqu'il fait son testament en pays de droit
écrit, de faire des legs à ceux qui ont droit de légitime,
la légitime devant être laissée à titre d'institution,
néanmoins, lorsqu'il fait son testament en pays coutumier, le vice de prétérition ne peut être opposé contre
son testament lorsqu'il a fait à ces personnes des legs,
soit universels, soit même particuliers, lesquels legs
sont, en ce cas, favorablement réputés être des institutions d'héritiers, et valent comme institutions; article 70.

Que, si le testateur ne leur avoit rien laissé, le testament seroit nul pour cause de prétérition, mais
quant aux dispositions universelles seulement; art. 71.

§. II. Des legs et fidéicommis.

Un legs est une disposition directe que le testateur
fait au profit de quelque personne, soit de l'universalité
ou d'une quotité de ses biens, soit de quelque chose
particulière.

On appelle legs particulier le legs de quelque chose
particulière.

On appelle legs universel le legs de l'universalité
de ses biens ou d'une quotité, comme lorsqu'on lègue
le tiers, le quart, le vingtième de ses biens.

Les legs d'une certaine espéce de biens, soit pour le total, soit pour une qualité, sont aussi des legs universels, comme lorsqu'un testateur légue à quelqu'un ses biens meubles, ou le tiers, le quart de ses biens meubles, ou ses acquêts, ou le quint de ses propres, ou des propres d'une telle ligne, tous ces legs sont legs universels, parceque, non seulement l'universalité générale des biens d'une personne, mais l'universalité des biens de chaque espéce, *genera subalterna*, sont des universalités de biens.

· Que, si quelqu'un avoit légué tous ses biens de campagne, ou tous ses biens de ville, ou tous ses bois, etc., ces legs ne seroient pas des legs universels; car les biens de campagne ou les biens de ville sont une espéce de choses plutôt qu'une espéce de biens; la division des biens en biens *meubles*, ou biens *immeubles,* en *acquêts et propres* d'un telle ligne, et *propres* d'une telle autre ligne. Mais on n'a jamais divisé les biens, *bona,* en biens de ville ou biens de campagne.

Observez encore que pour qu'un legs soit universel, il faut qu'il soit fait *per modum universalatitis.* C'est pourquoi si une personne n'avoit d'autres biens immeubles qu'une seule maison, et qu'il léguât cette maison à quelqu'un, ce legs ne seroit pas un legs universel, parcequ'il est fait *tanquàm rei singularis*, et non pas *per modum universalitatis;* pour qu'il fût fait legs universel, il faudroit que le testateur eût légué ses biens immeubles.

Les legs universels diffèrent des legs particuliers, en ce que les légataires universels sont tenus des dettes de la succession, à proportion de ce que la part des

biens à eux légués est au total de la succession; la raison est que les legs universels sont legs de *biens*, les
biens renfermant en soi la charge des dettes, suivant
cette maxime: *Bona non intelliguntur nisi deducto œre
alieno.* Au contraire, les légataires particuliers ne sont
pas tenus des dettes; la raison est que les legs ayant
pour objet non les biens, ni une quotité de biens, mais
des choses particulières, ils ne renferment point la
charge des dettes, suivant cette régle: *œs alienum universi patrimonii non singularum rerum onus est;* ils
pourroient néanmoins en être tenus indirectement, si
le testateur avoit légué en legs particuliers plus qu'il
n'avoit, déduction faite de ses dettes.

Les legs universels et les legs particuliers conviennent entre eux en ce qu'ils sont sujets à délivrance; le
légataire universel doit, ainsi que les légataires particuliers, demander à l'héritier la délivrance de son legs;
car le légataire universel n'est pas héritier.

En cela, le legs même universel diffère de l'institution d'héritier.

Les legs diffèrent des fidéicommis ou subtitution,
en ce que les legs sont faits directement à la personne
du légataire, au lieu que les fidéicommis ou substitutions sont faits au substitué, par l'interposition d'une
autre personne à qui le testateur laisse quelque chose
en premier lieu, à la charge de le restituer au substitué. Nous traiterons des substitutions dans un titre
particulier.

§. III. Des autres dispositions qui peuvent être contenues dans un testament.

Les testaments contiennent aussi assez souvent des dispositions concernant les obséques du testateur, *putà,* sur le lieu où il veut qu'on inhume son corps ou partie, comme son cœur, ses entrailles ; sur la pompe de ses obséques, *putà,* la quantité du luminaire, le nombre des ecclésiastiques, les tentures, etc. ; sur les prières qu'il ordonne pour le repos de son ame, sur l'épitaphe ou autre monument qu'il veut qu'on lui érige, etc.

Il est du devoir de la personne nommée par le testament d'avoir soin de faire exécuter toutes ces dispositions, et, lorsque le testateur n'a point d'exécuteur testamentaire, c'est l'honneur et la conscience des hériters qui en sont chargés.

On ne doit, néanmoins, exécuter ces dispositions qu'autant qu'elles sont raisonnables. C'est la décision de Papinien en la loi 113, §. *fin. ff. de legat.* 1° *Ineptas voluntates defunctorum circa sepulturam, veluti vestes aut alia supervacua, ut in funus impendant, non valere Papinianus scripsit.*

SECTION II.

Des différents vices qui peuvent se rencontrer dans les
dispositions testamentaires, et les annuler.

Les vices qui peuvent se rencontrer dans les dispositions testamentaires, et les annuler, sont l'obscurité,
l'erreur, la suggestion, les mauvais motifs, certaines
conditions qui contredisent la nature des dernières
volontés.

ARTICLE PREMIER.

De l'obscurité et de l'erreur.

§. I. Par rapport au légataire.

Une disposition testamentaire est nulle par vice
d'obscurité, lorsqu'on ne peut absolument discerner
quel est celui au profit de qui le testateur a voulu la
faire.

Par exemple, si le testateur avoit deux amis qui
eussent l'un et l'autre le nom de Pierre, avec lesquels
il eût vécu dans la même union, et qu'il eût légué en
ces termes : Je lègue une telle chose à mon ami Pierre ;
s'il ne se rencontre aucune circonstance qui puisse
faire présumer qu'il a voulu léguer à l'un des deux
Pierre plutôt qu'à l'autre, aucun des deux ne pourra
prouver que c'est à lui que le legs a été fait, ce qui
est néanmoins nécessaire pour fonder sa demande,
et, par conséquent, le legs demeurera nul par vice d'obscurité ; c'est la disposition de la loi 10, ff, *de reb. dub.*

Par la même raison, la même loi décide que, si le testateur avoit fait des legs à chacun de ces deux Pierre, et qu'ensuite, par un codicile, il eût révoqué l'un de ces legs en ces termes : Je révoque le legs que j'ai fait à mon ami Pierre ; quoique, le testateur n'en ait voulu révoquer qu'un, néanmoins aucun des deux legs n'aura effet, parceque, étant absolument incertain lequel des deux est révoqué, aucun des deux Pierre ne peut prouver que ce soit à lui que le testateur ait voulu persévéramment léguer, ce qui est néanmoins nécessaire pour fonder sa demande.

Que, s'il y a quelques circonstances qui puissent faire présumer que le testateur a voulu léguer plutôt à l'un qu'à l'autre, comme si l'un des deux lui a rendu des services plus signalés, ou si l'un des deux est son parent, etc., le legs sera valable au profit de celui à l'égard duquel ces circonstances militeront: *Si fit controversia de nomine inter plures, qui probaverit sensisse de se defunctum, admittetur;* l. 33, §. 1, ff. *de condit. et demonst.*

Par la même raison, si le testateur a légué à la ville, sans nommer quelle ville, le legs sera valable, et sera présumé fait à la ville où il avoit son domicile; l. 39, §. 1, ff. *de condit. et demonst.*

Pareillement, s'il a légué à l'hôpital, sans dire de quelle ville, le legs sera censé fait à celui de la ville où étoit son domicile.

Quid? s'il en a changé depuis le testament? Je pense que c'est à la ville, ou à l'hôpital de la ville où étoit son domicile lors du testament; car c'étoit celui-là qu'il avoit en vue lors du testament; il ne pouvoit pas avoir en vue une autre ville, où il ne savoit pas pour lors transférer son domicile.

Il n'est pas nécessaire pour la validité du legs que la personne à qui il est fait soit nommée, pourvu qu'elle soit d'ailleurs désignée, et qu'on puisse la connoître.

L'erreur même dans le nom, lorsqu'on ne peut ignorer quelle est la personne à qui le testateur a voulu léguer, n'empêche point le legs d'être valable; comme si un testateur, qui n'a qu'une niéce ou qu'une servante qui s'appelle Jeanne, a légué à sa niéce Marie, ou à sa servante Marie, le legs sera valable, et pourra être demandé par Jeanne, quoique le testateur l'ait appelée Marie; car n'ayant pas d'autre niéce qu'elle, n'ayant pas d'autre servante qu'elle, il ne peut être douteux que c'est à elle à qui il a voulu léguer, et que s'il l'appelle *Marie*, c'est une erreur de nom.

Par la même raison, l'erreur sur ce que le testateur a allégué pour la désignation de la personne à qui il léguoit ne vicie pas le legs, lorsque la personne, d'ailleurs, est constante; comme si on léguoit à M. Letrosne, doyen du présidial, le legs ne laisseroit pas d'être valable, quoiqu'il ne soit pas le doyen; si je léguois à un tel, mon bon cousin, ou mon frère, ou d'un tel pays, le legs seroit valable, quoiqu'il ne fût ni mon frère, ni mon cousin, ni du pays exprimé; l. 33 et 34, ff. *de cond. et demonst.;* l. 48, §. 3, et 58, §. 1, ff. *de hæred. instit.*

§. II. De l'obscurité ou de l'erreur par rapport à la chose léguée.

De même que pour la validité du legs, il faut qu'on puisse connoître à qui le testateur a voulu léguer; il faut aussi qu'on puisse connoître ce qu'il a voulu léguer, autrement le legs est nul, selon cette régle: *Quæ in testamento ita scripta sunt ut intelligi non possint, perindè sunt ac si scripta non essent;* l. 73, §. 1, ff. *de reg. jur.*

C'est pourquoi, si le testament porte que le testateur légue à un tel la somme de, etc., et que la quantité de cette somme ne se trouve pas écrite, le legs sera nul, parceque l'on ne peut savoir ce que le testateur a voulu léguer.

Néanmoins, si le testateur avoit exprimé la cause pour laquelle il léguoit cette somme, dont il a omis d'exprimer la quantité, et que cette somme pût s'estimer par sa relation avec la cause pour laquelle elle a été léguée, le legs seroit valable. Par exemple, si quelqu'un a légué à la ville d'Orléans la somme de..... pour faire un tel ouvrage, le legs sera valable, et sera réputé être de la somme qu'on estimera que doit coûter cet ouvrage; l. 30, ff. *de leg.* 2°; Si on a légué la somme de... de pension viagère pour ses aliments, ou pour son loyer de maison, ou pour son chauffage, le legs sera valable, et sera de la somme à laquelle on estimera que les aliments, ou le loyer de maison, ou le chauffage de cette personne, eu égard à son état, doit monter.

Que si le testateur, de son vivant, faisoit une pension viagère, et que cela parût par son journal, il sera censé lui avoir légué celle qu'il avoit coutume de lui faire; l. 14, ff. *de ann. leg.*

Lorsque ce que le testateur a voulu léguer n'est pas entièrement incertain, et qu'on ignore seulement quelle est celle de deux ou plusieurs choses que le testateur a voulu léguer, comme si celui qui avoit deux ou plusieurs maisons de vignes a légué ainsi : Je lègue ma maison de vignes, sans dire laquelle, le legs sera valable, et il sera, en ce cas, au choix de l'héritier de donner au légataire celle qu'il voudra; l. 32 et l. 33, §. 1, ff. *de leg.* 1°.

L'erreur sur le nom de la chose léguée n'est d'aucune considération, lorsqu'il est constant quelle chose le testateur a voulu léguer. Par exemple, si j'ai légué ma maison de vignes *de la Cerisaille,* quoique par les titres elle ne s'appelle pas la Cerisaille, mais la *Corne,* le legs n'en sera pas moins valable : *Error nominum in scripturâ factus, si modò de possessionibus legatis non ambigitur, jus legati non minuit;* l. 7, §. 1, *cod. de leg.*

Pareillement, l'erreur sur ce que le testateur a allégué pour la désignation de la chose qui se trouve suffisamment désignée d'ailleurs n'est d'aucune considération, comme si j'ai légué ma maison de vignes de la Corne, de la paroisse de Saint-Denis, ou mon corps de droit relié en veau; quoique cette maison soit de la paroisse de Saint-Jean-le-Blanc, et non de celle de Saint-Denis, quoique mon corps de droit soit relié en basane, et non en veau, le legs n'en sera pas moins valable; car, *falsa demonstratio non perimit legatum;* l. 75, §. 1, ff. *de leg.* 1°: *et quidquid demonstrandæ rei additur satis demonstratæ, frustrà est;* l. 1, §. 8, ff. *de dot. præleg.; nec solent, quæ abundant, vitiare scripturas;* l. 94, ff. *de reg. jur.*

§. III. De l'erreur sur le motif.

L'erreur dans ce que le testateur a allégué touchant le motif qui le portoit à léguer, n'empêche pas le legs d'être valable; par exemple, si le testateur, en me faisant un legs, a déclaré que c'étoit par reconnoissance du soin que j'avois pris de ses affaires, *quia negotia mea curavit,* quoique je n'aie pris aucune part à ses affaires, le legs ne laissera pas d'être valable; l. 17, §. 2, ff. *de condit. et demonst.;* car c'est une régle de droit, *falsam causam legato non obesse verius est, quia ratio legandi legato non cohæret;* l. 72, §. 6, ff. *de tit.* Quoique le testateur ait exprimé un faux motif, il n'en est pas moins vrai qu'il m'a voulu léguer ce qu'il m'a légué; et ne paroissant point que sa volonté ait été de faire dépendre le legs qu'il me fait de la vérité des faits qu'il a déclarés, et pouvant avoir eu d'autre motif que celui qu'il a exprimé, ce legs ne peut m'être contesté.

Il en seroit autrement s'il paroissoit effectivement, par les circonstances, que la volonté du testateur a été de faire dépendre le legs qu'il faisoit de la vérité desdits faits. Voyez *Pand. Justin., tit. de cond. et demonst.,* n. 241 *et seq.*

ARTICLE II.

Des legs faits *ab irato*.

On définit le legs *donatio quœdam*, etc. Il est donc de la nature du legs qu'il parte d'une volonté de bienveillance pour la personne à qui il est fait. Tout autre motif par lequel le legs seroit fait est contraire à sa nature, et doit l'annuler. De là on a conclu que toutes les fois que les dispositions d'un testament paroîtroient avoir pour motif, non pas tant la bienveillance du testateur envers les légataires qu'une haine injuste qu'il avoit pour ses héritiers, qui le portoit à les priver de sa succession, les dispositions testamentaires devoient être déclarées nulles, comme faites *ab irato*. Il y a dans les livres plusieurs arrêts qui ont cassé des testaments comme faits *ab irato patre*.

Il est plus facile à des enfants de faire casser le testament de leur père, comme fait *ab irato*, qu'il ne l'est à des collatéraux; comme le penchant et le devoir de la nature porte les père et mère à laisser leurs biens à leurs enfants plutôt qu'à d'autres personnes, lorsqu'il y a des preuves suffisantes d'une haine injuste et marquée qu'un père porte à son fils, on peut facilement présumer que c'est cette haine qui a été le principal motif qui l'a porté à laisser ses biens à d'autres auxquels il ne les auroit pas laissés sans cela; au contraire, comme nous ne devons pas nos biens à nos collatéraux, et que l'amitié peut être un aussi puissant motif pour nous porter à laisser nos biens à nos amis que l'est une parenté collatérale, on ne peut pas conclure que la haine injuste qu'un testateur a portée à ses parents collatéraux ait été le motif qui l'ait porté à léguer ses biens à d'autres, puisque ceux à qui il les a légués ont pu mériter, indépendamment de cela, l'affection du testateur qui l'a porté à les leur léguer ; néanmoins, s'il paroissoit évidemment que le testateur a fait les legs qu'il a faits par un motif de haine contre ses héritiers, quoique collatéraux, comme s'il lui étoit échappé de le déclarer par son testament ; par exemple, s'il avoit dit : Je fais tel et tel mes légataires universels, parceque mes héritiers en sont indignes, les héritiers, quoique collatéraux, pourroient faire casser le testament.

Les dispositions d'un testament fait *ab irato* n'étant cassées qu'à cause de la présomption que c'est la haine qui en a été le motif, il s'ensuit qu'en annulant un testament comme fait *ab irato*, on doit conserver les legs modiques faits à des hôpitaux ou à des domestiques, la présomption étant que le testateur auroit fait ces sortes de legs, quand même il n'auroit pas été fâché contre son fils, et que ce n'est point la haine qu'il portoit à son fils, mais la charité et la reconnoissance qui ont été les motifs de ces legs.

ARTICLE III.

Des legs faits *pœnæ causâ*.

Du principe que nous avons établi en l'article précédent, qu'il étoit de la nature des legs qu'ils eussent pour motif principal la bienveillance du testateur envers les personnes à qui ils sont faits, il paroît s'ensuivre que ceux que le testateur fait plutôt et plus principalement par le motif de punir son héritier que par celui de faire du bien aux légataires, devroient être déclarés nuls.

Par le droit du Digeste, ces legs qu'on appeloit *pœnæ causâ relicta*, parceque *magis puniendi et coercendi hæredis causâ, quàm benè faciendi legatario relicta videbantur*, étoient nuls. Voyez le titre du Digeste *de his quæ pœn. caus. relinq.* Ulpien apporte, pour exemple d'un legs fait *pœnæ causâ*, celui-ci : *Si filiam tuam in matrimonio Titio collocaveris, decem millia Seio dato; Ulp. tit. de leg. §. 17.* Parceque, dans cette espéce, le testateur paroît plutôt avoir en vue d'empêcher son héritier de marier sa fille à Titius, et de le punir, s'il le fait, que de faire du bien au légataire.

Au reste, il falloit, en ce cas, examiner avec grand soin quelle avoit été la volonté du testateur, et si effectivement sa vue principale avoit été de punir l'héritier par le legs dont il le grévoit, ou simplement d'apposer une simple condition à ce legs ; car, comme dit la loi 2, ff. *de his quæ pœn. caus. pœnam à conditione voluntas testatoris separat.* Justinien a abrogé l'ancien droit, et a admis le legs *pœnæ causâ*, dans le cas où l'héritier feroit ou ne feroit pas quelque chose, pourvu que la chose que le testateur ordonneroit ne fût pas une chose contraire à l'honnêteté publique ou aux loix; l. *un. cod. de his quæ pœn. caus.*

Je crois que nous devons suivre cette loi de Justinien, en ce sens que les legs ne doivent pas être présumés faits *pœnæ causâ;* mais lorsqu'il est évident que le testateur ne fait le legs que *puniendi hæredis causâ,* je penserois que le droit du Digeste, comme plus con-forme aux principes sur la nature des legs, devroit être suivi.

Ce dont on ne peut douter est que, si le legs dont le testateur a grevé son héritier avoit été fait dans la vue. qu'auroit eue le testateur de se mettre au-dessus des lois, et de faire réussir quelque chose que les lois défendent, le legs seroit nul; comme si quelqu'un avoit légué ainsi : Si mon héritier fait une telle con-testation à ma femme, je lègue mes biens, ou je lègue telle chose à l'hôpital.

Pareillement, si le legs ou fidéicommis dont un hé-ritier ou premier légataire est grevé tend à interdire à cet héritier ou premier légataire une chose à l'inter-diction de laquelle l'intérêt public ou les bonnes mœurs s'opposent, ce legs ou fidéicommis sera nul, *tanquam pœnæ causâ relictum;* par exemple, s'il avoit été légué quelque chose à une fille, qu'elle eût été chargée de restituer à un tiers, au cas qu'elle se mariât, ce fidéi-commis dont elle est grevée, au cas qu'elle se marie, est nul; *commodè statuitur etsi nupserit non esse co-gendam fideicommissum præstare;* l. 22, ff. *de condit. et demonst.* La raison est que ce fidéicommis, dont cette fille est chargée, tend à la détourner du mariage, ce qui est contraire à l'utilité publique.

Cette loi est suivie parmi nous; il y a un arrêt du 25 juin 1716, dans la même espéce, rapporté au sixième volume du *Journal des Audiences.*

Il en seroit autrement du fidéicommis dont seroit grevée une veuve par son mari, dans le cas auquel

elle se remarieroit, sur-tout lorsqu'elle a des enfants
de son premier mariage.

ARTICLE IV.

Des legs faits *denotandi causâ*.

Ayant établi pour principe, en l'article second,
qu'il est de la nature des legs qu'ils soient faits par un
motif de bienveillance et d'amitié que le testateur
porte au légataire; c'est une conséquence que ceux
par lesquels le testateur insulte le légataire à qui il
lègue ne sont pas valables; comme si quelqu'un léguoit ainsi : Je lègue telle chose à une telle, qui est
la plus grande putain de la ville; c'est la décision de
la loi 54, ff. *de leg.* 2°. *Turpia legata quæ denotandi
magis legatarii gratiâ scribuntur, odio scribentis pro
non scriptis habentur.*

Il en seroit autrement si un père léguoit ainsi à son
fils : Je lègue telle chose à un tel, mon fils scélérat,
mon fils ingrat, ce legs seroit valable; le testateur n'est
pas censé, en ce cas, avoir donné cette épithéte à son
fils pour le dénigrer, mais pour lui faire sentir la
grandeur de la piété paternelle que le testateur conserve malgré tous ses mauvais déportements. *Illa in-
stitutio valet, filius meus impiissimus hæres esto;* l. 48,
§. 1, ff. *de hæred. instit.*

ARTICLE V.

Des legs par motif de pur caprice.

Les legs devant partir d'une juste affection que le testateur porte au légataire, suivant que nous l'avons établi dans les articles précédents, il s'ensuit que les legs faits à des personnes incertaines, qui n'ont pu mériter l'affection du testateur, et qui partent d'un pur caprice du testateur, sont nuls; comme si un testateur léguoit à ceux qui, le jour de son enterrement, occuperoient la quatrième loge à la comédie.

C'est en conséquence de ce principe que, par le droit du Digeste, les legs faits à des personnes incertaines, *incertis personis,* étoient nuls; Justinien a abrogé en ce point le droit du Digeste, comme on peut le voir au titre *de leg.* aux *Instit.*

In praxi, la constitution de Justinien doit être entendue en ce sens, que les legs faits à des personnes incertaines, lorsqu'il paroît quelque motif plausible d'où ils aient pu partir, sont valables; par exemple, le legs qui seroit fait à celui qui découvrira les longitudes sur mer est valable, quoiqu'il soit fait à une personne incertaine; car il est fait par le motif de récompenser une étude utile à la société, qui est un motif plausible.

Le legs fait à un posthume, qui n'étoit pas valable par le droit du Digeste, est aussi valable; car, quoique ce soit une personne incertaine qui n'a pu mériter par elle-même l'affection du testateur, le legs qui lui est fait part de l'affection que le testateur peut avoir pour les personnes de ses père et mère, qu'il a voulu leur témoigner en léguant à l'enfant qu'ils auroient, lequel motif est un motif plausible; si le posthume légataire n'a pu mériter par lui-même l'affection du testateur, il a pu la mériter par son père ou sa mère, ce qui suffit.

Par la même raison, on doit décider que le legs fait par un testateur à celui qui épousera sa fille ou sa niéce, qui n'étoit pas valable par l'ancien droit, doit être valable, selon la constitution de Justinien; car il part d'un motif plausible, qui est de faire trouver un meilleur parti à sa fille ou à sa niéce; et si ce légataire n'a pu mériter par lui-même l'affection du testateur, qui ne le connoissoit pas, il a pu la mériter par la personne qu'il épousera.

Les legs faits aux pauvres sont aussi valables, quoiqu'ils ne le fussent pas par l'ancien droit, les pauvres étant regardés comme personnes incertaines; car ce legs part d'un motif plausible, qui est le motif de charité.

Observez que les pauvres, parents du testateur, lorsqu'il s'en trouve, doivent être préférés pour ce legs, sinon le legs est censé fait aux pauvres de la paroisse de son domicile.

A l'égard des legs faits à des personnes incertaines, qui ne paroissent partir d'autre motif que d'un motif de caprice, tel que celui rapporté au commencement de cet article, ils ne sont pas valables même depuis la constitution de Justinien.

ARTICLE VI.

Des legs faits par un motif contraire aux bonnes mœurs.

§. I. De ceux qui tendent expressément à récompenser le vice.

Un legs est contraire aux bonnes mœurs, et par conséquent nul, lorsque le testateur, en faisant ce legs, a exprimé un motif contraire aux bonnes mœurs, par lequel il le faisoit; comme s'il avoit légué en ces termes : Je lègue à un tel telle chose, parcequ'il s'est battu en duel en brave homme, ou je lègue telle chose à un tel, parcequ'il m'a bien servi dans mes plaisirs; car ce sont des motifs contraires aux bonnes mœurs que ceux qui tendent à récompenser ce qui est défendu par les lois ou par les bonnes mœurs.

§. II. De la captation.

Les dispositions testamentaires sont nulles lorsqu'elles ont le vice de la captation, c'est-à-dire lorsque le testateur les a faites dans la vue d'engager celui au profit de qui il les faisoit, de tester pareillement à son profit de ses biens; car ce motif est visiblement contraire aux bonnes mœurs; *captatoriæ scripturæ neque in hæreditatibus neque in legatis valent;* l. 64, *ff. de leg.* 1°.

Une disposition est captatoire et nulle, non seulement lorsque je la fais dans la vue de capter pour moi les biens de celui à qui je la fais, mais encore lorsque je la lui fais dans la vue de capter ses biens pour un autre pour qui je m'intéresse; *veluti si ità scripserit,*

Titius si hæredem Mœvium à se scriptum ostenderit, hæres esto, in sententiam senatûs consulti incidere non est dubium; l. 71, §. 1, *ff. de hæred. instit.*

Au reste une disposition n'est captatoire que lorsque je la fais pour engager quelqu'un à disposer de ses biens à mon profit ou au profit d'un autre, et non pas celle que je fais pour lui témoigner ma reconnoissance de ce qu'il a disposé à mon profit. Par exemple, cette disposition est bonne, *Je lègue à un tel la même part dans mes biens qu'il m'a léguée dans les siens, etc.,* l. 71.

Car, comme dit Papinien, *captatorias institutiones non eas senatus improbavit quæ mutuis affectionibus judicia provocaverunt, sed quarum conditio confertur ad secretum alienæ voluntatis;* l. 70, ff. d. tit.

ARTICLE VII.

De la suggestion.

Une volonté est suggérée lorsque le testateur a voulu faire les dispositions qu'il a faites dans la vue de se délivrer des importunités de ceux qui l'y portoient.

Le vice de la suggestion rend nulles les dispositions qui ont ce vice; ce qui est conforme au principe que nous avons établi au paragraphe second, qu'il est de la nature des legs qu'ils partent d'une juste affection pour les personnes à qui ils sont faits, ce qu'on ne peut assurer de ceux qui partent plutôt de l'envie qu'a eue le testateur de se délivrer des importunités de quelqu'un.

La suggestion peut se prouver par écrit et par témoins; par écrit, par exemple, par des lettres qui auroient été écrites au défunt vers le temps de la confection de son testament, et trouvées après sa mort parmi ses papiers, par lesquelles il auroit été vivement sollicité de faire les dispositions qu'il a faites.

Elle peut aussi se prouver par témoins, et la preuve pure testimoniale n'en doit pas être refusée lorsque l'héritier avance des faits de suggestion bien pertinents et bien circonstanciés ; car il n'a pas été en son pouvoir de s'en procurer une autre.

Il résulte des notions que nous avons données de la suggestion, que ce n'est pas un fait de suggestion suffisant que de mettre en fait que, lors de la confection du testament, celui au profit duquel il a été fait étoit présent ; car suggérer, c'est importuner et solliciter vivement : la seule présence de cette personne lors de la confection du testament, n'est donc pas une suggestion, lorsqu'on ne met pas en fait qu'elle a sollicité le testateur à faire ces dispositions. C'est ce qui a été jugé par un arrêt rendu en la grand'chambre, le 1 août 1650, que rapporte Ricard, *Traité des Donations,* part. 3, chap. 1, n° 52, qui a confirmé un testament fait par une femme au profit de son mari, dans la coutume de Chartres, quoiqu'on soutînt que son mari étoit présent lors de la confection.

Ricard, dans le même chapitre qu'on vient de citer n° 52, apporte pour exemple d'un fait pertinent de suggestion, lorsqu'on met en fait que, lors de la confection d'un testament, il y avoit une personne qui dictoit les dispositions du testateur, que le testateur ne faisoit que répéter et approuver. Cela me paroît dépendre des circonstances ; car, si le testateur, à cause de son peu d'intelligence ou de l'accablement de son mal, ayant

peine à faire entendre par lui-même au notaire ses in-
tentions, avoit appelé une personne de ses amis, non
suspecte et non intéressée, pour les faire mieux entendre, je ne penserois pas qu'on pût regarder cela comme
une suggestion. Hors ces circonstances, ce seroit un
fait pertinent de suggestion.

Observez que la suggestion qui annulle les dispositions testamentaires doit être lors de la confection du
testament; c'est pourquoi Ricard décide fort bien que
ce ne sont pas des faits pertinents de suggestion, que
de mettre en fait que le testateur a été vivement solli-
licité à faire les dispositions qu'il a faites dans des temps
fort antérieurs à celui de la confection de son testament;
car, ces sollicitations auxquelles il a résisté ne concluent pas qu'il a fait son testament par suggestion; il
a pu, depuis qu'elles ont cessé, le faire de sa pure volonté; il faut prouver qu'elles ont duré jusqu'au temps
de la confection.

ARTICLE VIII.

*De certaines conditions qui, étant contraires à la nature des
dernières volontés, les annullent.*

§. I. De la condition *si hæres voluerit.*

Il est de la nature des dernières volontés qu'elles
soient principalement la volonté du défunt, et non
pas celle d'un autre, et que ce soit le défunt qui ait
donné, et non pas son héritier qui donne.

De là il suit que des legs faits, *si l'héritier le veut,
si c'est sa volonté,* ne sont pas valables; *fideicommissum*

ita relictum, si volueris restituas, non debetur; l. 11, §. 7, ff. *de leg.* 3.

Il en est autrement du legs qui seroit fait sous condition d'un fait dont l'accomplissement dépend de la volonté de l'héritier; par exemple, si quelqu'un avoit légué cent pistoles au chapitre de Saint-Agnan, si son héritier assistoit à leur office, ce legs seroit valable; c'et ce qui est décidé par la loi 3, ff. *de leg.* 2, où Paul répond que le legs fait sous cette condition, *hæres dare damnas esto si in Capitolium non ascenderit,* est valable. Il sembloit que cet espéce fût semblable à la première, puisque l'accomplissement de la condition dont le testateur a fait dépendre ce legs, dépendant entièrement de la volonté de l'héritier, qui peut à son gré monter ou ne pas monter au Capitole, assister ou ne pas assister à l'office de Saint-Agnan; c'est la même chose, quant à l'effet, que si le legs étoit laissé à la volonté de l'héritier; néanmoins, il y a une grande différence entre ces deux espéces, lorsque le testateur lègue quelque chose à quelqu'un expressément, *si l'héritier le veut,* l'héritier étant rendu expressément le maître absolu de la disposition, elle n'est plus la volonté du défunt, mais celle de l'héritier; mais, dans l'autre espéce, l'héritier n'est point laissé expressément le maître de la disposition; ce n'est que par conséquence que l'effet de la disposition dépend de la volonté de l'héritier, parceque le testateur a fait le legs sous une condition qui est en son pouvoir; et on ne peut pas dire que le legs dépend de sa pure volonté, puisqu'il faut qu'il fasse ou s'abstienne de faire quelque chose, pour faire manquer la condition du legs.

La loi 11, §. 5, ff. *de leg.* 3°, établit une différence encore plus imperceptible entre le legs *si volueris* et celui fait sous cette condition, *nisi hæres meus noluerit;* car elle décide que ce dernier est valable et est censé fait sous la condition de l'agrément de l'héritier, laquelle condition existe aussitôt que l'héritier a donné quelques marques d'approbation : la différence entre les deux est que, lorsque le testateur lègue en ces termes : *Si volueris hæres dato,* le testateur ne donne pas, mais laisse son héritier maître de donner ou ne pas donner ; le legs, par conséquent, n'est pas valable, et n'oblige pas l'héritier, qui demeure toujours le maître de ne pas donner, jusqu'à ce qu'il ait donné effectivement ; mais lorsque le testateur lègue en ces termes : *Nisi hæres meus noluerit,* ce qui revient à ceux-ci : *Sous le bon plaisir de cet héritier, si cela ne lui fait pas trop de peine,* c'est véritablement le testateur qui donne l'approbation ; l'agrément de l'héritier est seulement une condition apposée au legs, laquelle existe aussitôt que l'héritier a donné les moindres marques d'approbation, quoique hors la présence du légataire ; c'est ce que la loi exprime par ces termes : *Conditionale fideicommissum est, et primam voluntatem exigit, ideòque post primam voluntatem non erit arbitrium hæredis dicendi noluisse.*

Il y a une différence bien plus sensible entre le legs *si volueris,* et celui-ci, *si æstimaveris, si putaveris,* etc.; la condition *si volueris* rend l'héritier le maître absolu de donner ou de ne pas donner ce qui a été légué, ce qui est contraire à la nature des legs ; mais celle-ci, *si putaveris, si æstimaveris,* est une condition qui ne laisse pas le legs à la pure disposition de l'héritier; elle le constitue seulement le juge de l'équité du legs; et l'héritier, étant obligé de décider selon les régles de l'équité, ne peut se dispenser d'acquitter le legs s'il le trouve être équitable; c'est pourquoi, si quelqu'un a légué à sa domestique 100 livres de pension viagère pour récompense de ses services, si son héritier l'en jugeoit digne, l'héritier ne pourra se dispenser d'acquitter ce legs, à moins qu'il ne prouve, par de bonnes raisons, que cette domestique ne mérite pas cette récompense; c'est ce que décide la loi 11, §. 7, ff. *de leg.* 3° : *Quanquam fideicommissum ità relictum non debeatur, si volueris; tamen si ità adscriptum fuerit, si fueris arbitratus, si putaveris, etc., debebitur: non enim plenum arbitrium voluntatis hæredi dedit, sed quasi viro bono commissum relictum.*

§. II. Du legs que le testateur feroit dépendre de la volonté d'un tiers.

Le legs qui seroit laissé entièrement à la volonté, non de l'héritier qui en est grevé, mais d'un tiers, seroit-il valable? Il semble que non; la loi 52, ff. *de condit.* le décide expressément : *Non poterit utiliter legari, si Mœvius voluerit Titio decem do, nam in alienam voluntatem conferri legatum non potest.* La même décision se trouve dans les lois 32 et 68, ff. *de hæred. instit.* La raison est qu'il est de la nature et de l'essence des dernières volontés d'un testateur qu'elles soient principalement sa volonté, et non pas celle d'une autre personne, suivant que nous l'avons observé ci-dessus.

La loi 43, § 2, ff. *de leg.* 1°, paroît contraire à cette décision; car elle dit: *Legatum in alienâ voluntate poni potest, in hæredis non potest.*

La vraie conciliation de ces textes me paroît être celle-ci qu'apporte Cujas : Lorsqu'il paroît que le testateur, incertain s'il légueroit ou non quelque chose à une personne, s'en est rapporté à la volonté d'un tiers, le legs n'est pas valable; car ce n'est pas alors principalement sa volonté, c'est celle de ce tiers, comme, par exemple, si quelqu'un s'étoit exprimé ainsi : Je ne sais si je dois léguer une telle chose à Pierre; je la lui lègue si c'est le sentiment de Paul que je le fasse: un tel legs ne vaut rien; car, en ce cas, le legs seroit la volonté de Paul, et non celle du testateur; mais lorsque le testateur, voulant effectivement léguer au légataire la chose qu'il lui a léguée, mais ne voulant pas qu'il ait cette chose contre le gré d'une tierce personne, la lui lègue si cette personne y consent et ne s'y oppose point, le legs sera valable; parceque c'est véritablement le testateur qui veut léguer cette chose, la volonté de la tierce personne n'est requise que comme une condition. On peut apporter cet exemple : Un testateur lègue à quelqu'un son office d'avocat du roi, si son collègue y consent, ce legs est valable; car c'est lui qui veut léguer à ce légataire son office d'avocat du roi; il ne requiert le consentement de son collègue que comme une condition, parcequ'il ne veut pas donner à son confrère un collègue qui ne lui soit pas agréable.

Il reste une difficulté; cette loi établit une différence entre la volonté de l'héritier et celle d'une tierce personne; *legatum in alienâ voluntate poni potest, in hœredis non potest;* mais si nous disons que la volonté d'une tierce personne peut être apposée seulement comme une condition au legs, il ne restera plus de différence; car nous avons vu ci-dessus qu'on pouvoit aussi apposer pour condition du legs la volonté et l'approbation de l'héritier du testateur qui est grevé.

La réponse est que je peux apposer pour condition la volonté d'une tierce personne qui persévère jusqu'à la délivrance du legs, en sorte que le légataire ne puisse obtenir le legs, si au temps de la demande en délivrance cette personne n'est consentante, quand même elle auroit donné quelques marques de consentement auparavant, qu'elle auroit par la suite rétracté; au lieu qu'on ne peut apposer pour condition à un legs une telle volonté de l'héritier, qui seroit quelque chose de contradictoire avec l'obligation que doit contracter l'héritier d'acquitter le legs.

La volonté de l'héritier qu'on peut apposer pour condition à un legs, n'est qu'une première et simple marque d'approbation qu'il ne puisse pas rétracter, quand une fois il l'a donnée; *prima voluntas exigit, ideòque post primam voluntatem non erit arbitrium hœredis dicendi noluisse;* l. 11, §, 5, ff. *de leg.* 3°.

Les jurisconsultes romains rapportent encore d'autres conditions qui détruisent et annullent les dispositions testamentaires; telles sont celles qui renfermeroient le vice de perplexité ou contradiction, comme dans ce cas-ci: *Titius hœres esto si Seius hœres erit; Seius hœres esto si Titius hœres erit;* l. 16, ff. *de condit. instit.;*

mais ces cas sont des cas métaphysiques et qui ne se rencontrent point *in praxi.*

A l'égard des conditions impossibles *naturâ aut jure,* elles n'annullent point la disposition, mais elles sont regardées comme non écrites.

CHAPITRE III.

Des personnes qui sont capables ou non de tester, de celles qui sont capables ou non de recevoir par testament, de celles qu'on peut ou non grever de legs et fidéicommis.

SECTION PREMIÈRE.

Des personnes qui sont capables ou non de tester.

Les coutumes de Paris et d'Orléans disent : *Toutes personnes saines d'entendement, âgées et usants de leurs droits, peuvent disposer par testament,* etc.

Ces coutumes, par ces termes *usants de leurs droits,* n'entendent parler que des droits attachés à l'état civil.

La puissance paternelle ne rend point en pays coutumier, les enfants de famille incapables de tester, en quoi notre droit diffère du droit romain, qui ne permet aux enfants de famille de tester que du pécule *castrense et quasi castrense.*

Pareillement, la femme mariée, quoique soumise en pays coutumier à la puissance de son mari, ne laisse pas d'être capable de tester, et elle n'a pas même besoin (si on excepte un petit nombre de coutumes) de l'autorisation de son mari, quoiqu'elle en ait besoin pour tous les actes entre-vifs; la raison est qu'il est de la nature des testaments de ne pas dépendre de la volonté d'un autre que du testateur; et que d'ailleurs ils ne commencent à avoir leur effet qu'au temps de la mort, auquel temps la puissance maritale cesse.

Il y a donc, selon nos coutumes, trois choses nécessaires pour la capacité de tester : 1° l'état civil; 2° l'âge suffisant; 3° l'exemption de certains défauts de l'esprit ou du corps.

ARTICLE PREMIER.

De l'état civil dont doit jouir le testateur.

Le testament appartient au droit civil ; d'où il suit qu'il n'y a que ceux qui jouissent des droits de citoyen qui puissent tester.

§. I. Des étrangers.

Suivant le principe ci-dessus : 1° les aubains ou étrangers non naturalisés sont régulièrement incapables de tester des biens qu'ils ont en France.

Cette règle, néanmoins, souffre plusieurs exceptions : 1° à l'égard des ambassadeurs, envoyés, résidents, et toutes les personnes de leur suite à qui il est permis de tester des biens meubles qu'ils ont en France; 2° à l'égard des marchands fréquentant les foires de Lyon et autres foires, ou résidant en certaines places de commerce, à qui il est permis, suivant différentes lettres-patentes de nos rois, de tester de leurs meubles; 3° à l'égard des soldats étrangers, qui jouissent aussi du même privilége; 4° à l'égard des sujets de certaines nations qui, par les traités d'alliance faits entre le roi et ces nations, sont exceptés entièrement, ou à certains égards, du droit d'aubaine ; il faut à leur égard suivre ce qui est porté par les traités.

Cette régle souffre encore une autre exception, par les édits portant création de certaines rentes que le roi a permis aux étrangers d'acquérir, et à l'égard desquelles il a renoncé au droit d'aubaine, et permis aux étrangers qui les acquerroient d'en disposer par testament.

2° Les François qui ont perdu les droits de cité en s'établissant en pays étranger, où ils sont décédés, sont aussi incapables de tester que les étrangers.

Il en est autrement de ceux qui voyagent seulement ou sont prisonniers de guerre; ils n'ont point perdu leurs droits de cité, quoiqu'ils y soient décédés, et leur testament fait, soit en France, soit dans le pays étranger, est valable.

§. II. Des religieux.

Les religieux, ayant perdu l'état civil par la profession religieuse, ne peuvent faire de testament, quoiqu'ils aient un bénéfice hors du cloître, *putà*, une cure et un pécule.

L'épiscopat, à cause de l'éminence de cette dignité, rend au religieux, devenu évêque, l'état civil, et, par conséquent, la faculté de tester.

Il y a néanmoins des auteurs qui leur contestent ce droit de tester; mais les arrêts rapportes par les auteurs ayant jugé qu'ils pouvoient transmettre leur succession à leurs parents, il y a même raison de décider qu'ils peuvent tester, le droit de transmettre sa succession ne supposant pas moins le recouvrement de l'état civil par ce religieux évêque que le droit de tester.

Les jésuites, après leurs premiers vœux, sont des vrais religieux, et ne peuvent tester; mais, lorqu'ils ont été congédiés de la société, ils recouvrent l'état civil et la faculté de tester.

Lorsqu'ils sont congédiés, après l'âge de trente-trois ans, la déclaration du roi veut qu'ils ne puissent succéder à leurs parents, même à ceux qui décéderoient depuis leur retour au siécle; mais je ne pense pas que cette disposition, fondée sur des raisons particulières, doive être étendue à d'autres cas, et qu'on puisse refuser à ce jésuite, retourné au siécle, tous les autres droits dépendants de l'état civil, du nombre desquels est celui de tester.

Le religieux qui a été relevé de ses vœux par le pape, ne recouvre pas l'état civil, ni, par conséquent, la faculté de tester; car le pouvoir du pape, qui, hors de ses états, est tout spirituel, ne peut s'étendre à l'état civil, et il n'y a que le roi qui puisse le rendre à ceux qui l'ont perdu.

Il en est autrement de celui qui, par une sentence juridique rendue dans le royaume par l'official, qui étoit compétent pour en connoître, a fait prononcer la nullité de ses vœux; il peut tester, parceque cette sentence, qui ne pouvoit pas lui rendre l'état civil s'il l'avoit perdu, en déclarant que ses vœux sont nuls, déclare qu'il ne l'a jamais perdu.

Les chevaliers de Malte, quoiqu'ils soient religieux, peuvent néanmoins, par un privilége accordé à leur ordre et confirmé par nos rois, tester d'une partie de leur pécule, avec la permission de leur grand-maître.

§. III. Des condamnés.

Ceux qui ont été condamnés à la peine de mort, soit naturelle, soit civile, telle qu'est celle des galères à perpétuité ou du bannissement perpétuel hors du royaume, perdant l'état civil par cette condamnation, perdent, par conséquent, le droit de tester.

Il faut en excepter: 1° ceux qui sont condamnés même à la peine de mort naturelle par un conseil de guerre; car ces condamnations ne font pas perdre l'état civil; 2° ceux qui ayant été condamnés par une sentence contradictoire sont morts pendant l'appel, ou qui, ayant été condamnés par un jugement de contumace, sont morts dans les cinq ans, depuis l'exécution du jugement, qui leur sont accordés pour se représenter, ou ceux dont la condamnation par contumace a été anéantie par leur représentation ou emprisonnement fait même après les cinq ans, s'ils n'ont pas été condamnés depuis à une peine capitale; car toutes ces personnes sont censées mortes *integri statûs*, et n'avoir pas perdu leur état civil, qui étoit seulement en suspens.

Il y a quelques crimes pour lesquels on fait le procès à la mémoire; savoir, ceux de lèse-majesté, d'hérésie, de duel et d'homicide; ceux dont la mémoire est condamnée pour quelques uns de ces crimes, sont censés n'avoir pas joui de l'état civil lors de leur mort, et, par conséquent, le testament qu'ils auroient fait n'est pas valable.

Ceux qui, par lettres de cachet, sont chassés du

royaume conservent l'état civil, et, par conséquent la faculté de tester; car on ne peut perdre son état civil malgré soi que par une condamnation juridique.

Les condamnations à une peine infamante ne font pas perdre l'état civil, quoiqu'elles le diminuent à certains égards.

§. IV. En quel temps la capacité de tester est-elle nécessaire.

Il nous reste à observer que la capacité de tester qui résulte de l'état civil est requise, tant au temps de la mort, qu'au temps du testament; c'est pourquoi, quoique le testateur fût jouissant de son état civil lorsqu'il a fait son testament, si néanmoins il l'a perdu depuis par une condamnation capitale, son testament ne sera pas valable.

Cela a lieu même à l'égard des biens situés dans les provinces où la confiscation n'a pas lieu; car ce n'est qu'en faveur des parents et héritiers du condamné que la loi exclut la confiscation.

A l'égard de celui qui perd la vie civile par la profession religieuse, le testament qu'il a fait avant sa profession, et qui a une date certaine avant sa profession, est valable; car il est censé mourir en possession de son état civil au dernier instant qui a précédé sa profession par une fiction semblable à celle de la loi *Cornelia*.

Mais le testament qui auroit été fait par un religieux qui depuis seroit devenu évêque ne seroit pas valable, quoiqu'il fût jouissant de son état civil au temps de sa mort; car il faut en jouir aussi au temps de la confection du testament.

Ce que nous venons d'observer, que la capacité de tester qui résulte de l'état civil, doit se trouver dans le testateur, tant au temps de la mort, qu'au temps de la confection du testament, ne doit pas être étendu aux autres espéces de capacités dont nous allons traiter; il suffit que le testateur les ait eues lors de son testament; la raison de différence est qu'elles ne sont requises que pour la valable confection du testament; au lieu que l'état civil est requis, non seulement pour pouvoir faire un testament, mais pour avoir le droit de transmettre ses biens par testament; et comme c'est à sa mort que ce droit s'accomplit, il s'ensuit qu'il doit jouir de ce droit au temps de sa mort.

ARTICLE II.

De l'âge requis pour tester.

Les lois romaines permettent de tester à l'âge de puberté commencée, c'est-à-dire, aux mâles à l'âge de quatorze ans, et aux filles à l'âge de douze ans.

Comme les Romains étoient extrêmement jaloux du droit de tester, et d'exercer en testant une espéce de pouvoir législatif sur ce qui leur appartenoit, ils ont cru qu'on ne pouvoit accorder trop tôt le droit de tester. D'ailleurs, comme c'étoit à cet âge qu'ils sortoient de tutéle, et qu'ils acquéroient le droit d'administrer leurs biens (l'usage de donner des curateurs aux mineurs pour administrer leurs biens ne s'étant introduit que par la suite, et d'ailleurs, ces curateurs ne se donnant qu'à ceux qui en demandoient), on a cru que si on accordoit, à cet âge, aux mineurs le droit d'administrer leurs biens, on devoit aussi leur accorder le droit de tester, qui devoit leur être beaucoup plus cher.

A l'égard du droit coutumier, les coutumes sont fort différentes sur l'usage de tester; aucune néanmoins ne le permet aussitôt que le droit romain le permettoit.

Il y en a qui distinguent entre les hommes et femmes, entre l'âge pour tester des meubles et celui pour tester des immeubles, entre l'âge pour tester des meubles et acquêts, et celui pour tester de la partie des propres dont elles permettent de disposer.

Il y en a qui permettent aux personnes de tester au moins de certaines choses aussitôt qu'elles sont mariées, quoiqu'elles ne le permettent aux autres que dans un âge plus avancé; nous n'entrerons point dans le détail de ces différentes coutumes; nous remarquerons seulement que le plus grand nombre est de celles qui permettent de tester au moins des meubles et acquêts, aux hommes à vingt ans accomplis, et aux femmes à dix-huit.

Celles de Paris, art. 293, et d'Orléans, art. 293, ne distinguent point les hommes des femmes, et permettent indistinctement de tester des meubles et acquêts à l'âge de vingt ans accomplis.

Une personne a vingt ans accomplis aussitôt que commence le dernier jour de sa vingtième année; car la coutume n'exige pas qu'il soit majeur de vingt ans, mais qu'il ait vingt ans accomplis; et il les a accomplis lorsqu'il a atteint le dernier jour de sa vingtième années, sans qu'on fasse attention à quelle heure de la

journée il est né; car les années se comptent par jours
et non par heures et par moments; c'est pourquoi si,
par exemple, il est né le premier janvier 1700, il
pourra tester le dernier de décembre 1719 aussitôt
après minuit; car c'est en ce jour qu'il accomplit sa
vingtième année; il commence la vingt-unième le
premier janvier 1720; c'est la décision de la loi 5, ff.
qui testam. fac. poss.

La personne étant inhabile à tester avant cet âge,
elle ne peut, pour quelque raison que ce soit, faire
avant cet âge aucune disposition testamentaire. Il y a
néanmoins un arrêt dans Soefve, ch. 11, ch. 163, qui
a confirmé un legs modique fait avant cet âge à une
domestique pour récompense de services; mais cet
arrêt ne peut être tiré à conséquence.

A l'égard des propres, elles ne permettent d'en tester qu'à l'âge de vingt-cinq ans accomplis; si néanmoins le testateur n'avoit ni meubles ni acquêts, elles
lui permettent d'en tester à l'âge de vingt ans.

Il n'y a personne qui n'ait quelques meubles à lui
appartenants, quand ce ne seroit que ses habits; mais
comme *parum pro nihilo reputatur*, une personne est
censée n'avoir pas de meubles, lorsque ce qu'elle en
a n'est d'aucune considération; et c'est dans ce sens
qu'on doit entendre la coutume.

Il reste la question de savoir quelle loi on doit suivre pour l'âge de tester dans les coutumes qui ne s'en
sont pas expliquées; il y a des arrêts anciens qui ont
jugé qu'on devoit suivre le droit romain; mais on est
revenu aujourd'hui de cet attachement au droit romain : on doit distinguer dans ce droit les décisions

qui ne sont puisées que dans les principes du droit naturel, que les jurisconsultes romains ont plus approfondi que personne, et celles qui ont leur fondement dans les mœurs particulières à ce peuple : on ne peut être trop attaché aux premières; mais les autres, du nombre desquelles est celle qui régle l'âge de tester, ne sont d'aucune considération pour nous, qui avons des mœurs toutes différentes : c'est ce qui résulte de ce que nous avons observé au commencement de cet article; ce ne peut donc être le droit romain qui nous doit servir de régle à cet égard

Il paroît qu'aujourd'hui la jurisprudence du parlement de Paris est, que dans les coutumes qui ne se sont pas expliquées sur l'âge de tester, on doit suivre, à cet égard, celle de Paris, comme la plus raisonnable sur ce point.

ARTICLE III.

Des défauts de l'esprit et du corps qui empêchent de tester.

§. I. Des fous.

Nos coutumes veulent que le testateur soit *sain d'entendement;* la folie, la démence, rendent donc incapable de tester; cela est pris dans la nature même des choses; le testament est la déclaration des dernières volontés; celui qui n'a pas l'usage de la raison n'a point de volonté; *furiosi nulla voluntas.*

Le testament qu'un homme en démence a fait est déclaré nul, quand même il n'auroit pas été interdit; car ce n'est pas tant l'interdiction que la démence même qui le rend incapable de tester : l'interdiction ne fait que déclarer la démence, et, si elle peut être prouvée d'ailleurs, le testament qu'aura fait une personne en cet état doit être déclaré nul.

Quoique le notaire qui a reçu le testament ait déclaré que le testateur lui a paru sain d'entendement, les héritiers ne laissent pas d'être recevables dans la preuve qu'ils offriroient de faire de sa démence ; Soefve, 11, 77 ; car le notaire ne peut pas, dans un temps aussi court qu'est celui qu'il faut pour dicter un testament, juger de l'état du testateur, et d'ailleurs cette clause est de style. Cette clause est donc très inutile ; car, si elle n'exclut pas la preuve de la démence lorsqu'elle se trouve dans le testament, elle ne préjudicie pas non plus à la validité du testament lorsqu'elle est omise.

§. II. Des prodigues.

Ceux qui sont interdits pour cause de prodigalité ne peuvent faire de testament ; l. 18, ff. *qui test. facere poss.* Mais comme le prodigue n'est pas privé de l'usage de la raison nécessaire pour tester, ce n'est pas la prodigalité par elle-même, mais l'interdiction, qui le prive de la faculté de tester, en le privant du droit de disposer de ses biens ; c'est pourquoi ce n'est que depuis l'interdiction qu'il devient incapable de tester, en quoi il est différent d'une personne en démence.

§. III. Des muets.

Les muets qui ne savent pas écrire ne peuvent pas tester ; car on ne peut tester qu'en dictant ses dernières volontés ou en les écrivant, l'ordonnance de 1731 ayant rejeté les testaments faits par signes.

Je ne croirois pas qu'on dût ordinairement faire valoir le testament qu'auroit écrit de sa main un sourd et muet de naissance; car on ne peut être assuré qu'il soit l'ouvrage de sa volonté, et qu'il ne l'ait pas copié, sans entendre ce qu'il copioit, sur un exemple qu'on lui aura présenté.

ARTICLE IV.

Quelle loi doit-on suivre pour la capacité de tester.

Les lois qui réglent la capacité de tester étant des lois qui ont pour objet de régler l'état des personnes et les droits qui sont attachés à leur état, il s'ensuit que ce sont des lois personnelles qui exercent leur empire sur les personnes seulement qui sont domiciliées dans leur territoire, par rapport à tous leurs biens, quelque part qu'ils soient situés.

De là il suit qu'un fils de famille, domicilié en pays de droit écrit, ne peut tester de ses biens, quand même ils seroient situés en pays coutumier, à moins qu'ils ne proviennent de son pécule *castrense* ou *quasi-castrense;* et qu'au contraire, un fils de famille, domicilié en pays coutumier, suffisamment âgé, peut tester de ses biens, quand même ils seroient situés en pays de droit écrit.

Par la même raison, un pubère, mineur de vingt ans, domicilié en pays de droit écrit, peut tester de ses biens, quoique situés dans les coutumes de Paris et d'Orléans; et au contraire, s'il étoit domicilié dans ces coutumes, il ne pourroit pas tester de ceux situés en pays de droit écrit.

Il y a néanmoins une différence à faire entre les lois qui réglent l'âge pour tester des biens ordinaires, et celles qui exigent un âge plus avancé pour tester des propres, que celui qui est requis pour tester des biens ordinaires. Les premières sont des statuts personnels, n'ayant pour objet que de régler l'état de la personne, en définissant à quel âge il doit être habile à user du droit de tester que la loi accorde aux citoyens. Mais celles qui défendent de disposer, avant un certain âge, des propres, même à ceux qui ont l'habilité de tester des biens ordinaires, paroissent avoir pour objet principal ces héritages propres qu'ils veulent conserver aux familles, en interdisant, avant un certain âge, leur disposition ; c'est pourquoi ces lois ayant pour objet les choses plutôt que les personnes, doivent passer pour statuts réels, et, par conséquent, ne doivent exercer leur empire que sur les choses situées dans leur territoire, et l'y exercer à l'égard de toutes sortes de personnes. C'est sur ces principes qu'il paroît que, par arrêt rapporté au sixième volume du *Journal des Audiences*, on a jugé qu'un jeune homme de vingt-un ans, domicilié à Paris, avoit pu tester de ses propres situés en Berri, quoique la coutume de Paris, en permettant de tester des biens ordinaires à vingt ans, ne permette de disposer du quint des propres qu'à vingt-cinq.

SECTION II.

Des personnes qui sont capables ou non de recevoir par testament.

Les personnes qui sont incapables de tester ne sont pas pour cela incapables de recevoir les dispositions testamentaires qui pourroient être faites à leur profit; on peut en faire au profit des impubères, des fous, des interdits, des sourds et muets, quoique ces personnes soient incapables de tester.

Il y a quatre espéces d'incapacités de recevoir par testament: une absolue, une relative à certaines choses, une relative à la personne du testateur; enfin il y a une incapacité de recevoir des legs, relative à la qualité qu'a le légataire d'héritier de celui qui lui a fait le legs.

Observez en général, à l'égard de tous les incapables, que ce qu'on ne peut leur léguer directement, on ne le peut non plus par personnes interposées, en léguant à une personne qu'on chargeroit secrétement de restituer à la personne incapable.

La preuve par témoins de cette interposition de personnes peut être admise par témoins, ainsi qu'il a été jugé par arrêt du 9 février 1661, rapporté par Soefve, n. 33; à défaut de preuve, on peut déférer le serment au légataire qu'on soupçonne être personne interposée, si c'est pour lui qu'il entend accepter le legs.

ARTICLE PREMIER.

De l'incapacité absolue.

Les personnes qui sont privées de l'état civil ont une incapacité absolue de recevoir par testament, puisqu'elles sont regardées comme n'étant point.

C'est pourquoi, 1° les religieux sont incapables de recevoir aucune disposition testamentaire.

On permet, néanmoins, les legs de pension viagère faits à un religieux ou à une religieuse pour ses aliments, mais elle ne doit pas excéder ce qui est nécessaire pour les aliments, et si elle excédoit, elle seroit réductible; on peut tirer argument pour la somme à laquelle peuvent monter ces pensions, de ce qui a été réglé par la déclaration du 28 avril 1693, pour les pensions que les communautés religieuses, établies depuis 1600, peuvent exiger pour la dot de celles qui font profession, lesquelles sont réglées par cette loi à 400 livres pour Paris, et à 350 livres peur les autres villes.

On peut très certainement en conclure qu'une pension léguée à un religieux ou à une religieuse ne peut excéder ces sommes, et même elles peuvent être réduites à moins, suivant que les couvents sont riches ou pauvres, ou que la succession du testateur est plus ou moins opulente.

Observez, à l'égard de ces legs de pension faits à des religieux, que ce n'est point à ce religieux, mais au couvent où est ce religieux que le droit qui résulte de ce legs est acquis; car ce religieux, par son état de religieux, ne peut rien avoir en propre; c'est pourquoi ce n'est point le religieux, mais le couvent qui en fera la demande en justice, c'est au couvent à qui la delivrance en doit être faite; ce n'est point au religieux, mais au supérieur, ou autre préposé, pour recevoir les revenus du couvent, que les arrérages de cette pension doivent être payés.

Si cependant ce religieux avoit un bénéfice hors du cloître, comme, en ce cas, le religieux peut avoir un pécule, et qu'il est autorisé à faire les demandes en justice pour raison de ce qui dépend de son pécule, il pourra, par lui-même, faire la demande du legs de pension viagère qui lui avoit été fait, et en recevoir les arrérages, cette pension viagère faisant partie de son pécule.

2° Les condamnés à une peine capitale étaut, par cette condamnation, privés de l'état civil, deviennent par conséquent, incapables de recevoir aucune disposition testamentaire.

3° Les communautés, corps, confrairies, etc., qui ne sont point autorisés dans le royaume, n'ont aucun état civil, aucune existence civile, et, par conséquent, sont incapables d'aucunes dispositions testamentaires.

Il n'y a de corps autorisés que ceux qui sont établis ou confirmés par des lettres-patentes du roi, enregistrées au parlement dans le ressort duquel ils sont établis.

Si un corps, à qui le testateur a fait un legs, n'avoit point, lors du testament, de lettres-patentes, mais que, lors du décès du testateur, il se trouvât érigé par lettres-patentes, le legs seroit-il valable? La regle de

Caton semble y résister : *Quod ab initio vitiosum est,
tractu temporis convalescere nequit.*

Les couvents des capucins, récollets, et d'autres instituts semblables, quoique autorisés par lettres-patentes, sont, par la profession particulière de pauvreté
qu'ils font, incapables de legs.

On admet néanmoins les legs de sommes modiques qui leur sont faits pour prier Dieu ; même ceux
de sommes assez considérables, lorsqu'ils sont faits
pour la reconstruction ou augmentation de leur mo-
nastère.

Enfin, les étrangers, quoique domiciliés en France,
lorsqu'ils ne sont point naturalisés, ont une incapacité absolue de recueillir aucune disposition testamentaire; car les droits de recevoir par testament,
comme de faire un testament, sont des droits accordés par la loi civile, et qui ne peuvent appartenir
qu'aux seuls citoyens.

ARTICLE II.

De l'incapacité relative à certains biens.

Les corps et communautés autorisés, les fabriques,
les hôpitaux, les bénéficiers, en leur qualité de bénéficiers, et généralement tous ceux qu'on appelle gens
de main-morte, ne sont pas absolument incapables des
dispositions testamentaires qui seroient faites à leur
profit.

On peut leur léguer de l'argent ou autres choses mobiliaires, même des rentes constituées sur le roi, le
clergé, diocèse, pays d'état, villes et communautés ;

mais, depuis l'édit de 1749, on ne peut leur léguer des rentes constituées sur particuliers, même dans les provinces où ces rentes sont réputées meubles, car·l'édit est général, ni encore moins aucuns héritages, ni droits réels; ledit édit, art. 17, déclare nuls lesdits legs, ce qui est une suite de la défense générale qui leur est faite, d'acquérir à l'avenir, à quelque titre que ce soit, aucuns biens de cette espéce.

Quoique les gens de main-morte puissent acquérir des biens de cette espéce, en vertu d'une permission particulière du roi, par lettres-patentes duement enregistrées, néanmoins les legs qui leur seroient faits de biens de cette espéce, quoique sous la condition d'obtenir par eux des lettres-patentes, ne laissent pas d'être nuls; c'est ce qui est expressément décidé par ledit article 17; les legs qui seroient faits des biens de cette espéce à des tierces personnes, à la charge d'en remettre les revenus aux gens de main-morte, ou à la charge de les vendre et de leur en remettre le prix, sont pareillement déclarés nuls, dit l'art. 17.

Par la même raison, les legs d'une somme d'argent faits aux gens de main-morte, ne sont payables que sur les biens de la succession qui sont de l'espéce de ceux dont ces gens sont capables, et ne sont valables que jusqu'à concurrence de ce qu'il y a de biens de cette espéce dans la succession pour les acquitter.

Les legs universels faits aux gens de main-morte, ne comprennent pareillement que ceux des biens de cette succession dont ces gens sont capables, et non les héritages et rentes de la succession dont ils sont incapables.

Les legs de ces sortes de biens, faits aux gens de main-morte par des testaments qui ont une date authentique avant l'édit, sont-ils valables lorsque le testateur est mort depuis l'édit? Les raisons pour la négative sont que les testaments n'ont aucun effet que du jour de la mort du testateur; ce n'est que de ce jour que les légataires acquièrent un droit aux choses qui leur sont léguées; les gens de main-morte se trouvant incapables, dans ce temps, d'acquérir lesdites choses, le legs qui leur en a été fait ne peut avoir d'effet. Ajoutez que les dispositions testamentaires sont la dernière volonté du testateur; elles ne sont valables qu'autant qu'elles sont censées avoir été sa volonté au dernier instant de sa vie, ou du moins au dernier instant qu'il a été capable de volonté; or, dans ce dernier instant, il ne pouvoit plus vouloir ce qui étoit pour lors défendu par la loi; on dit au contraire que l'ordonnance, art. 28, dit : *N'entendons rien innover en ce qui concerne les dispositions ou actes faits en faveur des gens de main-morte, lorsque lesdites dispositions auront une date authentique avant la publication des présentes, ou auront été faites par des personnes décédées depuis.* Mais la réponse est que les actes et dispositions qui auront une date authentique avant l'édit, et dont l'édit parle, sont les actes et dispositions entre-vifs; parceque ces actes ont un effet du jour qu'il est certain qu'ils ont été passés, et qu'il faut rapporter aux testaments ce qui est ajouté, *ou par des personnes décédées depuis.*

Nonobstant ces raisons, l'Hôtel-Dieu d'Orléans a obtenu par arrêt la délivrance du legs universel fait à cet hôpital par le sieur Barré, mort depuis l'édit, parceque son testament avoit uné date authentique avant l'édit, et la cour avoit déja auparavant jugé la même chose en pareille espéce au profit d'un autre hôpital.

ARTICLE III.

De l'incapacité relative à la personne du testateur.

Il y a des personnes à qui le testateur ne peut rien léguer, quoiqu'elles soient capables de recevoir des legs de toute autre personne.

Telles sont toutes les personnes qui ont quelque pouvoir sur la personne du testateur, ce qui pourroit faire craindre la suggestion.

C'est pour cette raison que l'ordonnance de 1539, art. 131, déclare nulles toutes donations entre-vifs et testamentaires faites au profit des tuteurs et autres administrateurs, ce qui a été étendu par la coutume de Paris aux pédagogues, et par la jurisprudence aux médecins, chirurgiens, apothicaires, opérateurs, qui gouvernoient le malade dans le temps qu'il a fait son testament, aux directeurs et confesseurs du testateur, au procureur dont le testateur étoit le client. Voyez ce que nous avons dit en notre *traité des Donations entre-vifs*, touchant les extensions et les limitations de cette prohibition de donner à ces personnes.

A l'égard des maris et femmes, les coutumes sont partagées ; les unes, conformes au droit romain, en leur défendant de se rien donnner entre-vifs, leur permettent de se donner par testament ce qu'elles pourroient léguer à toute autre personne, sans distinguer s'ils ont enfants ou non ; d'autres distinguent s'ils ont enfants ou non; d'autres distinguént entre les meubles et conquêts, et les autres biens, entre la propriété et l'usufruit. Celle de Paris, art. 282, celle d'Orléans, art. 280, et un grand nombre d'autres coutumes, défendent aux maris et femmes de se donner aucune chose par testament, non plus qu'entre-vifs, soit qu'ils aient enfants ou non.

Par la coutume de Paris, art. 283, comme nous l'avons déja vu au *traité des Donations* entre mari et femme, le conjoint, lorsqu'il n'a pas d'enfants, peut donner et, par conséquent, léguer aux enfants que l'autre conjoint a d'un précédent mariage; mais, dans les autres coutumes qui défendent aux conjoints de se donner directement ni indirectement, sans s'être expliquées sur les enfants, un conjoint, soit qu'il ait des enfants ou non, ne peut, pendant son mariage, rien léguer ni donner aux enfants que l'autre conjoint a d'un précédent mariage; il y en a un arrêt de réglement que nous avons rapporté au *traité des Donations* entre mari et femme.

Ce qu'un conjoint légue au père ou à la mère de l'autre conjoint, est aussi censé légué indirectement à ce conjoint. Sur ce principe, un legs fait par une femme à la mère de son mari a été déclaré nul par arrêt du 23 avril 1698, rapporté par Augeard.

Un homme qui a vécu en concubinage ne peut rien léguer à sa concubine, si ce n'est des aliments.

Les bâtards incestueux ou adultérins ne peuvent pareillement recevoir de leur père ou mère d'autres legs que des legs d'aliments.

A l'égard des bâtards ordinaires, ils sont capables

de legs particuliers, quoique considérables et en propriété, mais ils sont incapables de dispositions universelles; et celles qui auroient été faites à leur profit seroient réductibles à une certaine somme que le juge ordonneroit leur être délivrée en biens de la succession pour servir à leur établissement, laquelle somme peut être plus ou moins grande, selon les forces de la succession.

Il y a pourtant un arrêt dans Soefve, IV, 99, de 1665, qui a confirmé une disposition universelle au profit d'un bâtard légitimé par lettres.

Quoique les domestiques ne soient pas incapables de recevoir des legs de leurs maîtres, et que ceux qui leur sont faits soient au contraire regardés comme très favorables; néanmoins quelquefois les arrêts les réduisent lorsqu'ils sont excessifs, selon les circonstances. Par arrêt du 11 août 1713, un legs universel fait à un valet de chambre, qui montoit à plus de 50,000 livres, fut réduit à mille écus.

ARTICLE IV.

De l'incapacité qui résulte de la qualité d'héritier.

Par la nature même des choses, un héritier ne peut être grevé de legs envers lui-même, *hæredi à semetipso legari non potest.* C'est pourquoi, inutilement le testateur feroit-il un legs à celui qui est seul héritier du total de ses biens.

Par la même raison, le legs qui est fait à l'héritier en partie de quelques effets de la succession, n'est pas valable, si ce n'est pour les parts de ses cohéritiers;

hæredi à semetipso legari non potest, à cohærede potest.
l. 116, §. 1, *ff. de leg.* 1°.

Tels sont aussi les principes du droit romain, et d'un très petit nombre de coutumes qui ont permis les prélegs.

Mais dans la plus grande partie du pays coutumier, et notamment dans les coutumes de Paris et d'Orléans, *nul ne peut être héritier et légataire,* parceque celui qui est héritier en partie, ne peut prélever sur la masse de la succession les sommes ni les choses qui lui sont léguées; mais il est obligé de les laisser dans cette masse, et de les conférer à ses cohéritiers.

Nous avons traité de cette incompatibilité des qualités d'héritier et de légataire en notre *traité des Successions* où je renvoie.

Dans les coutumes de Paris et d'Orléans, et dans la plupart des coutumes, il n'y a que l'héritier qui accepte la succession qui ne peut être légataire; mais, si l'un de ceux qui sont appelés par la loi à la succession du testateur, renonce à sa succession, il peut demander le legs qui lui a été fait, comme le pourroit un étranger, quoique ce legs soit plus considérable que n'eût été sa portion héréditaire.

Mais, dans certaines coutumes qu'on appelle coutumes d'égalité, on ne peut avantager par legs l'un de ses héritiers présomptifs, plus que les autres, quand même il renonceroit à sa succession.

SECTION III.

De ceux qu'on peut grever.

Tous ceux à qui le testateur a laissé par sa mort s
biens, ou quelque chose de ses biens qu'il auroit p
ne leur pas laisser, peuvent être par lui grevés de le
et de fidéicommis. *Sciendum est eorum fideicommitte
quem posse ad quos aliquid perventurum est morte eju
vel dùm eis datur, vel dùm eis non adimitur;* l. 1, §. 6
ff. *de leg. 3°.*

Non seulement donc, ceux qui succèdent aux bien
du testateur, en vertu d'une volonté expresse du testa
teur par laquelle il y sont appelés, peuvent être pa
lui grevés de legs; ceux que la loi appelle à la succes
sion du testateur, peuvent pareillement l'être; car,
quoique ce soit la loi qui leur défère la succession du
défunt, on peut dire aussi que le défunt leur a laissé
ses biens en tant qu'il ne leur a pas ôté, comme il eût
pu le faire, *vel dùm eis non adimitur.*

Au contraire, ceux à qui le défunt ne laisse que
leur légitime, ne peuvent être par lui grevés de legs;
car, n'ayant pu leur rien ôter de ce qu'ils tiennent de la
loi seule, on ne peut pas dire qu'il tiennent rien de lui.

Je peux grever de legs l'héritier de mon héritier, ou
de mon légataire, pourvu que je grève en tant qu'héritier de mon héritier, ou de mon légataire.

CHAPITRE IV.

Des choses qui peuvent être léguées ou non, et jusqu'à quelle concurrence de ses biens peut-on disposer par testament.

ARTICLE PREMIER.

Des choses qui peuvent être léguées ou non.

§. I. Exposition générale de ce qu'on peut léguer.

Un testateur peut léguer, ou l'universalité de ses biens, ou une quotité de cette universalité, comme la moitié, le tiers, le vingtième, etc., ou l'universalité d'une certaine espèce de biens, comme ses meubles, ses acquêts, ou une quotité de ces universalités, comme le tiers de ses meubles, le quint de ses propres, etc.

Il peut léguer, ou des corps certains, comme une telle maison, un tel cheval, sa bibliothèque, sa garde-robe, etc., ou des choses indéterminées, comme un cheval, un bassin d'argent de tant de marcs, ou une certaine somme d'argent, comme une somme de 10,000 livres, ou une certaine quantité, comme dix muids de blé, un tonneau de vin, etc.

Il peut léguer, et les corps certains qui existent déja lors du testament, et ceux qui n'existent pas encore, mais qui doivent exister, comme le vin de la récolte qui se fera dans une telle maison de vignes après sa mort.

§. II. Du legs de la chose d'autrui, de celle de l'heritier

On peut léguer, non seulement ses propres choses, mais celles de son héritier et celles des personnes tierces; et l'héritier, ou autre personne qui a été chaigée de ce legs, est tenu de l'acheter de celui à qui elle appartient, pour la donner au légataire, ou bien de lui en donner le prix, au cas auquel celui à qui elle appartient ne voudroit pas la vendre.

Observez que le legs d'une chose qui appartient à un tiers, n'est ordinairement valable que lorsque le testateur paroît avoir su que la chose ne lui appartenoit pas, comme, par exemple, si cette chose n'étoit pas en sa possession; mais lorsqu'il a cru que la chose d'autrui qu'il a léguée étoit à lui, comme dans le cas auquel il en auroit été en possession, le legs n'est pas valable; parcequ'on présume qu'il ne l'auroit pas léguée, s'il eût su qu'elle ne lui appartenoit pas; *cum nemo facilè presumatur hæredem suum redemptione rei alienæ onerare velle.*

En cela, le legs de la chose qui appartient à un tiers est différent du legs de celle qui appartient à l'héritier ou autre personne qui a été elle-même grevée du legs; car, à l'égard du legs de celle-ci, les jurisconsultes décident indistinctement qu'il est valable, soit que le testateur ait su qu'elle ne lui appartenoit pas, soit qu'il ait cru qu'elle lui appartenoit; car, en ce cas, *nullâ redemptione oneratur hæres.*

Quelquefois même le legs de la chose d'un tiers est valable, quoique le testateur, en la léguant, ait cru léguer sa propre chose; savoir, lorsqu'il y a lieu de résumer que le testateur auroit fait un autre legs équipollent au légataire, s'il ne lui eût pas légué cette chose. Par exemple, un testateur a deux parents au même degré, il fait l'un des deux son légataire universel, et donne à l'autre une maison dont il étoit en possession, et qu'il ignoroit appartenir à un autre qu'à lui, le legs de cette maison doit être valable, parceque ce légataire étant son héritier présomptif au même degré que celui qu'il a fait son légataire universel, la présomption est que le testateur a voulu qu'il eût quelque chose de ses biens, et que, s'il eût su que cette maison qu'il lui a léguée ne lui appartenoit pas, il lui auroit légué quelque autre chose. Un autre exemple: je suppose que c'est à son bâtard que le testateur a légué l'usufruit d'un héritage qu'il croyoit faussement lui appartenir pour lui servir lieu d'aliments, ce legs est valable; car la présomption est que le testateur auroit légué d'ailleurs des aliments à son bâtard.

Puisqu'on peut léguer la chose d'autrui, il s'ensuit que le testateur, qui est propriétaire d'une chose en commun avec une autre personne, peut léguer cette chose entière; mais, dans le doute, s'il a voulu léguer la chose entière ou seulement la part qu'il y avoit, on doit présumer plutôt qu'il n'a voulu léguer que sa part.

Lorsqu'il s'est servi du pronom *mon*, *ma*, il est hors de doute qu'il n'a légué que sa part; comme lorsqu'il s'est exprimé ainsi : Je lègue à un tel ma maison de la Croix-Blanche; car le pronom *ma* restreint le legs à la portion qu'il avoit dans cette maison; l. 5, §. 2, ff. *de leg.* 1°.

Il y a plus, si le testateur étoit propriétaire, à la vérité, du total de la maison, mais qu'il en dût à un tiers la restitution d'une partie, il seroit censé n'avoir légué que l'autre partie qu'il pouvoit conserver; l. 3o, §. 4, ff. *de leg.* 3°.

Quid, s'il s'étoit ainsi exprimé : Je lègue à un tel la maison de la Croix-Blanche. La question est controversée entre les interprètes si le legs doit être présumé du total, ou seulement de la portion qu'avoit le testateur; la raison pour prétendre qu'il est de la maison entière est que le testateur ne l'a point restreint à sa portion en se servant du pronom *ma,* et qu'ordinairement l'appellation indéfinie d'une chose désigne la chose entière; la raison pour décider, au contraire, qu'il n'est que de la portion qui appartient au testateur, se tire du principe posé ci-dessus qu'on doit, dans le doute, présumer que le testateur n'a voulu léguer que ce qui étoit à lui.

Lorsque la chose léguée n'appartenoit qu'imparfaitement au testateur, il est censé n'avoir légué que le droit qu'il y avoit, et n'avoir légué la chose que telle qu'il l'avoit; par exemple, s'il n'avoit que la seigneurie utile d'une maison, il est censé, en la léguant, n'avoir légué que la seigneurie utile; l. 71, §. 1, ff. *de leg.* 1°.

§. III. De la chose du légataire.

Si la chose léguée appartenoit déja au légataire, le legs qui lui en est fait n'est pas valable, ne pouvant avoir aucun effet; *cùm id quod meum est, non possit ampliùs fieri meum.*

Il est même décidé par les lois romaines qu'un tel

légs, lorsqu'il a été fait purement et simplement, ne deviendroit pas valable, quand même, depuis le testament, la chose léguée auroit cessé d'appartenir au légataire, ce qui est fondé sur la régle de Caton : *Quod ab initio vitiosum est tractu temporis convalescere non potest.*

Cette régle, que nous venons de proposer, que le legs de la chose qui appartient déja au légataire n'est pas valable, n'a lieu que lorsque la chose lui appartient parfaitement, *pleno jure,* et à titre lucratif.

Que si le légataire n'étoit propriétaire qu'imparfaitement de la chose qui lui a été léguée, le legs sera valable, à l'effet que celui qui en est chargé soit tenu de faire avoir au légataire ce qui lui manque par rapport à cette chose, ou qu'il lui en paie l'estimation, s'il ne peut la lui faire avoir. Par exemple, si le légataire n'avoit que la nue propriété de la chose qui lui a été léguée, l'héritier sera tenu de racheter l'usufruit pour faire avoir au légataire la pleine propriété ; et si celui à qui cet usufruit appartient ne veut pas le vendre, l'héritier sera tenu de payer au légataire l'estimation de cet usufruit qui lui manque en la chose léguée.

Si le légataire étoit propriétaire de la chose qui lui a été léguée, mais qu'il l'eût donnée en nantissement, l'héritier sera tenu de la dégager pour faire avoir au légataire la possession de cette chose qui lui manquoit ; l. 86, ff. *de leg.* 1°.

Pareillement, si le légataire n'avoit qu'une propriété résoluble et sujette à éviction, *putà,* si le légataire étoit propriétaire de la chose, avec charge de substitution, dans le cas d'une certaine condition, l'héritier sera tenu de le rendre propriétaire incommutable, en rachetant le droit du substitué, lorsqu'il y aura ouverture à la substitution, ou d'en payer l'estimation au légataire; l. 39, §. 2; l. 82, *ppio.*, et §. 1, ff. *de leg.* 1°.

Lorsque le légataire n'étoit pas propriétaire à titre lucratif de la chose qui lui a été léguée, le legs qui lui en a été fait est encore valable, à l'effet que l'héritier chargé du legs soit tenu lui rendre le prix qu'il lui en coûte pour en devenir le propriétaire; l. 34, §. 7, ff. *de leg.* 1°, *et passìm tit. de leg. in Pand. Justinian.* n. 131, 132. *Nec enim videtur perfectè cujusque id esse cujus ei pretium abest. d. n.* 131.

§. IV. Des choses hors le commerce.

Il est évident que le legs d'une chose qui n'est pas dans le commerce n'est pas valable, tel que seroit le legs d'une place publique, d'un cimetière, d'une église, d'un prieuré, d'un canonicat.

Le legs d'une compagnie de cavalerie, d'un office d'écuyer du roi, etc., paroîtroit aussi nul, ces offices étant des choses qui ne sont pas dans le commerce. Néanmoins, comme les personnes qui ont les qualités pour obtenir ces offices en obtiennent l'agrément, moyennant une somme d'argent qu'on donne à celui qui s'en démet, ne pourroit-on pas dire qu'un tel legs, fait à une personne de qualité à obtenir ces offices, peut être valable, non comme étant le legs de l'office, qui, étant chose hors du commerce, ne peut être l'objet d'un legs, mais comme étant dans l'intention du testateur, plutôt que selon les termes dont il s'est servi, le legs de la somme d'argent nécessaire pour en obtenir l'agrément.

Les legs de matériaux unis à des édifices n'étoient pas valables par le droit romain, parcequ'un sénatus-consulte en avoit interdit le commerce; n'ayant point dans notre droit aucune loi qui l'interdise, le legs de ces choses doit être valable; mais si ces matériaux légués ne pouvoient être séparés sans dommage, il est de l'équité que l'héritier chargé du legs soit recevable à payer au légataire l'estimation à la place de la chose.

Il ne faut pas mettre sur cette matière, au rang des choses qui sont hors le commerce, les héritages qui appartiennent à l'église ou aux mineurs; car il suffit que ces héritages puissent être aliénés en certains cas et avec certaines formalités, pour qu'ils soient regardés comme n'étant pas absolument hors du commerce et comme susceptibles d'estimation, ce qui suffit pour que le legs en soit valable, à l'effet que l'héritier grevé du legs soit tenu, faute de pouvoir acquérir la chose, d'en payer au légataire l'estimation.

A l'égard des biens du domaine du prince, ils sont absolument hors le commerce, et le legs qui seroit fait de quelqu'un de ces biens ne seroit pas valable. *Facit.*, l. 39, §. *fin*, ff. *de leg.* 1°.

Non seulement le legs des choses qui sont hors du commerce général n'est pas valable, le legs de celles qui sont dans le commerce général, mais dont le commerce est, par une loi particulière, interdit à la personne du légataire, ne l'est pas non plus; c'est pour cette raison que l'édit de 1749 déclare nuls les legs d'héritages faits à des gens de main-morte.

§. V. Des choses qui s'éteignent par la mort du testateur.

Il est évident que le legs des choses qui sont de nature à s'éteindre par la mort du testataur, ne peut être valable, tel que seroit le legs d'un droit d'usufruit qui appartiendroit au testateur; l. 24, §. 1, ff. *de leg.* 1°.

§. VI. Des legs *in faciendo.*

Il nous reste à observer que non seulement les choses peuvent faire l'objet des legs, mais aussi les faits; un testateur peut charger son héritier, ou toute autre personne qu'il peut grever du legs, de faire telle chose ou de s'abstenir de faire telle chose en la considération d'une telle personne qui y a intérêt; par exemple, c'est un legs valable fait à Pierre, lorsque je charge mon héritier de blanchir le mur de sa maison, qui est vis-à-vis de celle de Pierre, pour donner du jour à la sienne, et pareillement celui par lequel je chargerois mon héritier de ne point louer à des serruriers ou autres ouvriers, sa maison voisine de celle où loge Pierre, tant que Pierre y demeurera.

Pour que le legs d'un fait soit valable, il faut que le legs soit possible, licite, et que le locataire y ait intérêt.

ARTICLE II.

Jusqu'à quelle concurrence peut-on léguer.

Par le droit romain, un testateur dispose de tous ses biens par l'institution d'héritier, mais il n'en peut disposer que des trois quarts par legs particuliers, ni même par fidéicommis universel, l'héritier ayant le droit de retenir la quarte falcidie vis-à-vis des légataires, et la quarte trebellianique vis-à-vis des fidéicommissaires universels.

A l'égard du droit coutumier, les coutumes sont fort partagées sur la quantité des biens dont on peut disposer par testament.

La coutume de Berri ne distingue point les propres des autres biens; et ne restreint point, par rapport à aucuns biens, le pouvoir d'en disposer; plusieurs coutumes ne permettent de disposer que d'une partie de ses biens, sans distinguer les propres des autres, et elles fixent différemment cette portion, les unes au quart, d'autres au tiers; celle de Bourgogne aux deux tiers; le plus grand nombre de coutumes permet de disposer par testament de tous ses meubles et acquêts, mais ne permet de disposer que d'une portion des propres.

Elles diffèrent encore, en ce que les unes permettent de disposer des meubles et acquêts en total, soit que le testateur ait des propres ou non; quelques autres, au contraire, subrogent les acquêts aux propres, lorsque le testateur n'a point laissé de propres, et même les meubles aux propres et aux acquêts, lorsque

le testateur n'a laissé ni propres ni acquêts, et ne permettent, en ces cas, d'en léguer que la même portion
qu'il auroit pu léguer des propres, s'il en eût eu.

Les coutumes fixent aussi différemment la portion
dont on peut disposer des propres; les unes la fixent
à la moitié, les autres au tiers, les autres au quart,
les autres au quint; il y en a qui distinguent entre les
propres féodaux et les autres propres, en ne permettant de disposer que du quint des propres tenus en
fief, et permettant de disposer du quart, du tiers, de
la moitié des autres.

Il y a des coutumes qui, en restreignant le pouvoir
de disposer des propres, quant à la propriété, à une
certaine portion, permettent, néanmoins, de disposer
du total, quant à l'usufruit, ou permettent de disposer,
les unes de trois années, les autres d'une année du
revenu desdits propres.

Celles de Paris et d'Orléans, qui sont les seules auxquelles nous nous attachons, qui sont en ce point sui-
vies d'un très grand nombre de coutumes. permettent de disposer par testament de tous les meubles et
acquêts, et du quint des propres, *et non plus avant.*

§. I. Quels sont les biens jusqu'à concurrence desquels nos
coutumes permettent de disposer par testament.

Les biens jusqu'à concurrence desquels il est permis à quelqu'un de tester sont ceux qui lui appartenoient à son décès, et qu'il laisse dans sa succession;
les légataires ne peuvent rien prétendre sur ceux qu'i
avoit donnés entre-vifs à quelqu'un de ses enfants
quoique le donataire, qui se porte héritier, les rapporte

à la succession; car ce rapport ne se fait qu'en faveur de ses cohéritiers; ce n'est que vis-à-vis d'eux que ces propres rapportés à la succession sont mis dans la masse des biens de la succession; mais vis-à-vis des légataires, qui ne doivent point profiter de ce rapport, qui n'est pas fait pour eux, ils n'en font pas partie.

§. II. Quels sont les propres dont nos coutumes réservent les quatre quints à l'héritier.

Les propres dont nos coutumes réservent à l'héritier les quatre quints sont les propres réels.

Nous avons expliqué en notre *traité des Divisions des biens*, quels étoient ces propres réels; nous y renvoyons. Nous observerons que non-seulement les héritages, mais aussi les rentes constituées dans les coutumes qui les réputent immeubles, et même les offices venaux, sont susceptibles de la qualité de propres de disposition.

A l'égard des propres fictifs, c'est-à-dire du remploi des propres des mineurs, qui par les art. 351 de Paris et d'Orléans, est réputé propre dans leur succession, et des propres conventionnels, ces propres ne sont point réputés pour tels en cette matière, à moins que la convention, qui forme le propre conventionnel, ne contienne une extension expresse au cas de la disposition, comme lorsqu'une femme a stipulé propre une certaine somme à ceux du côté et ligne, en ces termes: *Quant à tous effets, même quant à la disposition.*

Lorsqu'une personne a, par contrat de mariage, ameubli un de ses propres réels, cet ameublissement n'empêche pas que cet héritage, pour ce qui en demeure dans la succession de cette personne qui a fait l'ameublissement, soit sujet à la réserve des quatre quints, comme s'il n'avoit point été ameubli ; car l'ameublissement n'a d'effet que vis-à-vis l'autre conjoint, et n'ôte point à l'héritage ameubli la qualité de propre qu'il a. .

§. III. Sont-ce les quatre quints de chaque propre, ou du total des propres que la coutume réserve aux héritiers.

Ce sont les quatre quints de l'universalité des propres du défunt, et non pas les quatre quints de chaque héritage propre que nos coutumes réservent à l'héritier ; c'est pourquoi si on a légué à quelqu'un un certain héritage propre, l'héritier n'en peut rien retenir, si cet héritage n'excéde pas en valeur la cinquième partie du montant de tous les propres.

Lorsque le défunt a laissé des propres situés en différentes coutumes : par exemple, s'il a laissé des propres situés dans la coutume de Paris, de valeur de quatre-vingt et tant de mille livres, et qu'il ait laissé dans la coutume d'Orléans des propres de valeur de 20,000 livres, qu'il ait légué les propres situés en la coutume d'Orléans en entier, l'héritier pourra-t-il retenir les quatre quints de ces propres ? Le légataire lui opposera qu'il est rempli des quatre quints que les coutumes de Paris et d'Orléans lui réservent dans le total des propres de la succession par les propres situés en la coutume de Paris, de valeur de quatre-vingt et tant de mille livres, qui fait plus des quatre quints de la valeur du total des propres de la succession. L'héritier réplique que les coutumes de Paris et d'Orléans lui déférant indépendamment l'une de l'autre la succession des biens situés dans leur territoire, chacune de ces coutumes lui réserve les quatre quints des propres situés dans son territoire; ce ne sont donc point les quatre quints des propres situés dans les différentes coutumes qui lui sont réservés; car il faudroit pour cela qu'il y eût une loi générale qui eût empire sur tous les territoires, qui le lui réservât, et il n'y en a point; les quatre quints des propres situés en la coutume d'Orléans sont donc véritablement réservés à l'héritier séparément, et in-dépendamment des propres situés en la coutume de Paris, que la coutume de Paris lui réserve; il peut donc les retenir et retrancher sur le legs de tous les propres situés en la coutume d'Orléans qui a été fait au léga-taire.

Il reste une question : doit-il, pour retenir les quatre quints des propres situés à Orléans, offrir d'abandon-ner le quint de ceux situés à Paris, qui n'est pas légué? Nous traiterons cette question au §. 5, où je renvoie.

Lorsque le défunt a laissé des propres situés dans une même coutume, mais affectés à différentes lignes, *putà*, des propres paternels et des propres maternels, sont-ce les quatre quints de l'universalité générale de tous ces propres, ou les quatre quints des propres de chaque ligne qui sont réservés à l'héritier? Par exemple, si le défunt avoit pour quatre-vingt et tant de mille livres de propres paternels, et pour 20,000 livres seulement de propres maternels, et qu'il eût légué les propres ma-ternels en entier, l'héritier aux propres maternels pour-roit-il en retenir les quatre quints? La raison de douter est que la coutume permet en général et indistinctement

de disposer du quint de ses propres, *et non plus avant,*
d'où il semble suivre, que dans cette espéce, le legs
n'excédant pas le quint de tous les propres du testa-
tateur, il ne peut souffrir de retranchement; néanmoins je pense que l'héritier maternel peut, en ce cas,
retenir les quatre quints des propres de cette ligne; la
coutume ayant eu pour motif de conserver les biens
dans les familles, elle a dû avoir en vue l'intérêt de
chaque famille, et, par conséquent, son esprit est, non
de réserver les quatre quints des propres en général,
mais de réserver à chaque famille les quatre quints des
propres qui lui sont affectés. Lalande est d'avis contraire, et il s'appuie sur un arrêt rapporté par Charon-
das; mais il ne paroît pas que cet arrêt soit suivi, puisque Lebrun, Duplessis, Renusson, sont du sentiment
que nous tenons.

Le légataire, en ce cas, doit-il être indemnisé sur
les biens disponibles auxquels succédent les héritiers
paternels, du retranchement qu'ils souffrent de la part
des maternels? Nous traiterons cette question ci-après
au §. 5.

§. IV. En faveur de quel héritier la réserve des quatre quints
est-elle faite.

C'est aux héritiers du côté et ligne d'où les propres
procédent que nos coutumes réservent les quatre
quints des propres; c'est pourquoi, s'il ne se trouvoit
aucun parent du défunt qui fût parent du côté de celui qui a mis l'héritage dans la famille, et qu'en conséquence les plus proches parents du défunt fussent héritiers de ces biens, non comme de biens propres,

mais comme de biens ordinaires, il n'y auroit pas lieu à la réserve coutumière, et les legs que le défunt auroit faits seroient valables, non seulement jusqu'à la concurrence du quint, mais jusqu'à la concurrence du total de ses propres, qui ne différeroient point, en ce cas, des biens ordinaires, à plus forte raison cette décision doit-elle avoir lieu, lorsqu'à défaut de parents, la succession est déférée ou à la veuve du défunt, ou au mari de la défunte, ou au fisc.

Observez que la réserve des quatre quints des propres est faite aux héritiers de la ligne en leur qualité d'héritiers ; c'est pourquoi les plus proches parents de la ligne n'y peuvent avoir aucune part, s'ils ne se portent héritiers du défunt.

Si donc une personne ayant pour ses héritiers aux propres deux parents de la ligne au même degré, fait l'un deux son légataire universel, ce légataire universel, qui renoncera à la succession pour se tenir à son legs, ne pourra rien prétendre dans les quatre quints des propres qui appartiendront à l'autre parent seul qui se sera porté héritier.

En cela la légitime coutumière est différente de la légitime de droit ; celle-ci est accordée aux enfants, principalement en leur qualité d'enfants ; c'est pourquoi, de deux enfants dont l'un est héritier l'autre légataire, l'enfant héritier n'a que sa part dans la légitime de droit, l'enfant légataire est compté, et prend sa légitime dans ce qui lui est légué, mais la légitime coutumière est accordée à l'héritier, en sa qualité d'héritier ; c'est pourquoi elle appartient en entier à ceux seulement qui ont pris la qualité d'héritier.

§. V. De l'effet de la réserve.

Lorsque l'héritier se croit grevé de legs au-delà de la valeur des biens dont la coutume permet de disposer, il lui est permis de se décharger entièrement du legs, en abandonnant aux légataires les biens disponibles; c'est-à-dire les meubles, les acquêts, et le quint des propres.

Ce que l'héritier qui fait l'abandon devoit au défunt, doit-il être compris dans cet abandon? La raison de douter pouvoit être que cette créance qu'avoit le défunt contre son héritier ayant été éteinte par la confusion qui s'en est faite, elle n'existe plus, et ne peut plus, par conséquent, être abandonnée; mais l'avantage de la libération de cette dette que l'héritier a ressenti en devenant l'héritier de son créancier, est un avantage subsistant que l'héritier a retiré de la succession, lequel doit faire partie de l'abandon. L'héritier qui fait cet abandon doit aussi compter de tous les fruits qu'il a perçus des biens disponibles; c'est-à-dire des fruits des acquêts et du cinquième du fruit des propres; *nam fructus augeant hæreditatem.*

L'héritier qui, ayant connoissance du testament, auroit disposé d'une partie du mobilier, sans faire aucun inventaire, pourroit n'être pas reçu à faire cet abandon, et être condamné à payer tous les legs particuliers, faute de pouvoir constater, comme il l'auroit dû, le montant du mobilier de la succession dont il offre faire l'abandon; on peut, pour le décider, tirer argument de la constitution de Justinien, qui dénie la falcidie à l'héritier qui a manqué de faire inventaire.

Que si l'héritier avoit disposé du mobilier, sans faire inventaire, avant que d'avoir connoissance du testament, je ne pense pas qu'on pût lui reprocher qu'il n'a point fait d'inventaite, mais qu'il seroit recevable dans ses offres de compter aux légataires du prix des choses dont il avoit disposé, sauf aux légataires à justifier les omissions.

A l'égard de l'héritier qui ne succéde qu'aux propres n'ayant à abandonner que la cinquième partie des propres, il est évident qu'il n'est pas besoin d'aucun inventaire pour cet abandon.

Sur les biens abandonnés par l'héritier aux légataires pour l'acquittement des legs, il faut prendre de quoi payer une portion des dettes de la succession, proportionnée à la raison dans laquelle sont ces biens abandonnés avec le total de la succession; par exemple, si le total des biens monte à 36,000 livres, et que les disponibles qu'on abandonne aux légataires, montent à 24,000 livres, qui font les deux tiers des 36,000 livres, il faudra prendre sur ces 24,000 livres abandonnées aux légataires les deux tiers des dettes, frais funéraires et autres charges de la succession; *nec obstat*, que les légataires particuliers ne sont pas tenus des dettes de la succession; car il est vrai qu'ils n'en sont pas tenus directement, et par leurs qualités de légataires particuliers, et qu'en conséquence, s'il y avoit dans les biens disponibles de quoi acquitter entièrement, tant les dettes que les legs, les légataires particuliers percevroient leurs legs sans aucune diminution, sans rien porter des dettes; mais les biens disponibles que l'héritier abandonne pour l'acquittement des legs renfermant, en tant que *biens*, la charge et déduction des dettes; suivant cette régle : *Bona non intelliguntur nisi deducto œre alieno;* les légataires ne peuvent être payés que sur le surplus qui reste de ces biens, après que la portion de ces dettes, dont ces biens disponibles sont tenus, aura été acquittée; d'où il arrive que, si le surplus qui restera n'est pas suffisant pour acquitter tous les legs, les légataires souffrent indirectement des dettes.

On doit retenir et déduire sur les biens disponibles abandonnés par l'héritier, non seulement ce qui est dû à des tiers pour la part que ces biens en doivent porter, mais même ce que le défunt devoit à l'héritier qui fait l'abandon pour la part que lesdits biens en doivent porter, l'héritier qui en étoit le créancier, en faisant sur lui-même confusion de cette dette, l'a, par cette confusion, acquittée en entier à ses dépens, et a libéré les biens disponibles de la part que lesdits biens en devoient porter, et il en doit, par conséquent, être indemnisé sur lesdits biens pour ladite part, comme il le seroit des dettes qu'il auroit payées en entier à des tiers à qui elles étoient dues.

Lorsqu'il y a des dettes conditionnelles dont la condition est encore pendante, ou des dettes contestées, il n'y a rien à retenir pour raison desdites dettes, puisqu'il n'est pas certain qu'il soit rien dû ; mais l'héritier peut demander que les légataires auxquels il fait l'abandon lui donnent caution de rapporter la part dont les biens abandonnés doivent être tenus desdites dettes, si la condition existe, ou qu'il soit jugé qu'elles soient dues ; et faute de donner cette caution, on doit laisser en dépôt la somme à laquelle pourra monter cette part.

Lorsque depuis l'abandon, des dettes qui n'étoient pas connues sont apparues, que l'héritier a été obligé de payer en entier, l'héritier a action contre les légataires, pour répéter contre eux la part que les biens disponibles abandonnés doivent porter de ces dettes. Cette action est celle qu'on nomme en droit *condictio indebiti*, qui a lieu lorsque quelqu'un a payé plus qu'il ne devoit; car l'héritier, en faisant son abandon sans retenir cette somme qu'il avoit droit de retenir, et qu'il auroit retenue si ces dettes eussent été pour lors connues, se trouve avoir payé aux légataires plus qu'il ne devoit.

Chacun des légataires est tenu de cette action à proportion de ce qu'il a eu pour sa part dans les biens abandonnés.

Après qu'on a déduit et prélevé sur les biens disponibles la somme à laquelle monte la part que ces biens doivent porter des dettes et autres charges de la succession, ce qui en reste doit se partager entre tous les légataires particuliers, au prorata et au marc la livre de leurs legs; s'il ne se trouve pas de quoi acquitter tous les legs, chaque legs souffrira diminution à proportion de ce qui manque pour l'acquittement du total.

Les legs faits à des hôpitaux, ceux faits pour des prières et autres legs pieux n'ont aucun privilège dans cette contribution ; cela a été jugé il y a fort long-temps contre l'Hôtel-Dieu d'Orléans.

C'est une question, si les légataires de corps certains qui se trouvent en nature parmi les biens abandonnés, doivent entrer dans cette contribution avec les légataires de sommes d'argent ou de choses indéterminées, et souffrir dans leurs legs la même diminution que souffriront les autres légataires, ou s'ils doivent prendre le corps certain qui leur est légué, sans entrer dans aucune contribution avec les autres legs? En faveur de la contribution, on cite la loi 56, §. 4, ff. *ad leg. falc.*, qui décide nettement que le legs d'un corps certain et le legs d'une somme d'argent souffrent l'un et l'autre un semblable retranchement pour la falcidie; on ajoute que le testateur ayant également voulu que les légataires d'une somme d'argent eussent la somme entière qu'il leur a léguée, comme il a voulu que les légataires de corps certains eussent les corps certains entiers qu'il leur a légués; la condition des uns et des autres, qui ont en leur faveur une égale volonté du testateur, doit être égale, et ils doivent, par conséquent, souffrir un égal retranchement dans leurs legs, lorsque la volonté du testateur ne peut pas s'accomplir en entier.

D'un autre côté, pour le sentiment contraire, on dit que le testateur a, en mourant, transféré la propriété des corps certains qu'il a légués, aux légataires auxquels il les a légués, suivant les principes que nous verrons *infrà*, chap. 2; ces légataires ont donc droit de se faire délivrer la possession des choses qui leur appartiennent, les dettes de la succession étant une charge de l'universalité des biens, et non de ces corps certains que le testateur en a distraits pour les léguer, suivant cette maxime: *Æs alienum universi patrimonii, non singularum rerum onus est.* Les légataires de ces corps certains ne peuvent être tenus des dettes, tant qu'il y a dans l'universalité des biens disponibles de quoi acquitter la part des dettes dont cette universalité est tenue. Ces légataires de corps certains n'ayant rien de commun avec les autres légataires, dont les legs doivent être acquittés sur ce qui restera de l'universalité des biens disponibles, il n'y a aucune raison qui puisse obliger ces légataires de corps certains à venir en contribution avec les légataires particuliers de sommes d'argent, et autres dont les legs sont payables sur l'universalité des biens disponibles, puisque ces légataires de corps certains n'ont rien à prendre dans cette universalité, étant légataires de choses que le testateur en a distraites et séparées en les leur léguant. A l'égard de ce qui a été allégué ci-dessus en faveur de la contribution, la réponse est que l'argument tiré de la loi falcidienne n'a ici aucune application ; la quarte falcidienne étoit la quarte de tous les biens que le testateur délaissoit lors de sa mort; lorsque ces biens se trouvoient épuisés par les legs, l'héritier avoit droit de retenir sa quarte dans tout ce qui composoit les biens de la succession ; il étoit propriétaire par indivis pour un quart des corps certains qui avoient été légués, avec les légataires, qui, au moyen de la falcidienne, n'en étoient propriétaires que pour les trois autres quarts ; c'est pourquoi la falcidienne s'exerce également sur les legs de corps certains comme sur les autres ; mais, dans notre droit coutumier, la légitime que nos coutumes accordent à l'héritier, consistant dans les quatre quints des propres seulement, et ne s'étendant point aux autres biens, les lois qui concernent la falcidienne n'ont aucune application. A l'égard de l'autre objection, la réponse est que le testateur, en n'assignant aucun corps certain de ses biens aux légataires de sommes d'argent et de choses indéterminées, a voulu qu'ils fussent payés sur ce qui resteroit de l'universalité des biens disponibles, après qu'on en auroit distrait les corps certains dont il avoit spécialement disposé. Cette volonté renferme tacitement la condition, si et autant qu'il se trouvera dans lesdits biens de quoi les acquitter, et, en cela ces legs diffèrent de ceux des corps certains qui ne renferment point une pareille condition, mais qui sont sujets à s'éteindre, si le corps certain qui en fait l'objet venoit à périr. Ce dernier sentiment, qui n'assujettit point les légataires de corps certains à la contribution, me paroît le plus probable ; c'est celui de Duplessis.

Lorsque le testateur a légué certains héritages propres qui font plus que le quint de ses propres, c'est une grande question si, pour pouvoir retenir sur les propres légués l'excédant du quint que les coutumes lui permettent de léguer, l'héritier est obligé d'abandonner au légataire tous les biens disponibles auxquels il succéde? Pour la négative, on allégue ce brocard de droit : *Voluit quod non potuit, noluit quod potuit.* L'héritier peut retenir l'excédant du quint des propres, parceque le testateur, en le léguant, a voulu ce qu'il ne pouvoit, *voluit quod non potuit ;* mais il n'est pas obligé, dit-on, d'abandonner à la place au légataire les biens disponibles ; car on ne peut pas dire qu'il ait voulu les lui léguer, *noluit quod potuit,* et, par conséquent, le légataire ne peut pas les prétendre.

On ajoute qu'un testateur peut bien, à la vérité, lé-guer les choses d'autrui et celles qui appartiennent à son héritier, mais qu'il ne peut pas léguer celles dont le legs est spécialement défendu : or, dit-on, tel est l'excédant du quint des propres, puisque nos coutumes disent absolument, *peut tester de ses meubles et acquêts et quint des propres, et non plus avant.* On ajoute que, suivant la constitution de Justinien, en la loi 36, *cod. de inoff. test.*, suivie parmi nous, lorsque quelqu'un a légué l'usufruit de tous ses biens, l'enfant qui retient la propriété de la portion des biens qui lui est due pour sa légitime n'est pas obligé, pour retenir l'usufruit de cette portion, d'abandonner au légataire, à la place de cet usufruit qu'il lui ôte, la propriété de l'autre portion des biens que le testateur auroit pu léguer, s'il l'eût voulu ; d'où l'on conclut *à pari* que l'héritier n'est pas obligé, pour retenir sa légitime coutumière dans les propres, d'abandonner les autres biens disponibles. Nonobstant ces raisons, l'opinion de ceux qui pensent que l'héritier ne peut retenir les quatre quints des propres qu'en abandonnant tous les biens disponibles auxquels il succède, me paroît la plus probable. La coutume, en réservant à l'héritier les quatre quints des propres du défunt, ne lui peut pas donner plus de droit dans ces propres qu'il en a dans sa propre chose ; par conséquent, si, suivant qu'il est défini en droit, il ne peut refuser la prestation du legs de sa propre chose qu'en abandonnant les biens disponibles auxquels il succède, il ne peut, par la même raison, refuser la prestation du legs des propres, même pour les portions que la loi lui réserve, qu'en abandonnant au légataire les biens disponibles. La différence qu'on veut mettre, pour se tirer de cet argument, entre le legs de la propre chose de l'héritier et le legs des quatre quints des propres, en disant qu'aucune loi ne défend de léguer la chose de son héritier, et que notre loi municipale défend de léguer les quatre quints des propres, n'a aucune solidité ; car premièrement on ne trouvera pas que nos coutumes de Paris et d'Orléans défendent expressément de léguer les quatre quints des propres ; ces termes, *et non plus avant,* qui se trouvent après ceux-ci, *peuvent disposer par testament..... de tous leurs biens meubles, acquêts, et conquêts immeubles, et de la cinquième partie de tous leurs propres héritages,* se rapportent à toute la phrase, et non pas seulement aux derniers mots, *et de la cinquième partie de tous leurs propres ;* et, par conséquent, la loi ne défend pas simplement de disposer *plus avant* que de la cinquième partie des propres ; mais elle défend de disposer *plus avant que de tous les meubles, acquêts, et quints des propres ;* la loi n'a donc pas tant voulu annuler le legs de ce qui excéderoit le quint des propres, qu'elle a voulu conserver à l'héritier cet excédant, et lui permettre de le retenir en abandonnant, à la place, au légataire les autres biens disponibles auxquels il succéde, et il paroît que c'est son esprit, par l'art. 195, par lequel elle lui permet de faire cet abandon. 2° Quand même la loi, en permettant de léguer le quint des propres avec les autres biens disponibles, auroit expressément défendu de disposer des quatre autres quints, cette défense, qui ne se seroit faite que pour l'intérêt de l'héritier à qui la loi veut les conserver, n'auroit d'autre effet que de donner à l'héritier le droit de les retenir, en abandonnant les biens disponibles que le testateur lui a laissés, pouvant les lui ôter; ce qui se prouve par l'exemple du legs qu'un mari a fait d'un fonds dotal de sa femme; certainement toute disposition du fonds dotal, soit entre-vifs, soit testamentaire, est expressément défendue au mari, par la loi *Julia;* néanmoins, le jurisconsulte, en la loi 13, §. 4, ff. *de fund. dotal.*, décide que le legs du fonds dotal est valable, lorsque le mari a institué héritier sa femme, à qui le fonds dotal devoit être rendu, et qu'il lui laisse dans sa succession autant ou plus que ne vaut le fonds dotal; et la raison est parceque la femme, pour l'intérêt de laquelle la défense de l'aliénation du fonds dotal est faite, se trouve hors d'intérêt, trouvant dans la succession des biens qui équipollent à ce fonds dotal, et ayant même la liberté de le conserver, en n'acceptant pas la succession; par la même raison, le legs des propres, même pour les quatre quints, doit valoir, lorsque le testateur laisse à la place, à son héritier, d'autres biens dont il auroit pu disposer, puisque cet héritier, pour l'intérêt duquel la loi a été faite, a d'autres biens à la place des quatre quints des propres, et qu'il est même le maître de les retenir, en abandonnant les autres biens. On voudra peut-être établir une différence entre la femme pour le fonds dotal, et l'héritier pour les quatre quints des propres, en disant que la loi *Julia* ayant eu en vue de conserver une dot à la femme, pour qu'elle puisse se remarier, il est indifférent, pour cette vue, qu'elle ait son fonds dotal ou d'autres biens à la place, au lieu que la vue de la coutume étant de conserver les propres dans les familles, il n'est pas indifférent, pour la vue de la loi, que ce soit ces propres ou d'autres biens à la place qui soient réservés à l'héritier : la réponse est qu'il suffit, pour remplir la vue de la coutume, que l'héritier demeure le maître de conserver ces propres, en abandonnant les biens disponibles ; qu'il ne peut pas avoir plus d'affection aux propres de la succession du testateur qu'à ses propres biens ; néanmoins, on convient que le legs de la propre chose de l'héritier est valable ; pourquoi celui des propres du testateur ne le seroit-il pas, même pour les quatre quints, lorsque le testateur laisse à l'héritier d'autres biens disponibles, qu'il est le maître d'abandonner, s'il veut conserver lesdits quatre quints ?

A l'égard de l'argument qu'on tire de la constitution de Justinien, qui, dans le cas d'un legs d'usufruit de tous les biens, permet à l'enfant légitimaire de retenir la pleine propriété de sa légitime, sans être obligé d'abandonner au légataire la propriété de l'autre portion des biens de la succession dont le testateur auroit pu disposer ; la réponse est que cette constitution, contenant un droit singulier qui n'est fondé que sur la grande faveur de la légitime de droit, ne doit pas être étendue à la légitime coutumière, qui n'a pas la même faveur.

L'opinion que nous avons suivie est celle de Dumoulin sur la coutume de Paris, et en ses notes sur les coutumes de Montargis et d'Auvergne. Ricard l'accuse mal-à-propos de tomber en contradiction avec lui-même, par sa note sur l'article 263 de la coutume de Reims.

La jurisprudence n'est pas bien certaine sur cette question; il y a beaucoup d'arrêts pour et contre, et il y en a un assez moderne, contraire à notre opinion. Ricard et Duplessis apportent un tempérament à l'opinion que nous avons embrassée; ils pensent que l'héritier qui veut retenir les quatre quints des propres qui ont été légués, ne doit pas être obligé d'abandonner précisément aux légataires tous les biens disponibles, et qu'il doit suffire qu'il en abandonne jusqu'à la concurrence de la valeur des quatre quints qu'il veut retenir; ce tempérament est rejeté par Dufresne, en son *Journal des Audiences,* et le sentiment de Dufresne paroît plus conforme aux principes de droit, qui ne permettent pas à l'héritier grevé du legs de sa propre chose d'en donner l'estimation à la place.

C'est une question qui dépend de la décision de la précédente, de savoir si, lorsque le testateur a légué tous les propres situés dans une coutume, l'héritier, qui veut retenir la portion que cette coutume lui réserve, est obligé d'abandonner au légataire les portions disponibles des propres situés dans les autres coutumes? Dumoulin décide pour l'affirmative; car, en sa note sur l'art. 4, chap. 12 de la coutume d'Auvergne, qui défend de léguer plus du quart de ses biens, il dit : *Fallit si habet bona alibi sita, ubi potest ampliùs legare, quia residuum capietur in bonis alibi sitis.*

Lorsque l'héritier aux propres, qui retranche du legs d'un héritage propre les quatre quints que la loi lui réserve, n'est point l'héritier des autres biens disponibles, le légataire peut-il demander aux héritiers des biens disponibles l'estimation des quatre quints des propres qui lui ont été retranchés? Dumoulin, sur Paris, §. 93, décide qu'il ne le peut; *quia*, dit-il, *legatum est de certo corpore;* or, le testateur qui lègue un corps certain de sa succession n'est censé charger de ce legs que ceux de ses héritiers qui y succèdent, comme nous le verrons par la suite; ne pourroit-on pas dire que cette régle n'a lieu que lorsque l'héritier qui succéde à ce corps certain pouvoit être chargé de la prestation du legs de ce corps certain; mais que, lorsqu'il ne pouvoit pas en être chargé, le testateur doit être présumé en avoir chargé ses autres héritiers qui n'y succédent pas? Il est certain qu'il pouvoit, s'il eût voulu, charger de la prestation des quatre quints des propres l'héritier de l'autre ligne, puisqu'on peut charger son héritier de la prestation du legs de la chose d'autrui; or, on ne doit pas présumer qu'il l'a voulu, puisqu'il n'avoit pas d'autres moyens de les léguer valablement, qu'en chargeant de la prestation de ces quatre quints l'héritier de l'autre ligne, qui succéde à ses biens disponibles, et qu'il en pouvoit seul charger; et que c'est une maxime puisée dans la nature, que quiconque veut la fin est censé vouloir les moyens obviés et nécessaires pour y parvenir.

Nonobstant ces raisons, je ne crois pas que le légataire puisse réussir dans sa demande contre les héritiers aux meubles et acquêts; car si, sur les questions précédentes, ce n'est qu'avec grande peine qu'on s'est déterminé à récompenser le légataire sur les meubles et acquêts, lorsque c'est le même héritier qui succéde aux propres et aux meubles et acquêts, et que la jurisprudence n'en est pas même bien constante, cette récompense doit souffrir infiniment plus de difficulté lorsque ce ne sont pas les mêmes héritiers.

CHAPITRE V.

De l'exécution des testaments; de l'effet des legs, et des actions des légataires.

SECTION PREMIÈRE.

Des exécuteurs testamentaires.

Quoique l'héritier soit chargé de droit de l'exécution des dernières volontés du défunt, et qu'il ne soit pas nécessaire d'en charger d'autres personnes, néanmoins il est assez d'usage que les testateurs, pour procurer une plus sûre, plus exacte, et plus diligente exécution de leurs dernières volontés, nomment, par leurs testaments, des personnes à qui ils la confient; on les appelle exécuteurs testamentaires.

ARTICLE PREMIER.

De la nature de la charge d'exécuteur testamentaire, et quelles personnes peuvent la remplir.

La charge d'exécuteur testamentaire n'est point une charge publique, c'est un simple office d'ami; d'où il résulte, 1° que cette charge est volontaire, et que les personnes que le testateur a nommées pour ses exécuteurs testamentaires ne peuvent être forcées à accepter cette charge.

De là il suit, 2° que les personnes qui ne sont pas capables de fonctions publiques et offices civils ne laissent pas de pouvoir être exécuteurs, pourvu néanmoins qu'elles soient capables de s'obliger; car un exécuteur étant comptable de son exécution doit être capable de s'obliger à la reddition de son compte.

Il suit de ces principes, qu'une femme peut être exécutrice testamentaire, quoiqu'elle ne soit pas capable des fonctions publiques et offices civils.

Si néanmoins elle est sous puissance de mari, elle ne peut accepter, ni exercer cette charge, qu'avec l'autorité de son mari, parceque cette autorité lui est nécessaire pour s'obliger; un moine ne peut être exécuteur testamentaire, parcequ'il ne peut s'obliger.

Un mineur ne peut être exécuteur testamentaire, parceque, étant restituable contre les obligations qu'il contracte, il ne s'oblige pas efficacement.

Néanmoins, s'il étoit émancipé, et que l'objet de l'exécution testamentaire étant peu considérable, les obligations qui en pourroient résulter fussent proportionnées à ses revenus, dont l'émancipation lui donne droit de disposer, il ne devroit pas être exclus de l'exécution.

Un homme sans biens peut-il être exécuteur testamentaire? Il semble que non, puisqu'il faut qu'un exécuteur puisse s'obliger, et que vis-à-vis de ceux à qui il doit rendre compte de son exécution, ce soit presque même chose qu'il ne puisse s'obliger, ou qu'il soit sans biens; *cùm perindè sit non habere actionem et habere inanem;* néanmoins, *in praxi,* un homme, quoique sans biens, ne peut guère être refusé pour exécuteur testamentaire; car les héritiers ne sont pas recevables à demander qu'il justifie sa solvabilité, ni encore moins qu'il donne caution; le testateur ayant suivi sa foi, les héritiers doivent la suivre; on peut aussi tirer argument de ce qui est décidé en droit, que la pauvreté n'est pas une raison pour exclure d'une tutéle celui que le testateur a nommé pour tuteur de ses enfants.

Que s'il étoit survenu un dérangement considérable dans les affaires de l'exécuteur testamentaire depuis le testament, sur-tout s'il avoit fait faillite, il pourroit être exclus de l'exécution testamentaire; car alors il y a lieu de présumer que, si le testateur eût prévu ce qui est arrivé, il ne l'auroit pas nommé pour son exécuteur.

Il reste à observer qu'on peut nommer pour exécuteurs testamentaires, même ceux *quibuscum non est testamenti factio,* c'est-à-dire envers lesquels on ne peut pas disposer par testament.

C'est pourquoi dans nos coutumes, qui ne permettent pas au mari de rien laisser par testament à sa femme, *aut vice versâ,* un mari ne laisse pas de pouvoir nommer sa femme pour son exécutrice testamentaire.

Par la même raison, je pense qu'on peut nommer pour exécuteur testamentaire un étranger non naturalisé; car c'est un pur office d'ami, comme nous l'avons vu, ce n'est point un office civil, ni encore moins une fonction publique dont les étrangers sont incapables.

Observez que, lorsque le testateur a nommé pour exécuteur testamentaire une personne à qui il n'est pas

permis de rien laisser par testament, il ne laisse pas
de pouvoir lui faire, par son testament, un présent
modique pour le récompenser des soins de l'exécution.

ARTICLE II.

De la saisine des exécuteurs testamentaires.

§. I. Ce que c'est, et quelle est l'origine de ce droit.

Le pouvoir des exécuteurs testamentaires consiste
principalement dans la saisine, que les coutumes accordent à l'exécuteur testamentaire, pour l'accomplissement du testament. Cette saisine est compatible
avec celle de l'héritier; car cette saisine, qui est accordée à l'exécuteur, n'est pas une vraie possession; l'exécuteur, par cette saisine, est constitué sequestre, il
n'est en possession qu'au nom de l'héritier; c'est l'héritier qui est le vrai possesseur de tous les biens de la
succession, suivant la régle, *le mort saisit le vif;* c'est
la doctrine de Dumoulin, qui, sur l'art. 95, de Paris,
dit : *Hæc consuetudo non facit quin hæres sit saisitus
ut dominus, sed operatur quod executor potest ipse
manum ponere et apprehendere.... et etiam executor
non est verus possessor, et nisi ut procurator tantùm.*

Cette saisine des exécuteurs testamentaires est de
droit coutumier, et ne vient point du droit romain.
Quelquefois, chez les Romains, un testateur nommoit
une personne qui n'étoit ni son héritier, ni son légataire, pour exécuter les legs d'aliments qu'il avoit faits
à ses affranchis, ou à d'autres personnes; mais cet
exécuteur testamentaire devoit recevoir des mains de

l'héritier les sommes, ou autres choses, que le testateur avoit destinées pour la prestation desdits aliments.

§. II. De l'étendue de cette saisine.

Nos coutumes sont différentes sur l'étendue qu'elles donnent à la saisine de l'exécuteur testamentaire. La coutume de Paris, art. 297, et la plupart des coutumes, saisissent l'exécuteur testamentaire des biens meubles de la succession, durant l'an et jour du décès, pour l'accomplissement du testament. La coutume d'Orléans, art. 290, et quelques autres, saisissent l'exécuteur non seulement des meubles, mais même des héritages de la succession.

Une autre différence entre la coutume de Paris et celle d'Orléans est que celle de Paris saisit indéfiniment l'exécuteur des biens meubles de la succession; elle ne restreint point cette saisine à ce qui est précisément nécessaire pour l'accomplissement du testament; c'est pourquoi il y a lieu de penser que, dans la coutume de Paris, l'héritier ne seroit pas recevable, pour exclure l'exécuteur de cette saisine, de lui offrir somme à suffire pour l'accomplissement du testament. La coutume de Meaux peut en cela servir d'interprétation à celle de Paris; elle porte en ces termes, en l'art. 340 : Et supposé que l'héritier offre accomplir le testament et bailler caution, ou laisser ès mains de l'exécuteur autant que monte le clair du testament, l'exécuteur, toutefois dedans l'an et jour, ne sera dessaisi.

Au contraire, la coutume d'Orléans restreint la saisine des biens meubles et immeubles de la succession qu'elle accorde à l'exécuteur, à la concurrence de ce qui est nécessaire pour l'exécution du testament; car elle s'exprime ainsi, *art.* 290 : *Les exécuteurs sont saisis des biens meubles et héritages du testateur, jusqu'à la valeur et accomplissement du testament.*

C'est pourquoi il n'est pas douteux, dans notre coutume, que l'héritier est recevable à empêcher l'exécuteur d'être en possession des biens de la succession, en offrant de lui remettre entre les mains somme à suffire pour l'accomplissement du testament.

Observez que l'accomplissement du testament comprend, non seulement l'acquittement des legs, mais aussi celui des dettes mobiliaires de la succession; car l'acquittement de ces dettes fait partie de l'exécution testamentaire, suivant que cela est formellement exprimé en l'art. 291 de notre coutume, ce qui vient de ce que c'étoit autrefois une clause ordinaire des testaments, que le testateur ordonnoit que ses dettes fussent acquittées, et cette clause étant clause ordinaire des testaments y est toujours sous-entendue, quand même elle n'y seroit pas exprimée.

§. III. Si le testateur peut restreindre la saisine de l'exécuteur, et s'il peut l'étendre.

Le testateur peut, soit dans la coutume de Paris, soit dans la coutume d'Orléans, restreindre cette saisine de l'exécuteur à une certaine somme; cela est porté par l'art. 297 de Paris, et 290 d'Orléans; il n'est pas douteux qu'en ce cas, l'héritier peut empêcher l'exécuteur d'être en possession des biens de la succession, en lui offrant la somme portée par le testament,

quand même elle ne seroit pas suffisante pour son accomplissement.

Mais, quoique le testateur ait déterminé la somme
dont son exécuteur seroit saisi, l'exécuteur n'est pas
pour cela réduit au droit de demander cette somme
à l'héritier, et tant que l'héritier ne la lui offre pas,
l'exécuteur peut de lui-même se mettre en possession
des biens de la succession, jusqu'à concurrence, néanmoins, de cette somme, à moins que le testateur n'eût
expressément décidé que l'exécuteur recevroit cette
somme de son héritier.

Observez que, lorsque la somme dont le testateur
a voulu que son exécuteur fût saisi, n'est pas suffisante
pour l'entier accomplissement du testament, l'exécution testamentaire ne laisse pas de s'étendre à tout le
testament; mais l'exécuteur ne peut se mettre de lui-
même en possession des biens du testateur, que jusqu'a concurrence de la somme réglée par le testament,
et il doit recevoir des mains de l'héritier le surplus de
ce qui est nécessaire pour l'entier accomplissement du
testament. Le testateur peut bien restreindre la saisine
que les coutumes accordent à l'exécuteur testamentaire; mais peut-il l'étendre? Par exemple, dans la
coutume de Paris, le testateur pourroit-il ordonner
que l'exécuteur seroit saisi non seulement de ses meubles, mais même de ses héritages? Pourroit-il, dans la
coutume d'Orléans, ordonner qu'il seroit saisi de ses
biens jusqu'à concurrence d'une somme plus grande
que celle à laquelle monte l'exécution du testament?
Je ne le pense pas; car c'est par la vertu de la loi que
l'exécuteur a cette saisine des biens du testateur,

comme c'est en faveur du testateur que la loi l'accorde, le testateur peut bien déroger à un droit qui n'est établi qu'en sa faveur, et le restreindre, mais il ne peut l'étendre; car il ne peut, par sa seule volonté, saisir de ses biens après sa mort son exécuteur; n'y ayant que la loi qui puisse accorder à l'exécuteur cette saisine, le testateur ne peut l'accorder au-delà de ce que la loi accorde. C'est l'avis de Ricard, qui est mal-à-propos rejeté par Lemaître.

§. IV. Des effets de la saisine de l'exécuteur.

Les effets de la saisine de l'exécuteur testamentaire sont que l'exécuteur peut se mettre de lui-même en possession des biens de la succession, dont la coutume le saisit, en faisant, néanmoins, par lui un inventaire en présence des héritiers, ou eux appelés lorsqu'ils sont sur le lieu; sinon en présence du procureur du roi ou fiscal, comme nous le verrons par la suite.

L'exécuteur peut vendre à sa requête les meublés; mais il doit faire cette vente du consentement de l'héritier; et si l'héritier n'y consent pas, il doit l'assigner pour faire ordonner cette vente par le juge, ce que l'héritier ne pourra empêcher, à moins qu'il n'offrît de remettre à l'exécuteur les sommes nécessaires pour l'exécution du testament.

C'est la doctrine de Dumoulin sur l'art. 95, n. 10; *potest apprehendere, non autem vendere, sine hærede.*

Quoique la coutume de Paris le saisisse indéfiniment de tous les meubles, néanmoins le juge ne lui doit permettre d'en vendre que jusqu'à concurrence de la somme nécessaire pour l'accomplissement du testament; *non potest vendere sine hærede, et usque ad con-currentiam tantùm. Mol. d. loco.*

A l'égard des héritages, quoique la coutume d'Orléans saisisse même des héritages l'exécuteur testamentaire, il ne peut ni les vendre, ni faire condamner l'héritier à en faire souffrir la vente, la saisine que la coutume lui en accorde n'étant qu'à l'effet d'en toucher les revenus pendant le temps que dure son exécution.

Il ne peut pas même en faire les baux, le temps de son exécution étant trop court.

C'est une suite de la saisine des biens meubles de la succession, que l'exécuteur peut, en sa qualité d'exécuteur, contraindre au paiement les débiteurs de la succession, et recevoir ce qu'ils doivent; et s'il n'y a point de titre exécutoire contre eux, il peut, en sa qualité, donner contre les débiteurs des demandes en justice.

Mais il ne pourroit pas, dans la coutume de Paris, recevoir le remboursement d'une rente, parceque cette coutume ne le saisit que des biens meubles.

Dans la coutume d'Orléans, qui saisit même des héritages l'exécuteur testamentaire, il sembleroit que l'exécuteur pourroit recevoir le remboursement des rentes dues à la succession; néanmoins, comme ce remboursement contient une aliénation d'immeubles, il est de la sûreté du débiteur de faire ce remboursement à l'héritier.

L'exécuteur étant saisi même des héritages dans la coutume d'Orléans, c'est une suite, qu'il peut intenter les actions pour raison de ces héritages.

C'est pourquoi notre coutume, art. 290, dit qu'il peut intenter complainte, ce qui doit s'entendre en ce sens, qu'il peut intenter cette action en sa qualité d'exécuteur, et de procureur légal de l'héritier ou de la succession, contre des tiers qui le troubleroient en la possession en laquelle il est au nom de l'héritier ou de la succession.

Peut-il l'intenter contre l'héritier lui-même, qui le troubleroit dans la saisine des biens de la succession que la coutume lui accorde? Lalande a dit mal-à-propos qu'il le pouvoit; l'héritier étant le vrai possesseur des biens de la succession, l'exécuteur ne les possédant qu'en son nom, il est évident qu'il ne peut pas former contre lui la complainte; il a seulement, en ce cas, une action qu'on appelle en droit *in factum*, par laquelle il peut conclure à ce qu'il soit fait des défenses à l'héritier de le troubler dans la disposition qu'il doit avoir des biens de la succession, pour l'accomplissement du testament.

L'exécuteur peut aussi, dans notre coutume d'Orléans, intenter les actions pétitoires, pour raison des héritages et droits appartenants à la succession, telles que l'action de revendication, l'action hypothécaire, etc.; elle s'en explique formellement, article 291 : « Peut « intenter toutes actions possessoires, pétitoires, per-« sonnelles et autres. »

Lorsqu'il y a plusieurs exécuteurs, un seul peut intenter ces actions; on peut tirer argument de la loi 24, §. 1, ff. *de admin. tut.*

Notre coutume d'Orléans donne aussi pouvoir à l'exécuteur testamentaire de défendre aux actions,

non seulement des légataires, mais à celles des créanciers de la succession pour dettes mobiliaires; car l'acquittement de ces dettes, comme celui des legs, entre
dans l'exécution. Notre coutume le décide expressément, art. 291 : *Lesdits exécuteurs… peuvent dedans l'an
être convenus et doivent, comme exécuteurs, répondre
des dettes et choses mentionnées audit testament.*

Ils font néanmoins prudemment de dénoncer ces
actions à l'héritier; car, faute de le faire, l'exécuteur
s'exposeroit à des contestations avec l'héritier, qui pourroit soutenir qu'il n'a pas bien défendu aux demandes
contre lui données, qu'il y avoit de bons moyens pour
en obtenir le congé, et, sur ce prétexte, refuser de
lui passer ce qu'il auroit été condamné de payer.

Les intérêts doivent-ils courir au profit du créancier, ou du légataire qui a donné sa demande contre
l'exécuteur, du jour de cette demande, ou seulement
du jour qu'elle a été dénoncée à l'héritier? Duplessis
dit qu'ils ne doivent courir que du jour de la dénoncia-
tion, parceque ce n'est que de ce jour que l'héritier, qui
est le vrai débiteur, est constitué en demeure. Je pense
qu'ils doivent courir du jour de la demande donnée
contre l'exécuteur, la coutume autorisant à donner la
demande contre l'exécuteur; cette demande met l'héritier en demeure par l'exécuteur qui le représente,
comme un mineur est mis en demeure par l'interpel-
lation faite à son tuteur. Il est vrai que l'héritier, à qui
l'exécuteur aura tardé à dénoncer la demande, pourra
refuser de passer à l'exécuteur les intérêts avant la dé-
nonciation, mais ils sont dus au demandeur.

ARTICLE III.

Des o' ligations de l'exécuteur testamentaire.

§. I. De l'inventaire.

La première obligation de l'exécuteur testamentaire qui a accepté cette charge, est de faire inventaire des effets de la succession; ce n'est qu'en faisant cet inventaire qu'il est saisi des biens de la succession; il ne doit point s'immiscer auparavant, à moins que ce ne soit pour choses urgentes, comme, par exemple, ce qui concerne les obsèques du défunt.

Cet inventaire doit être fait avec les héritiers, s'il y en a d'apparents dans le lieu; l'exécuteur n'est pas obligé de chercher ceux qui seroient hors l'étendue du bailliage; à défaut d'héritiers, il doit faire son inventaire en présence du procureur du roi ou autre officier chargé du ministère public, dans la juridiction du domicile qu'avoit le testateur, lors de son décès.

C'est une question entre les auteurs françois, si le testateur peut remettre à l'exécuteur testamentaire l'obligation de faire inventaire? Ricard pense qu'il le peut, par la raison que, qui peut le plus peut le moins; *qui |potest plus potest et minùs;* d'où il conclut que le testateur, qui pouvoit léguer à son exécuteur tous ses meubles, peut, à plus forte raison, le décharger d'en faire inventaire, cette décharge de faire inventaire étant un bien moindre avantage que le legs qui en seroit fait à l'exécuteur. On tire aussi argument de la loi *fin. cod. arb. tut.*, qui, par une raison semblable, permet au testateur de remettre l'obligation de faire inventaire à un tuteur testamentaire. Nonobstant ces raisons, je crois préférable le sentiment de Bacquet, Tronçon, et autres, qui pensent que l'exécuteur n'en peut être dispensé. La raison est que, l'exécuteur, tenant de la loi la saisine des biens de la succession, plutôt que du testateur, qui ne peut, par sa seule volonté, la lui donner après sa mort, il ne peut l'avoir que sous les conditions sous lesquelles la loi la lui accorde.

§. II. De la gestion de l'exécuteur.

L'exécuteur, après qu'il a fait inventaire, doit acquitter les legs portés par le testament, et les dettes mobiliaires des deniers qu'il a trouvés dans la succession, s'ils suffisent; mais il doit requérir pour cela le consentement de l'héritier, et, s'il le refuse, le faire ordonner par le juge, sans quoi il courroit le risque que l'héritier, qui prétendroit avoir de bons moyens pour se défendre de payer ce qui a été payé pour lui par l'exécuteur, refusât de lui passer dans son compte ce qu'il auroit payé.

Si les deniers trouvés dans la succession, ou ce qui peut être promptement exigé par les débiteurs, ne suffit pas pour acquitter les dettes mobiliaires et les legs, l'exécuteur doit faire procéder à une vente publique des meubles jusqu'à concurrence de ce qui est nécessaire pour les acquitter; mais, comme nous l'avons déja dit, il doit faire cette vente avec le consentement de l'héritier, ou en vertu d'une sentence du juge qui l'aura ordonnée sur la demande que l'exécuteur en aura formée contre l'héritier.

Dans notre coutume, où l'exécuteur est saisi même des héritages, l'exécuteur, pendant le temps de son exécution, les doit faire valoir, faire faire les vendanges, acheter des tonneaux, etc.

§. III. Du compte d'exécution.

L'exécuteur doit rendre compte de son exécution à l'héritier ou autres successeurs universels.

Si le testateur l'avoit, par son testament, déchargé de rendre compte, cette décharge ne le dispenseroit pas de rendre aucun compte; et tout l'effet seroit qu'on ne pourroit le rendre responsable dé ce qu'il auroit pu pécher par négligence dans le cours de son exécution; *arg.*, 1. 5, §. 7, ff. *de adm. tutor.*

L'exécuteur ne peut coucher en mise que ce qu'il a dépensé, et ne peut prétendre aucun salaire pour les soins qu'il s'est donnés; car l'exécution testamentaire est un service d'ami, qui de sa nature est gratuit; mais il est d'usage que le testateur fasse, par son testament, un présent à son exécuteur, en reconnoissance des soins qu'il se donnera pour l'exécution. L'exécuteur qui a accepté la charge doit avoir ce présent, et s'il refuse l'exécution, il ne peut le demander.

Lorsque l'exécuteur se trouve créancier, par son compte, pour les dettes et legs qu'il a acquittés, il a, selon Dumoulin, une hypothèque tacite sur les biens de la succession qu'il a déchargée, avec cette différence que, si c'est pour l'acquittement des dettes même chirographaires qu'il est créancier, il a cette hypothèque sur tous les biens de la succession, tant sur les propres que sur les autres; que, s'il est créancier pour des legs qu'il a acquittés, il n'a cette hypothéque que sur les biens disponibles. *Mol.*, sur l'article 95 de l'ancienne coutume de Paris.

ARTICLE IV.

Quand finit l'exécution testamentaire.

Les coutumes ont restreint l'exécution testamentaire au temps d'un an, afin que les héritiers ne soient pas trop long-temps privés de la jouissance des biens de la succession, sur le prétexte que le testament ne seroit pas encore exécuté.

Quoique les coutumes disent, *l'an du décès*, cependant il ne court que du jour que l'exécuteur a été ou a pu se mettre en possession des biens de la succession; si on lui a fait des contestations, et que le testament ait été contesté, l'an ne court que du jour que les contestations ont été terminées. C'est la doctrine de Dumoulin, art. 95, n. 16. *Nota*, dit-il, *annum híc utilem à tempore testamenti aperti, et cessantis impedimenti;* et Lemaître rapporte un arrêt qui a jugé que l'année de l'exécution ne devoit courir que du jour de l'arrêt qui a mis fin à des contestations sur un testament.

Mais lorsque l'exécuteur a été saisi des biens de la succession, ou a pu l'être, l'an court, et après l'an révolu l'exécuteur ne peut plus demeurer en possession, quoique le testament n'ait été ou n'ait pu encore être exécuté.

C'est pourquoi, quand il y auroit des legs dont la condition ne dût exister qu'après l'année, l'acquittement de ces legs, lorsque la condition viendroit à exister, ne concerneroit plus l'exécuteur, dont la charge finit après l'année révolue, et le légataire ne pourroit s'adresser qu'à l'héritier.

Encore moins l'exécuteur pourroit-il prétendre de demeurer, après l'année, en possession des biens de la succession, jusqu'à l'existence de la condition.

Néanmoins, si les héritiers n'étoient pas solvables, et que les biens de la succession ne consistant qu'en mobilier, il y eût risque qu'ils ne les dissipassent, l'exécuteur seroit en droit d'exiger caution des héritiers pour sûreté des legs dont la condition est pendante; c'est ce que décide Dumoulin, art. 95, n. 7 et 8, à l'occasion d'un legs d'une somme de 200 écus, qu'un prêtre avoit léguée à sa bâtarde lorsqu'elle seroit nubile.

L'exécution testamentaire peut aussi finir, avant l'an révolu, par la mort de l'exécuteur testamentaire; car cette charge est personnelle et ne passe point aux héritiers de l'exécuteur, qui succèdent seulement à l'obligation de rendre compte de ce que le défunt a géré.

Si néanmoins le testateur avoit considéré dans le choix de son exécuteur, plutôt une certaine qualité que la personne, comme s'il avoit nommé pour exécuteur le procureur du roi, le doyen des avocats, en ce cas, l'exécution testamentaire ne finiroit pas par la mort, parceque l'exécution, en ce cas, n'étoit pas confiée à la personne qui est morte, mais à sa qualité de procureur du roi, ou de doyen des avocats, qui ne meurt point, et passe après lui à un autre.

SECTION II.

De l'effet des legs.

§. I. De quand les legs ont-ils effet.

Il est de la nature des testaments qu'ils n'aient aucun effet, et n'attribuent aucun droit aux légataires, tant que le testateur vit. Le testateur, tant qu'il vit, est maître de son testament, et en conséquence il a été jugé qu'il s'en pouvoit faire rendre la minute par le notaire. Voyez *Soefve*, 11, 144.

Mais, dès l'instant de la mort du testateur, les legs qui y sont contenus ont effet, et font acquérir un droit aux légataires, à moins qu'ils ne soient suspendus par une condition, auquel cas ils n'ont leur effet que du jour de l'existence de la condition.

Si le testateur y a seulement apposé un terme d'un temps certain et déterminé, ce terme n'a d'autre effet que de retarder l'exigibilité du legs jusqu'à l'expiration du terme; mais il n'empêche pas que le droit qui résulte du legs ne soit ouvert et acquis au légataire du jour de la mort du testateur, même avant l'échéance du terme; c'est ce que décident les lois, *Si post diem legata sint relicta simili modo atque in puris dies cedit;* l. 5, §. 1, ff. qu. dies leg. ced. *Dies legati statìm cedit, sed ante diem peti non potest;* l. 21, ff. h. tit.

Cette décision a lieu, lorsque le temps apposé au legs est un temps certain et déterminé, comme lorsque le testateur a légué ainsi: Je charge mon héritier de donner à un tel la somme de tant, six mois après mon décès. Il en est autrement lorsque le temps apposé au legs est un temps incertain; car il équipolle à une condition, et rend le legs conditionnel; ff. l. 21, *dies incertus pro conditione est.* Par exemple, si le testateur avoit légué une certaine somme à un jeune homme, lors de sa majorité, le legs seroit conditionnel, n'auroit aucun effet, et ne donneroit aucun droit au légataire avant sa majorité, parceque ce légataire pouvant mourir avant que d'être majeur, le temps de sa majorité est un temps incertain.

Quoique le temps apposé au legs doive certainement arriver; s'il est incertain quand il arrivera, et s'il arrivera du vivant du légataire, il passe pour un temps incertain, et rend le legs conditionnel; par exemple, si on a légué à Pierre la somme de tant, le jour que mourra Paul, c'est un legs conditionnel qui ne peut avoir aucun effet avant la mort de Paul; car, quoiqu'il soit certain que le jour de la mort de Paul viendra, il est incertain quand ce jour viendra, et s'il viendra du vivant du légataire.

Observez qu'on doit faire une grande attention si le temps incertain est apposé à la disposition même, comme dans les exemples ci-dessus rapportés, auquel cas il rend le legs conditionnel; mais il en est autrement si le temps n'est apposé que pour l'exécution du legs; par exemple, si le testateur a dit: Je lègue une telle somme à Pierre, qui lui sera payée le jour qu'il sera majeur, ou qui lui sera payée le jour que Paul mourra, le legs est pur et simple, et le droit en est acquis au légataire du jour de la mort du testateur; car ces termes, *le jour qu'il sera majeur, le jour que*

Paul mourra, ne se réfèrent pas à ceux-ci, je lègue une telle somme, mais seulement à ceux-ci, qui lui sera payée ; ils ne concernent pas, par conséquent, la disposition même, mais seulement l'exécution et le paiement qui s'en doit faire, et, par conséquent, ils ne peuvent rendre conditionnelle la disposition ; si donc le légataire meurt auparavant, il ne laissera pas de transmettre à ses héritiers le droit qui résulte du legs qui lui a été acquis dès le jour du décès du testateur.

§. II. Quels droits résultent du legs.

Lorsque le legs est d'un corps certain de la succession, dont le testateur étoit propriétaire lors de sa mort, et que le legs est pur et simple, la propriété de la chose léguée est censée passer de plein droit, et sans aucun fait ni tradition, de la personne du testateur en celle du légataire ; c'est une des manières d'acquérir du droit civil que nous avons adoptée dans notre droit.

De là il suit : 1° que l'héritier ne peut aliéner la chose léguée ; 2° que si l'héritage légué étoit chargé de quelques droits de servitude envers l'héritage voisin appartenant à l'héritier, ou que celui de l'héritier en fût chargé envers l'héritage légué, il ne se fait aucune confusion de ces droits de servitude, l'héritage légué étant censé n'avoir jamais appartenu à l'héritier.

Que si le legs est conditionnel, l'héritier, jusqu'à l'existence de la condition, est propriétaire de la chose léguée ; c'est pourquoi il peut l'aliéner, et il se fait confusion des droits de servitude que l'héritage légué avoit sur le sien, ou le sien sur l'héritage légué.

Mais, lorsque la condition vient à exister, la propriété de la chose léguée passe de plein droit, sans aucun fait ni tradition, en la personne du légataire.

Cela a lieu quand l'héritier, avant l'échéance de la condition, auroit aliéné à un tiers la chose léguée, car, n'ayant de cette chose qu'une propriété qui devoit se résoudre et passer en la personne du légataire, par l'existence de la condition, il n'a pu la transférer à celui à qui il a aliéné la chose, que telle qu'il l'avoit, *cùm nemo plus juris ad alium transferre possit quàm ipse haberet.*

Il doit rétablir les droits de servitude que l'héritage légué avoit sur le sien, et qui se sont éteints par la confusion, pendant qu'il a été propriétaire de l'héritage légué; *et vice versâ*, si l'héritage légué étoit chargé de quelques droits de servitude envers celui de l'héritier, le légataire les doit rétablir; car le légataire doit avoir l'héritage *eodem jure* que l'avoit le testateur lors de sa mort.

La propriété de la chose léguée passe, à la vérité, au légataire, sans aucun fait ni tradition, du jour de la mort du testateur, lorsque le legs est pur et simple, ou du jour de l'existence de la condition, lorsqu'il est conditionnel; mais il n'en acquiert la possession que du jour de la tradition et délivrance qui lui en est faite; jusqu'à cette tradition, l'héritier est le juste possesseur des choses léguées, comme de toutes les autres choses de la succession, et le légataire est obligé de lui en demander la délivrance, et il ne peut de lui-même s'en mettre en possession; s'il le faisoit, ce seroit une voie de fait pour raison de laquelle l'héritier pourroit se pourvoir contre lui.

Cette décision a lieu, quand même le testateur auroit ordonné, par son testament, que les légataires seroient saisis de plein droit des choses qu'il leur légue, et qu'ils pourroient s'en mettre d'eux-mêmes en possession; car le testateur ne peut pas, par sa volonté, transférer aux légataires la possession des choses que la loi transfère à son héritier, et il ne peut pas non plus permettre une voie de fait, en permettant aux légataires de se mettre, de leur autorité privée, en possession des choses dont l'héritier est saisi; c'est le cas de la maxime, *nemo potest cavere ne leges in suo testamento locum habeant;* et de celle-ci, *non est privatis concedendum quod publicè per magistratûs auctoritatem fieri debet.*

Le légataire ne peut pas même valablement obtenir du juge la délivrance des choses qui lui sont léguées, que sur une demande donnée contre l'héritier à qui il doit demander cette délivrance; c'est pourquoi, par arrêt du 16 mars 1677, rapporté au sixième volume du *Journal des Audiences,* un légataire universel, qui avoit obtenu, du juge qui avoit mis les scellés sur les effets de la succession, la délivrance de ces effets sans appeler l'héritier, a été condamné envers cet héritier aux intérêts des sommes d'argent dont la délivrance lui avoit été faite, du jour de la demande que l'héritier avoit donnée contre lui pour le rapport de ces deniers, jusqu'au jour de l'arrêt qui avoit déclaré le legs valable et en avoit saisi le légataire, la cour jugeant, par cet arrêt, que ce légataire avoit injustement possédé jusqu'à ce temps les effets de la succession.

Que si la chose léguée se trouvoit, au jour de l'échéance du legs, être par-devers le légataire à qui le défunt l'auroit prêtée ou déposée, ou qui la tiendroit à quelque autre titre que ce fût, en ce cas le légataire peut la retenir : ce seroit un circuit inutile qu'il la rendît à l'héritier, pour que l'héritier la lui délivrât.

Lorsque la chose léguée n'est pas un corps certain, mais une quantité, comme une somme d'argent, ou une chose indéterminée, comme un cheval, il est évident qu'en ce cas le légataire ne peut devenir propriétaire que par la délivrance que lui fait l'héritier.

Il en est de même lorsque le legs est d'un corps certain, mais qui n'appartenoit pas au défunt, et que l'héritier a été obligé de racheter de celui à qui il appartenoit, pour le délivrer au légataire.

Soit que le legs soit d'un corps certain, soit de quelque autre chose, ou que ce soit un fait qui en fasse l'objet, les héritiers du testateur, ou les autres personnes qu'il en a grevées, contractent par l'acceptation qu'ils font de la succession, ou de ce qui leur a été laissé par le testateur, sans qu'il intervienne aucune convention entre eux et les légataires, l'obligation envers les légataires de donner ou de faire ce qui en fait l'objet ; c'est pourquoi l'acceptation de la succession est mise au rang des quasi-contrats, suivant que nous l'avons vu en notre *traité des Obligations*.

L'acceptation de la succession ayant un effet rétroactif au temps de la mort du testateur, et l'héritier étant censé, dès l'instant de cette mort, saisi des biens de la succession, l'obligation qu'il a contractée de la prestation des legs, qui est une suite de l'acceptation, a pareillement le même effet rétroactif au temps de la mort du testateur; l'héritier est censé, dès cet instant, avoir été obligé à la prestation des legs, n'ayant pu être saisi des biens de la succession qu'à cette charge.

De cette obligation naît le droit qu'ont les légataires, quel que soit l'objet du legs, de demander aux héritiers, ou autres personnes grevées du legs, la prestation du legs; et comme l'obligation est censée contractée du jour du décès du testateur, par les héritiers qui en sont grevés, le droit est aussi acquis de ce jour aux légataires, lorsque le legs est pur et simple.

Que s'il est conditionnel, le droit n'est acquis que du jour de l'existence de la condition; car les conditions apposées aux denières volontés n'ont pas d'effet rétroactif.

C'est encore un effet des legs, que la loi accorde aux légataires une hypothéque tacite sur les biens que les héritiers ou autres qui en sont grevés, recueillent de la succession du testateur qui les en a grevés.

SECTION III.

Des actions qu'ont les légataires pour la prestation des legs.

Les légataires peuvent avoir trois actions: l'action personnelle *ex testamento*, l'action de revendication de la chose léguée, et l'action hypothécaire.

ARTICLE PREMIER.

De l'action personnelle *ex testamento.*

L'action personnelle, *ex testamento* est celle qui naît de l'obligation que les héritiers ou autres personnes grevées de la prestation du legs, contractent envers les légataires.

§. I. Contre qui se donne cette action.

Lorsqu'il y a un exécuteur testamentaire, c'est contre lui que les légataires ont coutume de donner leur action en délivrance de leur legs; car, quoique ce soit l'héritier qui a été grevé du legs par le testateur, qui en soit proprement le vrai débiteur, on peut dire que l'exécuteur testamentaire l'est aussi; en acceptant l'exécution, et se mettant en possession des biens de la succession, il accède à l'obligation des héritiers, et s'oblige tacitement envers les légataires à payer, à la décharge des héritiers, les legs jusqu'à concurrence des biens dont il est saisi.

Lorsqu'il y a plusieurs exécuteurs testamentaires, l'action peut se donner contre l'un d'eux.

La demande donnée par les légataires contre l'exécuteur testamentaire, doit être, par cet exécuteur, dénoncée aux héritiers qui sont tenus des legs; car ces héritiers sont les principales parties qui ont intérêt à discuter si le legs est dû ou non; c'est pourquoi l'exécuteur doit avoir les délais nécessaires pour les mettre en cause.

L'héritier mis en cause consent ou conteste la demande du légataire, et si elle est trouvée juste, le juge saisit le légataire de son legs, condamne l'exécuteur à lui en faire délivrance, et déclare le jugement commun avec l'héritier.

Quoiqu'il y ait un exécuteur testamentaire, et que ce soit ordinairement contre lui que les légataires donnent leur demande; néanmoins, si un légataire l'avoit donnée contre l'héritier, je ne pense pas qu'elle fût mal donnée, puisqu'il est le vrai débiteur des legs; mais l'héritier devroit avoir délai pour mettre en cause l'exécuteur, pour qu'il eût à en faire la délivrance à sa décharge, attendu qu'il est saisi des biens.

Lorsqu'il n'y a point d'exécuteur testamentaire, il est évident qu'en ce cas la demande ne peut être donnée que contre les héritiers, ou autres personnes qui ont été grevées, soit expressément, soit tacitement; elle peut aussi se donner contre les héritiers de ces personnes, et contre leurs ayants cause, c'est-à-dire ceux qui leur succèdent dans la charge de la prestation du legs.

§. II. Quels héritiers, et quelles autres personnes sont tenues des legs, et pour quelle part chacun est-il tenu.

Lorsque le testateur a grevé quelqu'un nommément de la prestation de quelque legs, il est évident qu'il n'y a que celui qu'il en a grevé qui en soit tenu, et que l'action *ex testamento* ne peut être donnée que contre lui.

S'il a grevé nommément plusieurs, chacun de ceux qu'il a grevés n'est pas tenu du legs solidairement, à moins que le testateur ne l'ait expressément ordonné; il n'en est tenu que *in virilem*, c'est-à-dire pour sa part personnelle et numérale; *putà*, s'il a grevé deux personnes, chacune sera tenue du legs pour moitié; s'il en a grevé trois, chacune sera tenue pour son tiers, etc.

Cette décision a lieu, quand même l'un de ceux qui ont été ainsi nommément grevés du legs succéderoit à une plus grande portion dans les biens du testateur que l'autre; car ceux qui sont grevés nommément sont tenus des legs *in virilem*, et non *pro portionibus hæreditariis*.

Par exemple, si le testateur a laissé pour héritiers plusieurs frères qui succèdent seuls à ses biens féodaux, et plusieurs sœurs qui succèdent à ses autres biens concurremment avec ses frères, et qu'il ait chargé nommément un de ses frères et une de ses sœurs d'un legs de mille écus qu'il a légué à un tiers, ils seront tenus de ce legs chacun pour une portion égale, c'est-à-dire chacun pour moitié, quoique le frère soit héritier d'une plus grande portion des biens du testateur que la sœur.

Je pense néanmoins que cette décision doit souffrir exception à l'égard des legs d'un corps certain auquel ceux qui sont nommément grevés du legs ont seuls succédé inégalement; car, en ce cas, je pense qu'ils en doivent être tenus *non in virilem*, mais pour la part à laquelle chacun d'eux a succédé à l'héritage légué; par exemple, si un testateur a chargé nommément son frère et sa sœur consanguins du legs d'une métairie, acquêt, dont ils étoient seuls héritiers, et qui étoit composée de terres féodales auxquelles le frère succédoit seul, à l'exclusion de sa sœur, chacun sera tenu de ce legs pour la part qui lui appartient en l'héritage légué, et, par conséquent, le frère qui y a une plus grande part en sera tenu pour une plus grande part que sa sœur ; car on ne doit pas présumer que la volonté du testateur ait été que la sœur achetât du frère ce qu'il avoit de plus qu'elle dans l'héritage légué, pour contribuer pour moitié au legs.

Lorsque le testateur a légué sans exprimer quelles personnes il chargeoit de la prestation du legs, il faut distinguer entre les legs de corps certains de sa succession et les autres legs.

Les legs qui ne sont pas de quelques corps certains de la succession, tels que sont les legs d'une certaine somme d'argent, d'une pension viagère, d'une chose indéterminée, ceux qui ont pour objet un fait, etc., sont des charges de tous les biens disponibles de la succession, et, par conséquent, tous les héritiers et successeurs universels en sont tenus chacun pour la part en laquelle ils succèdent.

· C'est une question controversée, si l'héritier aux propres doit contribuer avec l'héritier aux meubles et acquêts aux legs, par proportion à la valeur du total des propres auxquels il succéde, ou seulement par proportion à la portion disponible de ces propres, c'est-à-dire dans nos coutumes, *au prorata* seulement du quint des propres? Il y en a qui pensent qu'il doit contribuer à proportion de tous les biens auxquels il succéde, la coutume ne lui donnant d'autre droit que de retenir la légitime des quatre quints qu'elle lui réserve, en abandonnant le surplus; tant qu'il ne l'abandonne pas, il n'a point de légitime, d'où ils concluent que tous les biens auxquels il succéde sont sujets à la contribution. J'inclinerois pour le sentiment contraire; nos coutumes, en décidant que le testateur peut léguèr jusqu'à la concurrence des meubles, acquêts et quint des propres, décident qu'il n'y a que ces biens qui soient disponibles, que le surplus ne l'est pas; d'où il suit que ces legs ne sont une charge que de ces biens, et non des autres; or, chacun ne doit contribuer à une charge de certains biens qu'à proportion de la part qu'il a dans les biens qui y sont sujets, l'héritier aux propres n'ayant de part dans les biens disponibles qui sont sujets à la charge des legs que dans le quint des propres, les quatre autres quints n'étant point biens disponibles, ni, par conséquent, sujets à cette charge, il ne doit contribuer qu'à proportion du quint.

A l'égard des legs d'un corps certain, ce sont ceux qui succédent au corps certain qui a été légué qui en sont seuls tenus, et chacun en est tenu pour la part pour laquelle il y succéde.

Lorsque le legs est d'un corps certain qui appartient à l'un des héritiers, l'héritier, à qui la chose léguée appartient, est tenu pour le total envers le légataire; mais je pense qu'il peut demander à ses cohéritiers, qui succédent avec lui à une même espéce de biens, qu'ils le récompensent chacun pour leur part, sur-tout dans les coutumes qui ne veulent pas qu'un héritier soit avantagé l'un plus que l'autre. Il en est autrement de ceux qui succédent à une autre espéce de biens; par exemple, si quelqu'un a légué un corps certain qui appartient à l'un de ses héritiers aux meubles et acquêts, cet héritier peut bien demander récompense à ses cohéıitiers qui succèdent avec lui aux meubles et acquêts, mais il ne pourra rien demander aux héritiers aux propres; car ils ne sont pas proprement ses cohéritiers.

Lorsque le legs est d'un corps certain qui appartient à un étranger, et que le testateur savoit appartenir à cet étranger, tous les héritiers et successeurs universels du testateur sont tenus de ce legs, chacun pour les mêmes portions pour lesquelles ils seroient tenus du legs d'une somme d'argent; car ce legs consiste dans la prestation de l'argent que vaut cet héritage.

Il y a plus de difficulté dans le cas auquel le testateur auroit cru que la chose léguée lui appartenoit, et que le legs ne laisseroit pas de valoir à cause de la qualité de la personne du légataire; car on peut dire qu'en ce cas, le testateur n'a eu d'intention de grever de ce legs, que ceux qui sont les héritiers à l'espèce de biens dont il croyoit que la chose léguée faisoit partie, et non pas ses héritiers à d'autres espèces de biens.

§. III. Si lorsque l'héritier, ou autre qui a été grevé nommément de la prestation de quelque legs, ne recueille pas la succession, ou ce qui lui a été laissé, celui qui le recueille à sa place est tenu de ces legs.

Par l'ancien droit romain, l'orsqu'un héritier avoit été grevé nommément de quelque legs, et qu'il ne recueilloit pas la succession, celui qui la recueilloit à sa place n'étoit point tenu de ces legs, cet héritier en ayant été nommément chargé, cette charge paroissoit ne devoir pas pouvoir s'étendre à d'autres personnes.

Ce ne fut que par la constitution de Sévère, que la jurisprudence s'établit, que le substitué de cette personne en devoit être tenu, le testateur étant présumé l'avoir substitué aux mêmes charges sous lesquelles il avoit institué son premier héritier; car pourquoi auroit-il plus épargné et moins grevé le substitué que l'institué, qui doit être présumé avoit été plus cher au testateur que le substitué, puisque le testateur l'a préféré au substitué.

Depuis la constitution de Sévère, on a décidé pareillement que les cohéritiers auxquels accroissoit la part de l'héritier grevé nommément de quelque legs, succédoient aussi à cette charge.

Notre droit françois a suivi cette jurisprudence: il est vrai que dans nos coutumes, nous n'avons point d'héritiers institués; mais, à l'exemple de ce qui est décidé par le droit romain à l'égard des héritiers institués nommément grevés de legs, on observe dans nos coutumes que, lorsque le légataire universel, lequel est en quelque façon *loco hæredis*, a été nommément grevé de legs particuliers, et qu'il ne recueille pas son legs universel, soit par le prédécès, soit par la répudiation qu'il en fait, le substitué de ce légataire universel, ou son colégataire qui le recueille à sa place, est tenu des legs et fidéicommis dont il avoit été nommément grevé.

A l'égard des successions *ab intestat*, la loi 1, §. 9, ff. *de leg.* 3°, semble décider que les parents du degré suivant ne sont pas tenus des legs dont avoit été chargé celui du degré précédent, à la place et par le défaut ou répudiation duquel ils recueillent la succession.

Mais, sans entrer dans les discussions de quelques interprétes modernes sur le texte de cette loi, il faut dire que, dans notre jurisprudence françoise, les parents du degré suivant, qui recueillent la succession à la place de celui du degré précédent, doivent être tenus des legs dont il avoit été nommément chargé. Car, la présomption est que le testateur a voulu que ces legs fussent dus par quelque personne que ce fût qui recueilleroit sa succesion, et qu'il n'a pas voulu épargner et grever moins des parents plus éloignés, qui lui étoient moins chers, que ses plus proches qu'il a nommément grevés; c'est l'avis de Ricard.

A l'égard des légataires particuliers, si un légataire, qui avoit été lui-même nommément chargé de legs ou fidéicommis envers d'autres, ne recueille pas, soit par son prédécès, soit autrement, le legs qui lui a été fait, l'héritier qui en profite, et par-devers qui la chose léguée demeure, est tenu des charges dont ce légataire avoit été nommément chargé.

Que si ce légataire avoit des colégataires, les lois romaines distinguoient *inter conjunctos re et verbis, et conjunctos re tantùm; inter conjunctos re et verbis, pars deficientis accrescebat cum onere; inter conjunctos re tantùm eo deficiente qui nominatìm gravatus erat, alter totum retinebat sine onere.* Cette distinction est fondée sur des subtilités que notre droit n'a pas admises, et on doit décider indistinctement que le colégataire, qui recueille le legs entier, doit être tenu des charges dont avoit été nommément chargé le colégataire, dont la part lui accroît; c'est l'avis de Ricard.

Le droit romain faisoit une autre distinction que

nous ne suivons pas ; on distinguoit le cas auquel celui qui avoit été nommément grevé avoit été utilement institué héritier, ou fait légataire, et par son prédécès, ou sa répudiation, n'auroit pas recueilli la succession ou le legs ; et le cas auquel, celui qui avoit été nommément grevé, auroit été dès le commencement inutilement institué héritier, ou fait légataire ; au premier cas, celui qui succédoit à sa place, ou pardevers qui la chose léguée demeuroit, succédoit aux charges ; mais, dans le dernier cas, il n'en étoit pas tenu ; car la disposition ayant été dès le commencement inutile, tout ce qui en faisoit partie, et par conséquent les charges sous lesquelles elle avoit été faite, paroissoient ne pouvoir pas subsister.

Dans notre droit françois, on ne fait point cette distinction, et il faut tenir indistinctement que, quiconque recueille les biens, ou une partie des biens, ou quelque chose particulière, à la place d'un autre, est tenu des charges qui avoient été imposées à celui à la place de qui il succéde, soit que la disposition faite au profit de celui à la place de qui il succéde, eût été d'abord non valable, soit qu'elle ne fût devenue caduque que par la suite.

§. IV. Quelle délivrance doit être faite au légataire.

La délivrance que doit faire au légataire d'un corps certain l'héritier, ou autre successeur qui est chargé de la prestation de ce legs, est une tradition de la chose léguée qui en procure au légataire la libre possession et jouissance ; *debet legatarius in vacuam possessionem induci.*

De là il suit que si la chose léguée se trouve être engagée, non seulement pour une dette de la succession, mais pour la dette d'un tiers, l'héritier est obligé de la dégager pour la délivrer au légataire; l. 57, ff. *de leg.* 1°; l. 6, *cod. de fideicomm.;* car elle ne peut pas lui être délivrée sans cela.

L'héritier n'est néanmoins tenu à dégager la chose léguée qui est obligée pour la dette d'un tiers, que dans le cas auquel le testateur savoit qu'elle étoit engagée; il n'y est pas ordinairement tenu lorsque le testateur l'ignoroit, à moins qu'il n'y eût des circonstances qui persuadassent que le testateur y auroit obligé son héritier, quand même il l'auroit su. *D. L.*

Que si c'est à une dette de la succession pour laquelle la chose léguée est engagée, il n'y a aucun doute que l'héritier doit indistinctement l'acquitter, puisqu'il est tenu des dettes de la succession.

Suivant le même principe, que le légataire *debet induci in vacuam possessionem rei legatæ,* les lois romaines décident que, lorsque la chose léguée se trouve grevée d'usufruit envers un tiers, le légataire peut demander que l'héritier qui est tenu de la prestation du legs rachéte cet usufruit; l. 66, §. 6, ff. *de leg.* 2°, parceque autrement la chose ne peut être délivrée au légataire; *non potest legatarius in vacuam rei possessionem induci.*

Parmi nous, qui ne sommes point astreints à suivre en tout les décisions du droit romain, j'inclinerois assez à penser que régulièrement l'héritier ne seroit point obligé à racheter l'usufruit; il est vrai que la chose ne peut être délivrée au légataire, tant que l'usufruit subsistera; mais, comme cet usufruit doit finir un jour, on doit présumer que l'intention du testateur a été que la chose léguée seroit délivrée au légataire, lorsqu'elle pourroit l'être, c'est-à-dire lorsque l'usufruit seroit fini, plutôt qu'on ne doit croire que le testateur a voulu charger son héritier du rachat de cet usufruit, qui, quoique possible en soi, souvent ne seroit pas au pouvoir de l'héritier, l'usufruitier ne voulant pas toujours consentir à ce rachat, et c'est un principe tiré du droit romain même, que *nemo facilè præsumitur hæredem suum redemptione onerare velle.* L'héritier est bien obligé de dégager la chose léguée, lorsque le testateur a su que la chose étoit engagée, parceque le testateur a certainement voulu que la chose fût délivrée au légataire, et qu'elle ne peut jamais l'être, si elle n'est dégagée; mais, comme l'usufruit est de nature à s'éteindre, la chose léguée pouvant être délivrée lorsqu'il sera fini, on ne peut pas de même assurer que le testateur a voulu que son héritier rachetât l'usufruit, parcequ'il a pu vouloir seulement que la chose fût délivrée au légataire, lorsque l'usufruit seroit fini.

Si c'étoit l'héritier qui se trouvât avoir lui-même un droit d'usufruit dans la chose léguée, il y auroit, en ce cas, moins de difficulté à suivre la décision des lois romaines; l. 25; l. 76, §. 2, ff. *de leg.* 2°, qui veulent que l'héritier délivre incontinent la chose léguée, sans aucune rétention du droit d'usufruit qu'il y a; car, en ce cas, la délivrance est au pouvoir de l'héritier, et on ne le charge d'aucun rachat.

Il n'en est pas de même des autres servitudes dont

l'héritage légué se trouveroit chargé, l'héritier n'est point obligé de les racheter, et il n'est obligé à délivrer l'héritage légué que tel qu'il est, et avec la charge de ces servitudes, soit qu'elles appartiennent à des tiers, soit qu'elles appartiennent à lui-même; car ces droits de servitude n'empêchent pas que le légataire ne soit véritablement introduit *in vacuam rei possessionem;* l. 66, §. 6; l. 76, §, 2, ff. *de leg.* 2°.

Lorsqu'un héritage a été légué à l'Église (ce qui ne se peut plus depuis l'édit de 1749), les héritiers du testateur sont obligés d'acquitter le droit d'amortissement dû au roi et le droit d'indemnité dû au seigneur, pour mettre l'Église en état de posséder cet héritage; c'est une conséquence du même principe, que l'héritier doit introduire le légataire *in vacuam rei possessionem.*

Dans les donations entre-vifs, le donateur n'est pas obligé d'acquitter ces droits, si l'acte ne le porte; car, ces actes étant de droit étroit, l'obligation d'acquitter ces droits ne peut s'y suppléer: le donataire doit s'imputer de n'avoir pas fait expliquer le donateur.

A l'égard des profits de rachat et autres semblables, et du droit d'insinuation et de centième denier dû pour raison du legs, soit que le legs soit fait à des particuliers, soit qu'il soit fait à l'Église, les héritiers chargés de la prestation du legs n'en sont point tenus; c'est au légataire à les acquitter, ces droits étant des charges du fonds.

L'héritier n'est pas tenu non plus d'acquitter le droit de franc-fief, à la décharge d'un légataire roturier à qui le testateur a légué un fief.

L'héritier grevé du legs d'un corps certain remplit son obligation en introduisant le légataire *in vacuam rei possessionem;* il n'est point, au surplus, obligé de le défendre des évictions qui pourroient survenir; l. 77, §. 8, ff. *de leg.* 2° *et passim*, à moins qu'il ne parût que telle eût été la volonté du testateur.

Lorsque le legs est d'un corps indéterminé ou d'une quantité, l'obligation de l'héritier chargé de la prestation du legs ne se borne pas à introduire le légataire en possession de la chose qu'il lui délivre, il doit lui en transférer une propriété irrévocable, et, par conséquent, il est tenu de la lui garantir et de la défendre des évictions.

§. V. En quel état la chose léguée doit-elle être délivrée.

La chose léguée, lorsque c'est un corps certain, doit être délivrée en l'état qu'elle se trouve lors de la délivrance.

Si elle est augmentée, le légataire profite de l'augmentation. Cela est indubitable à l'égard de l'augmentation naturelle. Par exemple, si l'héritage légué a été accru par alluvion, il n'y a pas de doute qu'il doit être délivré au légataire, tel qu'il est avec cet accroissement; l. 16, ff. *de leg.* 3°.

Il en en est de même des augmentations qui sont provenues du fait du testateur depuis le testament, la chose léguée doit être délivrée avec ces augmentations, soit qu'elles soient unies à la chose léguée par une union réelle, tels que sont les bâtiments construits sur un héritage légué; l. 39, *de leg.*; 2° soit qu'elles y soient unies par une union de simple destination.

téls que sont des morceaux de terre que le testateur a, depuis son testament, incorporés à la métairie qu'il·a léguée; l. 24, §. 2, ff. *de leg.* 1°; l. 10, ff. *de leg.* 2°.

Vice versâ, lorsque la chose léguée se trouve diminuée ou détériorée depuis le testament, la perte tombe sur le légataire à qui il suffit de la délivrer en l'état qu'elle se trouve, soit que la diminution ou détérioration soit naturelle, soit qu'elle provienne du fait du testateur; l. 24, §. 3, ff. *de leg.* 1°.

Que, si elle provenoit du fait ou de la faute de l'héritier, ou autre personne chargée de la prestation du legs, le légataire en devroit être indemnisé par cette pesonne; l. 24, §. 4, ff. *de leg.* 1°.

La personne grevée est tenue à cet égard de la faute ordinaire, *de levi culpâ,* l. 47, §. 5, ff. *de leg.* 1°. Que, si la personne grevée étoit un légatairé particulier, qui fût chargé de rendre à un autre incontinent ce qui lui auroit été laissé, sans en retirer aucun émolument, il ne seroit tenu que du dol et de la faute lourde; *de dolo et de latâ culpâ;* l. 108, §. 2, ff. *d. tit.*

L'héritier ou autre personne grevée de la prestation du legs est aussi tenue d'indemniser le légataire de la détérioration ou diminution de la chose léguée, lorsqu'elle est survenue depuis qu'il a été mis en demeure de la délivrer; l. 108, §. 11, ff. *de leg.* 1°, ce qui n'a pas lieu indistinctement, mais seulement dans le cas auquel le légataire n'auroit pas souffert cette perte, si la chose lui eût été délivrée lorsqu'il l'a demandée.

Lorsque la chose léguée est une chose indéterminée, ce que l'héritier délivre pour s'acquitter d'un tel legs, doit être une chose qui soit en bon état lorsqu'il la délivre, qui soit, comme l'on dit, loyale et marchande.

Le legs d'une certaine somme d'argent, comme de deux mille francs, de quatre mille francs, n'est susceptible d'aucune augmentation ni diminution, car, une somme d'argent est quelque chose d'invariable.

Il en est de même du legs de tant d'écus, comme de dix écus, de cent écus ; car, selon l'usage ordinaire de parler dans ces phrases, on entend par *écu* une somme de trois livres qui est quelque chose d'invariable, et non pas la piéce de monnoie qui s'appelle aussi écu, et dont la valeur est sujette à variation.

Que, si le testateur a légué tant de louis d'or, *putà*, une bourse de cent louis d'or ; en ce cas, ce n'est pas une somme qui est léguée, mais un certain nombre de louis d'or, dont le valeur peut augmenter ou diminuer, et comme, suivant nos principes, le légataire doit profiter de l'augmentation ou souffrir de la diminution qui survient sur la chose léguée, si les louis sont augmentés ou diminués depuis le testament, le légataire profitera de l'augmentation ou souffrira de la diminution, et l'héritier sera tenu de lui compter cent louis d'or, quel qu'en soit le prix, au temps du paiement qu'il en fera. Cela a été ainsi jugé par arrêt rapporté au sixième volume du *Journal des Audiences.*

§. VI. Quand la chose léguée doit-elle être délivrée.

Lorsque le legs n'est suspendu par aucune condition, et qu'il ne contient aucun terme qui en différe l'exécution, l'héritier qui a pris qualité ou qui a dû la

prendre, doit délivrer au légataire la chose léguée aussitôt qu'il la demande; l. 32, ff. *de leg.* 2°.

Cette régle ne s'observe pas tellement à la rigueur,
que le juge ne puisse accorder un délai convenable à
l'héritier qui est grevé de la prestation du legs lorsque
le legs est d'une somme d'argent ou de quelque autre
chose qui ne soit pas par-devers lui, pour qu'il puisse
faire de l'argent et se mettre en état d'acquitter le legs;
l. 71, §. 2, **ff.** *d. tit.*

Lorsque le legs est d'un corps certain que l'héritier
a par-devers lui, il ne peut ordinairement différer la
délivrance; il peut néanmoins se rencontrer quelque
juste cause de la différer. Les lois 67 et 69, §. 4, ff. *de
lég.* 1°, en rapportent des exemples qui n'ont pas d'application parmi nous; on peut apporter pour exemple
le cas auquel le testateur auroit légué à un tiers quelques meubles aratoires, nécessaires à l'exploitation
d'une métairie de la succession; on doit accorder à
l'héritier qui ne peut s'en passer, un délai pour qu'il
puisse se pourvoir d'autres à la place de ceux dont la
délivrance lui est demandée.

Si l'héritier avoit fait quelques dépenses pour la con-
servation de la chose léguée, il ne seroit pas obligé à
la délivrer, que légataire ne le remboursât préalablement de ce qu'il a remboursé; l. 58, ff. *de leg.* 1°.

Lorsque le legs renferme quelque charge imposée
au légataire, le légataire ne peut l'exiger qu'il ne soit
prêt de satisfaire à la charge qui lui est imposée; l. 22,
§. 1, ff. *de alim. leg.*

Lorsque le testament est olographe, la délivance des
legs ne peut être demandée que le testament n'ait été

reconnu par l'héritier, ou que, sur son refus de le reconnoître, la vérification en ait été faite ; car il ne peut sans cela servir de fondement à la demande des légataires.

Mais, si c'est un testament reçu par personne publique, il fait foi et la provision lui est due, quand même il seroit attaqué de faux ; l. 9, *cod. de leg.*

§. VII. Où la chose léguée doit-elle être délivrée.

Lorsque le testateur ne s'est point expliqué par son testament sur le lieu où se feroit la délivrance de la chose léguée, si c'est un corps certain, la délivrance s'en doit faire au lieu où se trouve la chose ; le légataire l'y doit envoyer quérir à ses frais, à moins que ce ne fût par le dol de l'héritier qu'elle eût été transférée dans un lieu plus éloigné, auquel cas le légataire devroit être indemnisé de ce qu'il en coûteroit de plus pour la voiture. C'est la décision de la loi 47, §. 1, ff. de leg. 1° : *Si res alibi sit quàm ubì petitur, constat ibi esse præstandam ubì relicta est, nisi alibi testator voluit .... Sed si ab hærede translata dolo malo ejus, nisi ibi præstetur ubì petitur, hæres condemnandus est .... Si sine dolo, ibi præstabitur quo transtulit.*

Que si le legs est d'une somme d'argent, ou de quelque chose indéterminée, le paiement s'en doit faire au lieu où la délivrance doit être demandée, *ubi petitur;* ff. l. 47, §. 1 ; c'est-à-dire au lieu où la succession est ouverte.

§. VIII. Des accessoires de la chose léguée, des fruits, et intérêts.

L'héritier doit délivrer avec la chose léguée, celles qui en sont les accessoires nécessaires; par exemple, si on m'a légué l'usufruit d'un héritage auquel on ne puisse aborder que par un autre héritage de la succession, l'héritier doit délivrer, avec l'usufruit de cet héritage, un passage par l'héritage par lequel il faut passer pour y aborder; l. 2, §. 2, ff. *si ser. vind.*

Si on m'a légué une armoire, on me doit donner la clef; car c'est un accessoire nécessaire de l'armoire, et qui en fait partie; l. 52, §. *fin.* ff. *de leg.* 3°.

On ne doit comprendre parmi les accessoires d'une métairie, ou d'une maison léguée, que ce qui en fait partie, et non pas les meubles et effets qui servent seulement à son exploitation, tels que les bestiaux, etc.

Mais les titrés des héritages en sont un accessoire, et doivent être délivrés au légataire.

La loi 102, §. 3, ff. *de leg.* 3, décide que le legs d'une milice, ou office, comprend aussi la somme nécessaire pour la réception; *onera et introitus militiæ ab hærede danda.* Je ne crois pas que parmi nous, le legs d'un office comprenne les frais de la réception.

A l'égard des fruits des choses léguées, le légataire ne peut prétendre que ceux qui auroient été perçus depuis la demande en délivrance du legs; car, quoique le légataire soit fait propriétaire de la chose léguée dès l'instant de la mort du testateur, l'héritier qui ignore si le légataire acceptera le legs, est juste possesseur de la chose jusqu'au temps de cette demande, et a droit, en cette qualité, d'en percevoir les fruits.

Ne doit-il pas au moins faire raison de ceux qui étoient pendants lors de l'ouverture du legs? Ricard décide pour l'affirmative, parceque, dit-il, ces fruits faisoient partie de la chose léguée; *cùm fructus pendentes sint pars fundi;* et que l'héritage dépouillé de ces fruits, devient par-là déprécié par le fait de l'héritier qui les a perçus; or, dira-t-on, l'héritier est tenu envers le légataire de ce dont la chose léguée a été dépréciée par son fait. Nonobstant ces raisons, je pense que l'héritier n'en doit point faire raison au légataire. Il est vrai que ces fruits faisoient partie de l'héritage légué, mais ils n'en faisoient partie qu'*ad tempus,* jusqu'à ce qu'ils en fussent détachés. La réponse à l'autre objection, est que l'héritier est à la vérité tenu de ce que la chose léguée est dépréciée par son fait, mais c'est lorsque c'est sans droit qu'il l'a fait; mais lorsqu'il a usé de son droit, la maxime n'a pas d'application; c'est pourquoi quoique l'héritage légué, sur lequel les fruits étoient pendants, soit moins précieux, par la perception que l'héritier fait des fruits, l'héritier n'est pas tenu d'en faire raison au légataire, parceque ayant qualité pour les percevoir, il use de son droit en les percevant.

A l'égard des fruits perçus depuis la demande, ils appartiennent au légataire, en tenant compte à l'héritier des impenses par lui faites pour les faire venir; mais à l'égard de celles faites par le testateur, le légataire n'est tenu d'en faire aucune raison.

Lorsque le legs consiste dans quelque somme d'argent, les intérêts en sont dus au légataire du jour de sa demande, pourvu qu'il ne l'ait pas donnée avant que la somme fût exigible.

Quoique les fruits ou les intérêts n'aient pas été demandés par la demande de la chose ou somme principale, ils ne laissent pas d'être dus du jour de cette demande, et non pas seulement du jour que le légataire y a depuis conclu; car ils sont dus par la demeure, et c'est du jour de la demande principale que l'héritier y a été constitué.

Lorsque le légataire s'est mis de son autorité privée, depuis le décès du testateur, en possession des héritages qui lui ont été légués, le refus qu'il fait à l'héritier de les restituer, et la contestation qu'il a avec cet héritier sur la validité du legs, n'équipollent pas à une demande en saisissement, et ne font pas gagner les fruits à ce légataire; c'est pourquoi, par arrêt du 16 mars 1717, déja cité ci-dessus, le légataire, qui s'étoit mis ainsi en possession, fut condamné à rendre à l'héritier tous les fruits qu'il avoit perçus, jusqu'au jour de l'arrêt qui déclara le legs valable, et ordonna que les choses léguées lui resteroient.

Quoique les fruits et les intérêts ne soient régulièrement dus que du jour de la demande, néanmoins, ils seront dus du jour du décès, si le testateur l'a ordonné; en ce cas, ce n'est pas *ex morâ*, mais comme étant *per se* compris dans la disposition qu'ils sont dus.

Lorsque la chose léguée n'est ni une chose qui produise des fruits, ni une somme d'argent, il n'est dû *regulariter* ni fruits ni intérêts *ex morâ;* si cependant le légataire a souffert, ou manqué de gagner par le retard, il peut prétendre des dommages et intérêts.

§. IX. En quel cas l'estimation de la chose léguée doit-elle être donnée au légataire à la place de la chose.

Lorsque la chose léguée existe et qu'elle est dans le commerce, et qu'il n'est pas au pouvoir de l'héritier de la délivrer au légataire, *putà*, parcequ'elle appartient à un étranger qui ne veut pas la vendre, ou qui veut la vendre au-delà de son juste prix, l'héritier, en ce cas, est tenu de payer au légataire l'estimation de la chose léguée à la place de cette chose qu'il ne peut lui délivrer; l. 14, §. *fin.* ff. *de leg.* 3° *et passim.*

Cette estimation est pareillement due au légataire à la place de la chose, lorsqu'elle a péri par le fait de l'héritier ou par sa faute, ou lorsqu'elle a péri depuis qu'il a été constitué en demeure de la délivrer, dans le cas auquel le légataire n'en auroit pas souffert la perte, si elle lui eût été délivrée aussitôt qu'il l'a demandée. Hors ces cas, lorsque la chose léguée est périe, il n'est dû aucune estimation au légataire.

Ce qui a lieu, soit qu'elle appartînt au testateur, soit que ce fût la chose d'autrui ; et, en ce cas, l'héritier profite de l'extinction de la chose léguée, car il est déchargé de l'obligation de la racheter; l. 114, §. 19, ff. *de leg.* 1°.

Pareillement il n'est dû aucune estimation de la chose au légataire, lorsqu'elle a cessé d'être dans le commerce, comme si un terrain légué avoit été pris pour faire le grand chemin, ou pour faire une place de ville: car c'est la même chose, qu'une chose n'existe pas, ou ne soit plus dans le commerce.

Si néanmoins l'héritier avoit reçu quelque indemnité pour cela, il en devroit faire raison au légataire; *arg.* l. 78, §. 1. ff. *de leg.* 2, car, le légataire en étant devenu propriétaire, c'est à lui à qui en doit appartenir le prix dont le remboursement a été ordonné.

Il n'est dû pareillement au légataire aucune estimation de la chose léguée, lorsqu'elle a été volée à l'héritier sans sa faute; car, ou on sait entre les mains de qui elle est, et le légataire peut, en ce cas, la revendiquer, ou on ne sait pas ce qu'elle est devenue, et, en ce cas, c'est tout comme si elle n'existoit pas.

ARTICLE II.

Des autres actions des légataires.

§. I. De l'action de revendication.

Lorsque le legs est d'un corps certain qui appartenoit au défunt, le légataire en étant fait le propriétaire par la loi civile, il suit de là qu'outre l'action personnelle *ex testamento* qu'il a contre l'héritier pour se le faire délivrer et en obtenir la possession; il a aussi l'action de revendication, qui appartient à tout propriétaire, contre ceux qu'il trouve en possession d'une chose qui lui appartient.

Il faut observer que, selon notre droit françois, lorsque la chose léguée se trouve en la possession d'un tiers-détenteur, le légataire, pour pouvoir la revendiquer contre ce tiers, doit préalablement se faire saisir de son legs par l'héritier ou autre successeur grevé de la prestation du legs; c'est ce qui nous est attesté par Automne sur le tit. 43, lib. 6, *cod. comm. de leg.*, et par Bacquet, *Traité des Droits de justice.*

§. II. De l'action hypothécaire.

Justinien a accordé, par sa constitution, une hypothèque aux légataires sur les biens du testateur, auxquels auroient succédé les héritiers grevés de la prestation des legs.

Quoique Automne dise que cette loi n'est pas suivie en France, néanmoins elle y est suivie, et tout ce en quoi notre droit françois diffère à cet égard du droit romain, c'est que, par notre droit françois, le légataire ne peut intenter les actions de revendication et hypothécaire, qu'il ne se soit fait saisir de son legs avec l'héritier.

Cette hypothéque a lieu quand même le testament n'auroit pas été reçu par un notaire et seroit un simple testament olographe; car c'est la loi qui la donne. Cette hypothéque n'a lieu sur la part des biens du testateur auquel chaque héritier succéde, que pour la part dont cet héritier est tenu du legs. La loi 1, *cod. comm. de leg.*, qui établit cette hypothéque, le décide expressément: *In tantùm hypothecariâ unumquemque volumus conveniri, in quantùm personalis actio adversus ipsum competit;* en cela, les legs différent des dettes de la succession, et la raison de différence en est évidente. Le défunt qui a contracté les dettes, en ayant été débiteur pour le total, a hypothéqué tous et chacun de ses biens au total desdites dettes; chaque portion de ses biens qui passe à chacun de ses héritiers se trouve donc hypothéquée au total desdites dettes; mais le défunt n'a jamais été le débiteur des legs qu'il a faits; l'obligation ne commence que dans les personnes de ses héritiers; elle a été divisée dès le commencement; le testateur a hypothéqué les biens qu'il laissoit à chacun d'eux, aux charges qu'il leur imposoit; mais, comme il ne chargeoit chacun d'eux de la prestation des legs que pour la part qu'il lui laissoit dans ses biens, il n'a pas entendu hypothéquer cette part de ses biens qu'il leur laissoit qu'à la part des legs dont il les chargeoit. Notre sentiment, qui est fondé dans le texte même de la loi, est aussi celui de Ricard et des meilleurs auteurs. Bacquet et Renusson sont d'avis contraire; ils ne l'appuient d'aucune raison solide. Le principe de l'indivisibilité de l'hypothéque sur lequel ils se fondent n'a aucune application; il est vrai que, lorsque des biens d'un débiteur du total de la dette ont été une fois obligés au total de la dette, chaque partie desdits biens ne cesse pas d'être obligée au total de la dette par le partage qui s'en fait; mais dans notre espéce, la part à laquelle chacun des héritiers a succédé n'a jamais été hypothéquée au total du legs; elle ne l'a été qu'à la part dont cet héritier en a été chargé, et, par conséquent, elle n'est hypothéquée que pour cette part; de même que, lorsque deux personnes s'obligent sans solidarité à une dette par un acte qui emporte hypothéque, les biens de chacun ne sont hypothéqués que pour la part pour laquelle chacun d'eux s'oblige.

L'hypothéque que la loi accorde aux légataires n'est

que sur les biens du testateur, et non sur ceux des héritiers; le testateur ne peut pas hypothéquer les biens de ses héritiers, car on ne peut hypothéquer le bien d'autrui; les légataires ne peuvent donc acquérir d'hypothèque sur les biens des héritiers que par la sentence de saisissement de legs, ou par un acte par-devant notaire par lequel les héritiers se seroient obligés à la prestation du legs.

L'action hypothécaire, qui naît de l'hypothèque que la loi accorde sur les biens du défunt, peut s'intenter contre des tiers qui auroient acquis des héritiers des biens de la succession, mais le légataire, pour pouvoir l'intenter, doit au préalable se faire saisir de son legs avec les héritiers.

CHAPITRE VI.

De l'extinction des legs, et du droit d'accroissement.

L'extinction de legs est ou générale, par la rupture et destruction du testament où ils sont renfermés, ou particulière à l'égard de quelque legs.

Elle arrive aussi, ou de la part du testateur, ou de la part du légataire, ou de la part de la chose léguée, ou par le défaut de la condition sous laquelle le legs a été fait.

SECTION PREMIÈRE.

De l'extinction générale des legs, par la rupture ou destruction du testament dans lequel ils sont renfermés.

Par le droit romain, un testament pouvoit se rompre de deux manières : 1° par un testament postérieur ; 2° par la survenance de quelque enfant dans la famille du testateur, qui se trouvât n'être ni institué héritier, ni exhérédé. Cette rupture de testament, soit de l'une, soit de l'autre manière, entraînoit l'extinction des legs et fidéicommis, et généralement de tout ce qui y étoit contenu.

Ces deux espéces de rupture de testament n'ont pas lieu dans nos provinces coutumières.

Nos testaments ne contenant point d'institution d'héritier, et n'étant autre chose que ce qu'étoient par le droit romain les codiciles ; de même que, par le droit romain, une personne pouvoit faire plusieurs codiciles en différents temps, qui étoient valables en ce qu'ils n'avoient rien de contraire, de même, par notre droit françois, un premier testament n'est point rompu par un testament postérieur, à moins que le testateur n'ait déclaré, par le testament postérieur, qu'il révoquoit les précédents ; l'un et l'autre subsistent ensemble dans ce qu'ils n'ont rien de contraire : à l'égard des dispositions contenues dans le premier testament, qui se trouveroient contraires à quelques unes de celles qui se trouvent dans le second, elles sont censées révoquées par celles du second.

Pareillement, notre droit coutumier n'exigeant

point, pour la validité des testaments, que les enfants du testateur soient institués héritiers, ou exhérédés, la naissance d'un enfant né depuis le testament, qui se trouve prétérit, ne rompt pas précisément par sa prétérition le testament de son père

Néanmoins, si une personne faisoit son testament, ignorant la grossesse de sa femme, le posthume qui naîtroit pourroit faire déclarer nul le testament de son père, non précisément à cause de sa prétérition, qui n'est point un vice dans nos testaments, mais par une conjecture de la volonté du testateur; on présume qu'il n'a fait les legs contenus dans son testament que parcequ'il croyoit n'avoir point d'enfant, et qu'il ne les auroit pas faits, s'il eût su qu'il lui en surviendroit. Cette présomption, fondée sur l'affection naturelle des parents pour leurs enfants, fait supposer dans le testateur une intention virtuelle de faire dépendre les legs qu'il a faits de la condition, s'il mouroit sans enfants; c'est ce que décide la loi 36, §. 2, ff. *de test. milit.*, à l'égard d'un testament militaire, dans lequel il n'étoit pas nécessaire d'instituer ou exhéréder ses enfants.

La loi 33, §. 2, ff. *d. tit.*, le décide même dans le cas auquel l'enfant seroit survenu depuis le testament, du vivant du testateur.

Mais comme ce n'est pas la prétérition par elle-même, mais la conjecture de la volonté du testateur, qui fait en ce cas annuler le testament, il suit de là, 1° qu'on doit, en annulant le testament en ce cas, excepter et conserver certains legs modiques faits à des domestiques ou autres personnes à qui le testateur auroit vraisemblablement légué, quand même il auroit prévu la naissance du posthume. Il suit de là, 2° que si le testateur a donné quelques marques que sa volonté étoit que son testament fût exécuté, nonobstant la naissance de cet enfant, il doit l'être, sauf la légitime de cet enfant.

Cette volonté paroît, si depuis la naissance de cet enfant son testament lui a passé par les mains, s'il y a fait quelque apostille, quelque addition; car, c'est une marque non équivoque qu'il a persévéré dans la même volonté, nonobstant la naissance de cet enfant.

Les manières dont les testaments, selon notre droit romain, étoient infirmés *per capitis diminutionem testatoris*, ou bien *non aditâ hœreditate*, ne peuvent être non plus en usage parmi nous; car nous n'avons point d'institution d'héritier, de l'effet de laquelle dépendent les autres dispositions du testament; et il n'y a point non plus d'autre changement d'état en la personne du testateur qui infirme son testament, que la mort civile, qui résulte d'une condamnation à peine capitale.

Si le condamné à peine capitale avoit depuis recouvré la vie civile par des lettres d'abolition, son testament vaudroit.

SECTION II.

De l'extinction des legs de la part du testateur.

Les legs et toutes les dispositions testamentaires s'éteignent de la part du testateur, lorsqu'il est condamné à une peine capitale qui lui fait perdre la vie civile et emporte la confiscation de ses biens; c'est ce que nous avons vu en la section précédente.

Ils s'éteignent aussi de la part du testateur, par la révocation qu'il en fait.

Quoique le testateur ait de son vivant exécuté d'avance le legs qu'il avoit fait, en délivrant au légataire la chose léguée, le legs ne laisse pas d'être révocable par la pure volonté du testateur.

Mais il faut qu'il soit constant que le testateur, en délivrant au légataire la chose léguée, n'a entendu qu'exécuter d'avance le legs qu'il lui avoit fait, et non pas lui faire une donation entre-vifs de la chose qu'il lui avoit léguée.

La révocation est, ou générale, lorsque le testateur révoque le testament, ou les legs et autres dispositions testamentaires qui y sont contenues, ou particulières, lorsque le testateur révoque un certain legs ou autre disposition particulière. Cette révocation est expresse ou tacite.

Lá révocation générale ne s'étend pas au legs que le testateur auroit exécuté de son vivant, il faut, pour le révoquer, une révocation particulière et spéciale. Arrêt de 1675, chez *Soefv.*, II, 490.

Nous examinerons enfin si le testateur peut s'interdire le pouvoir de révoquer ses dispositions.

§. I. De la révocation expresse, et de ce qui est nécessaire pour qu'elle soit valable.

La révocation est expresse, lorsque le testateur a déclaré expressément par quelque acte que ce soit, pourvu qu'il soit par écrit, qu'il révoque son testament, ou qu'il révoque un tel legs ou une disposition particulière.

Par le droit romain, un testament ne pouvoit être révoqué que par un autre testament qui fût solennel. Par notre droit françois, nos testaments n'étant autre chose que ce qu'étoient les codiciles d'un homme *in-testat*, qui pouvoient se révoquer *nudâ voluntate*, nos testaments peuvent aussi se révoquer par la nue volonté du testateur, pourvu qu'elle soit constatée par un acte par écrit, sans qu'il soit nécessaire que l'acte qui contient la révocation soit revêtu des formes des testaments; c'est pourquoi, si un testateur déclare, par un acte devant notaire, qu'il révoque son testament, ou une telle disposition de son testament, quoique l'acte qui contient cette révocation ne soit pas revêtu des formalités des testaments, la révocation ne laisse pas d'être valable. Il peut aussi faire cette révocation par un acte écrit ou seulement signé de sa main.

De là il suit que, quoiqu'un second testament, qui contient une clause de révocation du premier, soit nul dans la forme, le premier ne laisse pas d'être révoqué par cette clause; car la révocation des testaments pouvant se faire *nudâ voluntate*, quoique le second testament, qui contient la clause de révocation, ne soit pas revêtu des formalités nécessaires pour le rendre valable, il doit au moins être valable pour cette clause de révocation, qui n'est point assujettie à ces formalités.

Au reste, la révocation doit être par écrit; il seroit trop dangereux de faire dépendre les dernières volontés d'un testateur du témoignage de témoins qu'on pourroit suborner pour assurer qu'il les a révoqués on n'admet pas même la preuve testimoniale qu'il y a eu un acte par écrit de révocation, lorsqu'il n'en paroît aucun. Arrêt dans *Soefv.*, I, IV, 71, mais la preuve du fait de suppression peut être admise; on peut même prendre, pour cela, la voie criminelle.

Pour que la révocation expresse d'un legs particulier soit valable, il faut que la personne que le testateur a déclaré qu'il privoit de ce legs soit la même personne à qui il l'a laissé. *Legatum nulli alii adimi potest, quàm cui datum est;* l. 21, ff. *de adim. leg.* C'est pourquoi si le testateur, après avoir légué une certaine somme au fils de Pierre, s'exprimoit ainsi dans un acte postérieur : Je prive Pierre du legs que j'ai fait à son fils, le legs ne seroit point révoqué; *de leg.*, 21.

Par la même raison, si le testateur qui a légué à ma femme déclare, par la suite, qu'il me prive de ce legs, le legs ne sera pas révoqué; mais cette disposition pourra s'entendre, en ce sens, qu'il fait ce legs, à la charge qu'il n'entrera pas dans la communauté de biens qui est entre ma femme et moi.

Il faut, pour que la révocation d'un legs soit valable, que la chose dont le testateur déclare qu'il prive le légataire soit la même chose qu'il lui avoit léguée, ou qu'elle en fasse partie. C'est pourquoi, si celui qui m'a légué l'usufruit d'un tel héritage déclare, par un autre acte, qu'il révoque le droit de passage qu'il m'a légué par cet héritage, cette révocation sera de nul effet, parceque ce droit de passage est une chose différente, et qui ne fait point partie de ce qu'il m'a légué; l. 3, §. 6, ff. *de adim. leg.*

Que si celui qui m'a légué un héritage déclare qu'il révoque le legs qu'il m'a fait pour la propriété, ou bien qu'il le révoque pour l'usufruit, la révocation sera valable, dans le premier cas, pour la nue-propriété, et je n'en pourrai prétendre que l'usufruit ; et, dans le second cas, elle sera valable pour l'usufruit, et je ne pourrai prétendre que la propriété, en laissant l'usufruit à l'héritier ; l. 2, *ppio.* et §. 1, ff. *d. tit.;* car ces choses font en quelque façon partie de ce qui m'a été légué, le legs d'un héritage comprenant la propriété et l'usufruit ; *ususfructus pars fundi esse videtur.*

Si celui qui m'a légué soixante livres déclare qu'il révoque le legs de quatre-vingts livres qu'il m'a fait, la révocation est valable ; car les soixante livres qu'il m'a léguées sont comprises dans la somme de quatre-vingts ; l. 3, §. 5, ff. *d. tit.*

Si celui qui m'a légué indéterminément un volume de sa bibliothéque déclare qu'il ne me lègue point son corps de droit, la révocation est valable, à l'effet que je ne puisse choisir le corps de droit ; ll. 11 et 12, ff. *d. tit.*

§. II. De la révocation tacite.

La révocation tacite se présume en plusieurs cas : 1° lorsqu'un testateur, par un testament postérieur, lègue à quelqu'un une partie de ce qu'il lui avoit légué par un précédent, il est censé avoir tacitement révoqué le legs pour le surplus ; l. 20, ff. *de instr. vel instrum. legato.*

Suivant ce principe, si un testateur, par un premier testament, avoit légué à son débiteur la remise de tout ce qu'il lui doit, et que, par un second, il déclare qu'il lui fait remise de tous les intérêts qu'il lui devra au jour de sa mort, il est censé avoir révoqué le legs de la remise du principal; l. 28, §. 5, *de liber. leg.*

2° Lorsqu'un testateur lègue, par un second testament, la même chose qu'il avoit léguée par un précédent testament à une autre personne, si quelques circonstances concourent, on présumera facilement que le testateur, par le legs porté au second testament, a tacitement révoqué celui fait par le premier testament. Un exemple de circonstance qui peut, en ce cas, faire présumer la révocation du legs porté au premier testament, c'est si le testateur, par le second testament, lui lègue d'autres choses à la place.

Que s'il n'y a aucune circonstance qui concoure pour établir cette présomption, le legs fait par un second testament de la même chose qui a été léguée par un premier testament à une autre personne, n'emporte point la révocation de celui porté au premier testament, et l'un et l'autre légataires sont admis au legs de cette chose, et sont entre eux ce qu'on appelle *conjuncti re tantùm,* dont nous parlerons par la suite.

Lorsqu'il y a lieu de présumer que le testateur, en léguant à une seconde personne la même chose qu'il avoit léguée à une première, a eu intention de révoquer le legs fait à la première personne, cette révocation du premier legs a lieu, quand même le second n'auroit eu aucun effet, ou même auroit été fait à un incapable; l. 34, ff. *de leg.* 1°.

Si néanmoins le second avoit été fait sous une condition, le testateur sera présumé n'avoir voulu révoquer le premier que sous cette condition, à moins que quelques circonstances ne fissent connoître qu'il a voulu le révoquer absolument; l. 7, ff. *de adim. leg.*

3° Lorsque le testateur a barré ou raturé son testament en tout ou partie, il est censé avoir tacitement révoqué les dispositions qu'il a barrées. *Nihil interest inducatur quod scriptum est, an adimatur;* l. 16, ff. *de adim. leg. passìm tit. de his quæ in test. del.*

4° L'aliénation que le testateur fait, à quelque titre que ce soit, d'une chose qu'il avoit léguée, renferme une révocation du legs qu'il en avoit fait, de telle manière que le légataire ne peut pas la prétendre, à moins qu'il ne prouve par quelques circonstances que le testateur a conservé la volonté de le lui léguer, ou du moins, que c'a été sa dernière volonté; l. 15, ff. *de adim. leg.*

Quand même l'aliénation ne seroit pas valable, elle ne laisseroit pas de renfermer la révocation tacite du legs. Par exemple, si un mari donnoit, pendant le mariage, à sa femme la chose qu'il a léguée à quelqu'un, cette donation, quoique nulle, ne laisseroit pas de faire réputer le legs révoqué; l. 24, §. 1, ff. *de adim. leg.* Par la même raison, si une femme mariée vend ou donne, sans l'autorité de son mari, la chose qu'elle a léguée, cet acte, quoique nul, ne laissera pas d'être suffisant pour faire présumer le legs révoqué.

Mais, pour que l'aliénation de la chose léguée renferme la tacite révocation du legs, il faut qu'il l'ait fait de son plein gré, sans que rien l'obligeât de le faire; c'est pourquoi, si le testateur a vendu, dans quelque cas de nécessité urgente, la chose qu'il avoit léguée, on ne présumera point dans le testateur la volonté de révoquer le legs, et ce sera à l'héritier qui en est grevé à la prouver; l. 11, §. 12, ff. *de leg.* 3°.

Par la même raison, si le testateur qui avoit légué la part indivise qu'il avoit dans une maison a aliéné cette part par une licitation à laquelle il a été provoqué, le legs ne devra pas être censé révoqué.

Observez aussi qu'un simple engagement que le testateur feroit de la chose léguée ne doit pas faire présumer la révocation du legs; *Paul,* sentent. III, VI, 16. La raison est que le testateur comptant, en ce cas, recouvrer la chose qu'il ne fait qu'engager, cet engagement n'a rien de commun à la volonté de la laisser après sa mort au légataire.

Par la même raison, je pense qu'une vente faite sous faculté de réméré ne doit pas faire présumer la révocation du legs de la chose ainsi vendue, d'autant même que ces ventes sont faites *ex causâ alicujus urgentis necessitatis.*

5° De grandes inimitiés survenues depuis le testament entre le testateur et le légataire, font présumer la révocation du legs; l. 3, §. 11; l. 22; l. 31, §. 2, ff. *de adim. leg.*, à moins qu'il n'y eût eu entre eux une réconciliation parfaite; l. 4, ff. *d. tit.;* mais une légère brouillerie, un petit refroidissement, ne donnent pas lieu à cette présomption.

On doit aussi avoir égard à la qualité de la personne du légataire; si le légataire n'avoit d'autre titre que celui d'ami du testateur, pour avoir mérité le legs qui lui a été fait, l'inimitié survenue depuis fait facilement

présumer la révocation de ce legs ; mais si le légataire
étoit l'un des enfants du testateur, ou son plus proche
parent en collatérale, ou son insigne bienfaiteur, on
ne présumera pas si facilement la révocation du legs ;
car, en ce cas, on peut croire que, si le testateur n'a
pas révoqué le legs, c'est qu'il a été plus sensible aux
liens du sang, ou aux bienfaits reçus qui lui rendent
chère la personne du légataire, qu'à l'offense qu'on
présume qu'il lui a pardonnée.

Suivant ces principes, le legs fait à un domestique
doit être censé révoqué, si le testateur depuis l'a chassé
de chez lui par mécontentement.

Il en seroit autrement s'il en étoit sorti parcequ'il
n'étoit plus en état de servir, ou qu'il eût demandé son
congé pour prendre un établissement de l'agrément de
son maître.

6° Lorsqu'il est évident que le testateur a été porté
à faire le legs par un motif unique qui vient à cesser,
le legs est présumé révoqué. La loi 25, ff. *de adim.
leg.*, en contient un exemple : Un testateur avoit légué un héritage à l'un de ses héritiers, et il avoit légué
à l'autre de ses héritiers une créance jusqu'à concurrence de la valeur du prix de l'héritage qu'il avoit légué au premier ; le legs fait au premier ayant été depuis révoqué par l'aliénation volontaire que le testateur
avoit faite de l'héritage, le jurisconsulte décide que celui
fait au second doit être aussi présumé révoqué, parcequ'il est évident qu'il ne lui avoit fait que pour l'égaler
au premier héritier, et que ce motif pour lequel ce legs
lui avoit été fait étant venu à cesser par l'extinction du
legs fait au premier, il devoit être présumé révoqué

La loi 3o, §. 2, ff. *d. tit.*, en contient un autre exemple à l'égard d'un legs fait par le testateur à une personne, pour récompense du soin dont il le chargeroit de faire conduire son corps dans un certain lieu de sépulture, ayant depuis déclaré son changement de volonté sur cette sépulture, le jurisconsulte décide que le legs doit être présumé révoqué.

Suivant ces principes, si le testateur avoit fait un legs à son exécuteur testamentaire, et que, par un autre acte, il en nommât à sa place un autre, on pourroit présumer qu'il auroit révoqué le legs qu'il lui avoit fait en considération et pour récompense de l'exécution dont il le chargeoit.

§. III. Si le testateur peut s'interdire le pouvoir de révoquer les legs qu'il a faits et les autres dispositions testamentaires.

Les legs et autres dispositions testamentaires étant, par leur nature, des ordonnances de dernière volonté, et, par conséquent, étant essentiellement ce que le testateur est censé avoir librement voulu au dernier instant qu'il a cessé de vouloir; il suit de là qu'il est de leur essence que ces dispositions soient toujours révocables, et que le testateur ne peut, par conséquent, s'interdire la faculté de les révoquer. *Nemo potest sibi testamento eam legem dicere ut à priore ei recedere non liceat;* l. 22, ff. *de leg.* 3°.

La promesse que le testateur feroit de révoquer un legs seroit donc nulle, soit qu'elle fût faite par testament, soit qu'elle fût faite par quelque acte postérieur.

Cela a lieu, quand même il l'auroit confirmée par

le serment; car le serment qui est employé pour confirmer la promesse n'est qu'un accessoire de la promesse; d'où il suit que, si la promesse par elle-même est nulle, le serment qui la confirme ne peut être valable, selon cette maxime de droit : *Cum principalis causa non consistit, nec ea quidem quæ sequuntur locum obtinent.*

Non seulement un testateur ne peut pas s'interdire absolument le pouvoir de changer ses ordonnances, de dernière volonté, il ne peut pas même gêner ce pouvoir; c'est pour cette raison que l'ordonnance déclare de nul effet toutes les clauses dérogatoires par lesquelles un testateur déclare par son testament, qu'il veut que tout ceux qu'il feroit parla suite, qui contiendroient quelque chose contre et outre ce qui est porté au présent testament, ne seroient pas valables, s'il ne s'y trouvoit une telle sentence; comme par exemple : *Beatus vir qui timet Dominum;* ou une telle formalité, s'ils n'étoient scellés du sceau de ses armes; l'ordonnance déclare ces clauses de nul effet, et veut que les testaments postérieurs soient valables, et puissent révoquer le précédent, quoique le testateur n'y ait pas observé ce qu'il s'étoit prescrit par le précédent; la raison est, que le pouvoir qu'il a de révoquer son testament, ne doit point être gêné et assujetti à des formalités qu'il pouvoit oublier s'être imposées.

Ce principe que les legs, et autres semblables dispositions, ne peuvent jamais être irrévocables, souffre une exception à l'égard des institutions contractuelles, dont nous traiterons en particulier dans un appendice.

Il souffroit encore une exception avant l'ordonnance, à l'égard des testaments mutuels; car, lorsque deux personnes, par un testament mutuel, s'étoient mutuellement légué leurs biens au survivant d'eux, et après sa mort à un tiers, le survivant qui avoit recueilli le legs du prédécédé ne pouvoit plus révoquer celui qu'il avoit fait à un tiers. L'ordonnance de 1735 a abrogé l'usage de ces testaments.

On demande si la reconnoissance portée par un testament, que le testateur doit une certaine somme à une personne, est révocable? Il faut distinguer, en tant qu'elle contient une preuve de la dette, elle n'est pas révocable; la preuve qui subsiste de cet aveu, subsiste nonobstant la révocation de cet aveu, et dispense le créancier de rapporter d'autres preuves de sa créance; mais cette reconnoissance, en tant qu'elle contiendroit un legs de la somme que le testateur a reconnu devoir, quoique le testateur ne la dût pas effectivement, est révocable, et la révocation a cet effet, que l'héritier, qui ne seroit pas recevable à prouver que cette somme n'étoit pas due, si la reconnoissance n'avoit pas été révoquée, parceque cette reconnoissance vaudroit comme legs, sera recevable à faire cette preuve, et à détruire celle qui résulte de l'aveu.

SECTION III.

De l'extinction du legs de la part du légataire.

Les legs s'éteignent de la part du légataire : 1° par son prédécès; 2° lorsqu'il devient incapable; 3° lorsqu'il s'en est rendu indigne; 4° par la répudiation qu'il fait des legs.

§. I. De l'extinction des legs par le prédécès du légataire, ou par son incapacité.

Il est évident que le legs s'éteint lorsque le légataire meurt avant le testateur; car les legs n'ayant d'effet qu'à la mort du testateur, ils ne peuvent donner aucun droit au légataire que dans ce temps; le légataire qui est mort avant ce temps est donc mort sans avoir pu acquérir aucun droit qui résultât du legs, et il n'a pu, par conséquent, en transmettre aucun dans sa succession.

Que, si le légataire a survécu le testateur, le legs, qui est pur et simple, n'est point éteint par la mort du légataire, quoiqu'il meure avant que d'avoir accepté le legs, et même avant que d'en avoir eu connoissance; car, le droit qui résulte des legs, est acquis aux légataires par la vertu de la loi, même sans qu'ils le sachent.

Lorsque le legs est conditionnel, le legs est éteint par la mort du légataire avant l'existence de la condition, quoique depuis la mort du testateur; car ces legs n'ayant leur effet, et ne pouvant acquérir de droit aux légataires que du jour de l'existence de la condition, ils ne peuvent en avoir aucun lorsque le légataire se trouve mort dans ce temps ; les conditions de legs n'ont pas un effet rétroactif au temps de la mort du testateur, en quoi elles sont différentes de celles des actes entre-vifs, et la raison de différence est que ceux qui con-tractent, contractent tant pour eux que pour leurs hé-ritiers ; c'est pourquoi le droit qui résulte du contrat peut être, en vertu du contrat, acquis après leur mort à leurs héritiers lors de l'existence de la condition, la-quelle, pour cet effet, a un effet rétroactif au temps du contrat ; au lieu que le testateur ne légue qu'à la per-sonne du légataire ; il n'a point en vue, par son testa-ment, les héritiers du légataire ; c'est pourquoi le droit qui résulte du testament ne peut être, en vertu du tes-tament, après la mort du légataire, acquis à ses héritiers par l'existence de la condition à laquelle, pour cela, on ne donne point d'effet rétroactif.

Il y a de certains legs qui ne sont point sujets à s'é-teindre par la mort du légataire ; tels sont ceux qui sont faits à des corps et communautés qui ne meurent point. Tels sont ceux qui sont faits à quèlqu'un, non en tant qu'il est une telle personne, mais en tant qu'il a un certain titre qui ne meurt point, et passe à ses succes-seurs ; par exemple, si quelqu'un léguoit au roi, un tel legs ne seroit point éteint par la mort du roi aujour-d'hui régnant avant le testateur ; *quod principi relic-tum est qui, antequàm dies legati cedat, ab hominibus ereptus est.... successori debetur;* l. 56, ff. *leg.* 2°. La raison est qu'un tel legs est censé fait, non pas tant à la personne du roi régnant, qu'au roi qui ne meurt jamais.

Il en est de même des legs qui seroient faits au

curé d'une telle paroisse, au lieutenant-général d'un tel bailliage, au doyen de l'université, etc.

Ce sont les circonstances qui doivent beaucoup servir à décider, si les legs doivent être présumés faits plutôt au titre qu'à la personne ; car si le testateur avoit des liaisons personnelles de parenté ou d'amitié avec la personne d'un procureur du roi, d'un doyen de l'université, etc., le legs fait en ces termes, au procureur du roi, au doyen de l'université, etc., pourroit être présumé fait à la personne que le testateur auroit désignée par sa qualité, au lieu de la désigner par son nom.

Par la même raison que les legs s'éteignent par la mort du légataire avant celle du testateur, ou avant l'existence de la condition, ils doivent aussi s'éteindre par l'incapacité du légataire, qui, lors de la mort du testateur ou de la condition qui donne ouverture au legs, s'en trouve incapable, comme s'il étoit devenu religieux, s'il avoit perdu la vie civile par une condamnation capitale. Voyez ce que nous avons dit, chap. 2, art. 2.

§. II. De l'extinction des legs par l'indignité des légataires.

Par le droit romain, les legs ne s'éteignoient pas proprement par l'indignité du légataire qui s'en rendoit indigne, le fisc les recueilloit en sa place. Par notre droit françois, la chose léguée demeure par-devers celui qui a été grevé du legs, lorsque le légataire s'en est rendu indigne ; c'est pourquoi l'indignité est une manière dont les legs s'éteignent de la part du légataire.

Il y avoit un grand nombre de causes d'indignité par le droit romain, qui ne sont pas reçues dans nos usages.

Les causes d'indignité parmi nous, sont: 1° si le légataire a été complice de la mort du testateur; s'il avoit fait quelque injure sanglante à sa mémoire.

2° Si quelqu'un a empêché le testateur de révoquer le testament qu'il avoit fait en sa faveur, ou même d'y retoucher, il doit être privé, comme indigne, des legs qui lui ont été faits; car son dol ne doit pas lui être profitable, et lui assurer des legs que le testateur auroit peut-être révoqués, s'il n'eût été empêché de retoucher son testament.

A l'égard des autres légataires auxquels le testateur a fait des legs par le testament qu'il avoit intention de retoucher ou même de révoquer, s'ils n'ont point été complices des manœuvres de celui qui a empêché le testateur de révoquer ou retoucher son testament, ils ne doivent point être privés de leur legs; car, n'ayant rien fait qui les en rende indignes, ils ne peuvent en être exclus qu'autant que le testateur auroit effectivement révoqué les legs qu'il leur a faits, et l'envie qu'il paroît avoir eue de retoucher son testament, ou d'en faire un nouveau, n'est pas une vraie révocation de ce legs.

Ces faits d'indignité, qu'un légataire a empêché le testateur de retoucher son testament, peuvent être prouvés par témoins, comme le peut être un autre délit; le juge néanmoins doit permettre cette preuve avec circonspection.

3° Une espéce de cause d'indignité, selon nos usages, est lorsque la personne que le testateur avoit nommée pour son exécuteur testamentaire refuse de se charger de cette exécution; il est, en conséquence de ce refus, non recevable à demander les legs qui paroîtront lui avoir été faits dans la vue de le récompenser du soin de cette exécution.

Par la même raison, quoiqu'il n'y ait point dans notre droit de tutéle testamentaire, néanmoins si le testateur avoit nommé quelqu'un de ses parents pour tuteur de ses enfants, et lui eût fait quelque legs; si le juge, sur l'avis de la famille, avoit nommé cette personne pour tuteur, et que cette personne s'excusât de la tutéle par quelque privilége, elle seroit non recevable à demander le legs qui paroîtroit lui avoir été fait dans cette vue.

§. III. De la répudiation des legs.

Le legs s'éteint de la part du légataire, lorsqu'il le répudie.

Pour qu'un légataire puisse valablement répudier le legs qui lui est fait, il faut qu'il soit usant de ses droits; une femme qui est sous puissance de mari ne peut donc valablement répudier le legs qui lui est fait, sans l'autorité de son mari; un mineur qui est sous puissance de tuteur ne le peut pareillement.

Quand même il seroit émancipé, sa minorité le rendroit restituable contre la répudiation qu'il feroit du legs, à moins que ce ne fût un legs modique, de quelque somme, ou chose mobiliaire; car les émancipés peuvent dissiper leurs meubles sans restitution.

Lorsqu'une autre personne que celle à qui le legs a

été fait en doit profiter, c'est celle qui en doit profiter qui peut valablement répudier le legs; c'est pourquoi le mari qui est en communauté de biens avec sa femme peut valablement répudier le legs fait à sa femme, qui seroit entré en sa communauté, et il n'a pas besoin, pour cette répudiation, du consentement de sa femme. On pourroit néanmoins tirer argument de la loi 26, *cod. de fid.* pour dire qu'en ce cas, la femme pourroit se faire autoriser à le demander au refus de son mari, puisqu'il est décidé en cette loi, que le fils de famille peut demander le legs qui lui a été fait, et que son père, qui auroit pu l'acquérir *jure patriæ potestatis*, auroit répudié. Il paroît par les Basil. *lib.* 2, *cap.* 8, §. 3, que cette loi est dans l'espéce d'un fils de famille.

Cela sur-tout doit être accordé à la femme, lorsqu'elle a droit de reprendre, en cas de renonciation à la communauté, ce qui est entré à cause d'elle en communauté.

La répudiation d'un legs se fait ou expressément ou tacitement.

Le consentement qu'un légataire donneroit à la vente que feroit l'héritier de la chose qui lui est léguée, est regardé comme une répudiation qu'il fait de son legs, à moins qu'il ne parût, par les circonstances, que son intention n'a pas été de répudier le legs, mais de consentir à recevoir le prix au lieu de la chose; l. 120, §. 1, ff. *de leg.* 1º; l. 88, §. 14, ff. *de leg.* 2º. Que, si un légataire a seulement souscrit comme témoin au contrat de vente de la chose qui lui a été léguée, on n'en doit point induire une renonciation au legs; l. 34, §. 2, ff. *de leg.* 2º.

Il nous reste à observer que , quoiqu'un légataire à qui le testateur a fait deux ou plusieurs legs en puisse accepter l'un et répudier l'autre, néanmoins, si l'un desdits legs a été fait sous certaines charges , le légataire ne peut pas, pour se soustraire aux charges qui lui sont imposées , le répudier et accepter celui qui est fait sans charges ; l. 5 , *ppio.* et §. 1, ff. *de leg.* 2°, et l. 22 , ff. *de fid. libert.*

SECTION IV.

De l'extinction des legs de la part de la chose léguée.

Les legs s'éteignent de la part de la chose léguée lorsqu'elle périt, ou lorsqu'elle cesse d'être susceptible du legs que le testateur a fait de cette chose.

ARTICLE PREMIER.

De l'extinction du legs lorsque la chose périt.

§. I. A l'égard de quel legs la régle reçoit-elle application, et quelles exceptions souffre-t-elle.

La régle que nous venons d'établir que les legs s'éteignent lorsque la chose léguée périt, ne peut recevoir d'application qu'à l'égard des legs de choses certaines et déterminées.

Un legs d'une chose indéterminée ne peut pas s'éteindre de cette manière ; par exemple, le legs d'un cheval indéterminé ; car ce legs, jusqu'à ce qu'il soit acquitté par la prestation d'un cheval, n'étant déterminé à aucun cheval, la mort d'aucun cheval ne peut donner lieu à l'extinction de ce legs, parcequ'on ne peut dire d'aucun cheval qu'il soit la chose qui a été léguée; il faudroit pour que la chose qui fait l'objet d'un tel legs pérît que toute l'espéce des chevaux fût périe.

Il en est de même du legs d'une somme d'argent; car ce n'est pas l'argent précisément qui se trouve dans les coffres du testateur à sa mort, qui fait l'objet de ce legs, c'est une telle somme d'argent *in abstracto*.

Au reste, les legs des choses certaines s'éteignent par l'extinction de la chose léguée, soit que ce soit une chose corporelle, soit que ce soit une chose incorporelle qui ait été léguée; par exemple, si le testateur m'a légué une certaine créance, le legs est éteint si le testateur a reçu le paiement de son vivant, ou qu'il soit devenu l'héritier de son débiteur; l. 21, ff. *de lib. leg.*; car cette créance, qui étoit la chose léguée, se trouve éteinte par le paiement ou par la confusion.

Le legs alternatif de deux choses certaines s'éteint par l'extinction des choses léguées, comme le legs pur et simple; mais comme dans les legs alternatifs de deux choses, les deux choses sont léguées, le legs n'est éteint que par l'extinction des deux choses; lorsqu'il n'en est péri qu'une, le legs subsiste dans celle qui reste.

Que, si l'héritier grevé du legs avoit offert l'une des deux au légataire, et l'eût mis en demeure de la recevoir, en ce cas, l'extinction de la seule chose qui a été offerte opéreroit l'extinction du legs, parceque le legs, par ces offres, d'alternatif qu'il étoit, avoit été déterminé à la chose offerte.

§. II. Quand une chose est-elle censée périe.

Une chose est périe lorsque ce qui constituoit la substance ne subsiste plus.

Ce qui constitue la substance de chaque chose n'est pas tant la matière dont elle est composée, que la forme qui lui est propre, qui la caractérise essentiellement et qui la différencie des autres choses. C'est pourquoi, lorsque cette forme est détruite, quoique la matière dont la chose étoit composée subsiste, et qu'elle n'ait fait que passer à une autre forme, la chose est censée périe, et le legs qui auroit été fait de cette chose est éteint.

Par exemple, si un testateur avoit légué la laine qu'il avoit chez lui, et qu'il en eût fait des habits, le legs seroit éteint par l'extinction de la chose léguée : *Lana legata, vestem quæ ex eâ facta sit deberi non placet*; 1. 88, ff. *de leg.* 3°; car, quoique la matière ne soit pas détruite et se trouve dans les habits qui en ont été faits, néanmoins, comme elle ne subsiste plus dans sa forme de laine, mais dans la forme d'habits, il est vrai de dire que la laine qui a été léguée ne subsiste plus, parceque des habits, quoique faits de laine, sont quelque chose de différent de la laine.

Du principe que c'est la forme propre et caractéristique de chaque chose qui constitue l'essence et la substance des choses, plutôt que la matière dont elles sont composées, naît une autre conséquence, qui est l'inverse de la précédente; savoir, qu'une chose n'est pas censée périe, tant que la forme qui constitue sa substance subsiste, quoiqu'il ne reste plus rien de l'ancienne matière dont elle étoit composée.

Par exemple, si un bâtiment, comme un moulin, ou un bateau, ont été si souvent réparés depuis le testament, qu'il ne reste presque plus rien, ou absolument rien des différentes parties dont il étoit pour lors composé, néanmoins étant toujours resté en sa forme de moulin ou de bateau, la chose est censée être la même qui a été léguée, et le legs n'est point éteint; *l.* 65, §. 2, ff. *de leg.* 2°; *l.* 24, §. 4, ff. *de leg.* 1°.

Par la même raison, lorsque quelqu'un a légué un troupeau ou un fonds de boutique, quoiqu'il ne reste plus aucune des bêtes qui composoient le troupeau, ni aucune des marchandises qui composoient le fonds de boutique au temps du testament, d'autres bêtes et d'autres marchandises leur ayant été substituées, néanmoins le troupeau et le fonds de boutique ayant toujours demeuré en son état de troupeau ou de fonds de boutique, le legs n'est point éteint, et le légataire peut demander la délivrance du troupeau ou du fonds de boutique qui se trouve lors de l'ouverture du legs.

Observez que tout changement dans la forme d'une chose n'opère pas sa destruction, mais seulement le changement de cette forme qui en constituoit la substance; par exemple, si un testateur a légué un certain morceau de terre, et que depuis son testament il ait construit un édifice sur ce morceau de terre, le changement qui est arrivé dans la forme de ce morceau de terre nue, qui est devenue occupée par un bâtiment, n'opère pas l'extinction du morceau de terre; car ce morceau de terre, quoique occupé par un bâtiment, est toujours un morceau de terre; la forme qui constitue la substance du morceau de terre n'est pas détruite; la forme de bâtiment qui lui est survenue n'est qu'une forme accidentelle; c'est pourquoi le legs ne sera pas éteint, et le légataire peut demander la délivrance du morceau de terre, avec le bâtiment qui y a accédé et en fait partie. *Si areæ legatæ domus sit imposita debebitur legatario, nisi testator mutavit voluntatem* (ce qu'il faudroit que l'héritier prouvât); l. 44, §. 4, ff. *de leg.* 1°.

§. III. Si, lorsque la chose léguée est détruite, le legs subsiste au moins dans ce qui en reste, et des accessoires de la chose léguée.

Il n'y a que l'extinction totale de la chose léguée qui opère l'extinction totale du legs; lorsqu'il reste quelque partie de la chose léguée, le legs subsiste pour cette partie qui reste.

Par exemple, si on m'a légué un troupeau de bœufs et qu'il n'en reste qu'un seul, le legs subsistera pour celui qui reste; l. 22, ff. *de leg.* 1°; car, quoiqu'un seul bœuf ne puisse pas former un troupeau, néanmoins lorsqu'il reste un des bœufs qui composoient le troupeau, il est vrai de dire que le troupeau n'est pas entièrement et totalement détruit, et que le bœuf qui reste est une partie du troupeau légué.

Par la même raison, si on m'a légué une maison qui depuis a été brûlée, *d. l.* 22, le legs subsiste pour la place qui reste de cette maison, car la place est une partie de la maison; la maison n'est pas détruite entièrement, il en reste la place qui en fait partie.

C'est pourquoi, si le testateur y a construit une autre maison, elle appartiendra au légataire comme accessoire de cette place qui faisoit partie de ce qui lui a été légué, suivant les principes de la loi 44, §. 4, ff. *de leg.* 1°, citée à la fin du paragraphe précédent.

Il est vrai que la loi 65, §. 2, ff. *de leg.* 1° dit formellement le contraire; mais elle ne fait que rapporter le sentiment de Celse, qui n'a pas été suivi, comme il paroît par la loi 98, §. 8, ff. *de solut.* Les anciens jurisconsultes n'avoient pas été d'accord sur cette question.

Il en est autrement lorsque le legs est non de la maison, mais de l'usufruit de la maison; lorsque la maison est brûlée, le legs est totalement éteint, parceque la chose léguée est totalement éteinte; le droit d'usufruit, qui est la chose léguée, étant le droit d'habiter, ce droit d'habiter est totalement détruit lorsqu'il ne reste plus que la place, une place n'étant pas susceptible d'habitation. C'est la décision de la loi 5, §. 2, ff. *quid. mod. ususf. exting.*

Pour revenir à ce qui concerne les legs des choses corporelles, le legs subsiste, à la vérité, en partie, lorsque la chose n'a été détruite qu'en partie; mais, lorsque la chose léguée a péri totalement avant l'ouverture du legs, ce qui en reste ne peut être prétendu par le légataire, parceque l'extinction totale de la chose léguée emporte l'extinction totale du legs.

C'est sur ce fondement que les lois décident que,

lorsqu'on a légué un certain bœuf qui est mort, le légataire n'en peut demander la peau ; *mortuo bove qui legatus est, neque corium, neque caro debetur;* l. 49, ff. *de leg.* 2°. Et pareillement, lorsqu'un bateau légué a été dépecé, le légataire n'en peut demander les planches ; *nave legatâ dissolutâ nec materia debetur;* l. 88, §. 2, ff. *de leg.* 3°; car un bœuf est totalement péri lorsqu'il est mort, le bateau est totalement détruit lorsqu'il est dépecé ; on ne peut pas dire que le bœuf légué subsite en partie par le cadavre qui en reste, et que le bateau subsiste en partie par les planches qui en restent; l'extinction de la chose léguée étant donc, en ce cas, une extinction totale, elle emporte l'extinction totale du legs, et le légataire ne peut pas prétendre ce qui reste de la chose, parceque c'est le reste d'une chose qui a existé, et qui n'existe plus; et non pas, comme dans l'espéce précédente, le reste d'une chose qui n'a été détruite qu'en partie, et qui subsiste au moins en partie dans ce qui en reste.

Que, si la chose léguée n'a été totalement détruite que depuis l'ouverture du legs; par exemple, si le bœuf qui a été légué n'est mort que depuis la mort du testateur, ce qui en reste, comme la peau, etc., doit appartenir au légataire, parceque la chose léguée ayant été une fois acquise au légataire par l'ouverture du legs, tout ce qui en reste doit lui appartenir; car tout ce qui reste d'une chose appartient à celui qui en étoit le propriétaire ; *meum est quod ex re meâ superest.*

Il faut faire la même distinction à l'égard des accessoires de la chose léguée; lorsque la chose est totalement périe avant l'ouverture du legs, les accessoires de cette chose ne peuvent être prétendus par le légataire, parceque le legs est totalement éteint, et parceque n'étant qu'accessoires de la chose léguée, ils ne sont pas compris au legs *per se*, mais seulement comme accessoires de la chose léguée, dont ils cessent d'être les accessoires lorsqu'elle ne subsiste plus, ne pouvant pas y avoir d'accessoire sans chose principale; par exemple, si un officier a légué à son camarade son cheval de bataille tout harnaché, si le cheval est mort avant l'ouverture du legs, le légataire ne pourra prétendre l'équipage de ce cheval, car il n'étoit compris au legs qu'en tant qu'accessoire du cheval, et il ne peut plus y avoir d'accessoire d'une chose qui n'est plus; *quæ accessionum locum obtinent extinguntur cùm principales res peremptæ fuerint;* l. 2, ff. *de pecul. leg.*

Que si la chose principale n'étoit périe que depuis l'ouverture du legs, cette chose ayant été une fois acquise au légataire avec ses accessoires, lesdits accessoires continueroient de lui appartenir.

§. IV. Des exceptions que souffre la règle, que le legs s'éteint par l'extinction de la chose léguée.

Cette règle souffre une première exception, lorsque c'est par le fait de celui qui étoit grevé du legs que la chose léguée est périe, car il n'est pas juste que son fait préjudicie au légataire; il doit payer au légataire l'estimation de la chose léguée périe par son fait.

Si néanmoins c'étoit par un fait que l'héritier eût dû faire que la chose léguée fût périe, il ne seroit point

tenu d'en indemniser le légataire; *arg.*, *leg.* 53 , §. 3 ,
ff. *de leg.* 3°.

Par exemple, si le cheval légué étant devenu morveux, l'héritier l'a tué pour obéir à une ordonnance
de police de tuer tous les chevaux morveux; si l'héritier, dans les circonstances d'un incendie, a abattu la
maison léguée pour couper la communication du feu,
l'héritier, en ces cas et autres semblables, ne sera point
tenu de payer au légataire le prix de la chose léguée
périe par son fait, parcequ'il n'a fait que ce qu'il devoit faire.

Une seconde exception est, lorsque la chose léguée
est périe, à la vérité, sans le fait, mais par la faute de
l'héritier grevé du legs, il est obligé d'en payer l'estimation au légataire à qui il n'a pu par sa faute préju-
dicier.

La faute dont l'héritier grevé du legs est tenu à cet
égard, est la faute légère; l. 47 , §. 5 , ff, *de leg.* 1°. Si
néanmoins l'héritier étoit grevé de rendre à quelqu'un
incontinent tout ce que le testateur lui laisse, sans
qu'il profitât de rien, il ne devroit être tenu que de la
faute grossière, *de latâ culpâ;* l. 22 , §. 3 , ff. *ad Trebell.* C'est ainsi que je pense que se doivent concilier
ces deux lois.

Une troisième exception est, lorsque la chose léguée est périe depuis que l'héritier grevé du legs a été
mis en demeure de la délivrer; car, en ce cas, comme
le légataire ne doit pas souffrir de sa demeure injuste,
il doit payer au légataire l'estimation de la chose léguée périe depuis sa demeure; l. 39 , §. 1 , ff. *de leg.*
1° *et passim.* Il n'y est néanmoins tenu qu'au cas au-

quel le légataire n'en auroit pas également souffert la perte, si elle lui eût été délivrée, *putà*, parcequ'il l'auroit vendue auparavant; que s'il paroît que le légataire en eût également souffert la perte, si elle lui eût été délivrée, comme, en ce cas, il ne souffre rien de la demeure qui lui en a été faite, l'héritier n'est point obligé à lui payer l'estimation de la chose périe depuis la demeure; l. 47, §. *fin.* ff. *de leg.* 1°.

Observez que, pour que l'héritier soit tenu de la perte de la chose léguée, périe depuis sa demeure, il faut qu'elle soit périe pendant qu'il continuoit à être en demeure; que si elle n'est périe qu'après qu'il a purgé sa demeure, par des offres qu'il a faites de lui délivrer la chose léguée, qu'il a été mis en demeure de la recevoir, la perte, en ce cas, tombe sur le légataire; *arg. leg.* 91, §. 3, ff. *de verb. obl.*

Observez aussi que, lorsqu'il y a plusieurs héritiers tenus du legs, et que la terre léguée est périe par le fait ou par la faute de l'un d'eux, ou depuis que l'un d'eux a été mis en demeure, il n'y a que celui d'entre eux par le fait ou la faute duquel la chose est périe, ou qui a été mis en demeure, qui soit tenu de la perte de la chose léguée, les autres n'en sont pas tenus; l. 48, §. 1, ff. *de leg.* 1°.

En cela, les cohéritiers sont différents des débiteurs solidaires, qui sont tous tenus à cet égard du fait, de la faute, ou de la demeure de l'un d'entre eux; l. 18, ff. *de duob. reis.*

ARTICLE II.

De l'extinction du legs, lorsque la chose léguée a cessé d'être
susceptible du legs qui en a été fait au légataire.

Le legs est éteint, lorsque la chose léguée a cessé
d'être susceptible du legs qui en a été fait au légataire.

De-là il suit, 1° que si, depuis le testament, le légataire a acquis une propriété pleine et parfaite, à titre
lucratif, de la chose qui lui a été léguée, le legs est
éteint; car la chose léguée étant devenue sa propre
chose à titre lucratif, elle n'est plus susceptible du
legs qui lui en a été fait.

De là il suit, 2° que les choses qui sont hors le commerce n'étant pas susceptibles de legs, si la chose léguée est mise hors du commerce, le legs est éteint;
comme, par exemple, si le morceau de terre qui a
été légué a été pris pour en faire le grand chemin.

Si, néanmoins, c'étoit par le fait ou par la faute de
l'héritier tenu du legs, ou depuis sa demeure, que la
chose léguée eût cessé d'être dans le commerce, il seroit obligé d'en indemniser le légataire; de même que,
lorsqu'elle est périe par son fait, ou par sa faute, ou
depuis sa demeure, il est obligé de l'en indemniser.

Si la chose léguée avoit été mise hors du commerce,
à la charge de payer des deniers publics une indemnité aux propriétaires, comme lorsqu'on a pris ici des
maisons pour faire la rue Royale; en ce cas, il n'est
pas douteux que, si la maison n'a été ainsi mise hors
du commerce que depuis l'ouverture du legs, c'est au
légataire que cette indemnité est due, puisqu'il en

étoit devenu le propriétaire, et l'avoit acquise lors de l'ouverture du legs; mais il en doit être autrement, si la chose léguée a été mise hors du commerce avant l'ouverture du legs; car, ne se trouvant plus, lors de la mort du testateur ou de la condition qui devoit donner ouverture au legs, aucune chose qui soit susceptible du legs, *dies legati inutiliter cedit*, le legs se trouve entièrement éteint dès avant qu'il puisse être ouvert.

SECTION V.

Qui doit profiter de la chose léguée, lorsque le légataire ne recueille pas le legs? Du concours des colégataires, et du droit d'accroissement.

§. I. Qui doit profiter de la chose léguée, lorsque le légataire ne recueille pas le legs.

Lorsqu'un légataire ne recueille pas le legs qui lui a été fait, soit par son prédécès, soit par son incapacité ou indignité, soit parcequ'il le répudie, ou pour quelque cause que ce soit, si le testateur lui a substitué quelqu'un par substitution vulgaire, et que cette substitution ne soit suspendue par aucune condition, c'est ce substitué qui recueille le legs à sa place.

A défaut de substitué, il y a lieu au droit d'accroissement, lorsque ce légataire a des colégataires, comme nous le verrons ci-dessous, §. 3.

A défaut de substitué et de colégataires, la chose léguée, ou la somme léguée, reste par-devers les héritiers ou autres qui étoient grevés de la prestation du legs, et ce sont eux qui en profitent.

Lorsqu'il y a un légataire, on demande si ce sont les héritiers ou le légataire universel, qui doivent profiter de l'extinction des legs particuliers? Il y en a qui ont voulu distinguer le cas auquel le testateur auroit commencé par faire un legs universel, et fait ensuite des legs particuliers, et celui auquel, après les legs particuliers, il auroit légué le surplus de ses biens; ils conviennent qu'au premier cas le légataire universel profite de l'extinction des legs particuliers, ce qui ne peut souffrir de difficulté, les legs particuliers n'étant, en ce cas, que des délibations ou diminutions du legs universel qui demeure en son entier, lorsqu'il n'y a pas lieu à ces délibations et diminutions par l'extinction des legs qui les contenoient; ils pensent qu'il en doit être autrement au second cas, parceque le testateur, léguant le surplus de ses biens au légatatire universel, ne lui a point, disent-ils, légué les choses comprises aux legs particuliers qui les précèdent. Pour moi, je pense que, même en ce cas, le légataire universel doit profiter des choses et sommes comprises dans les legs particuliers qui sont éteints, et que ces termes, *le surplus de mes biens*, doivent s'entendre, non en ce sens, le surplus de ce qui est exprimé, mais en ce sens, le surplus de ce qu'auront ceux à qui j'ai fait les legs particuliers ci-dessus. Telle est l'intention ordinaire de ceux qui font des legs universels. Ricard rapporte un arrêt qui a décidé pour notre sentiment.

Lorsque c'est un légataire particulier qui. a été chargé de restituer à un autre, en tout ou en partie, ce qui lui avoit été laissé, et que ce fidéicommis, dont il étoit grevé, vient à s'éteindre par le prédécès ou la répudiation du fidéicommissaire, ou pour quelque autre cause, c'est le légataire qui étoit grevé de ce fidéicommis qui doit profiter, plutôt que l'héritier, de l'extinction de ce fidéicommis, et qui doit garder pardevers lui ce qu'il avoit été chargé de restituer; c'est la décision de la loi 60, ff. *de leg.* 2°, et de quelques autres, *tit. de leg.* n. 405.

Il en seroit néanmoins autrement, s'il paroissoit, par les circonstances, que le testateur avoit eu intention de faire cette personne un simple exécuteur de ses volontés, et non de lui léguer.

§. II. Du concours entre plusieurs légataires d'une même chose.

Lorsqu'un testateur a légué à plusieurs la même chose ou la même somme, et que tous ces légataires de cette chose ou de cette somme acceptent le legs, la chose léguée, ou la somme léguée, se partage entre eux par portions viriles, c'est-à-dire par portions égales, et en autant de parts égales qu'il y a de personnes.

Par exemple, si un testateur s'est exprimé ainsi: Je légue à Pierre une somme de 10,000 livres; je légue à Paul la même somme de 10,000 livres que j'ai ci-dessus déja léguée à Pierre; cette somme de 10,000 livres se partage par portions égales entre Pierre et Paul, auxquels elle est léguée.

Pareillement, s'il est dit: Je légue à Pierre, à Paul, et à Jean, ma maison de la Corne; Pierre, Paul, et Jean, la partageront chacun par tiers.

Quand même Pierre, Paul, et Jean, auroient été, par une autre disposition, légataires universels avec d'autres pour des portions inégales, ils devroient partager la chose particulière qui leur est léguée, non pour les portions qui leur ont été assignées dans le legs universel, mais par portions viriles et égales; *arg. leg.* 67, §. 1, ff. *de leg.* 1°.

Ce partage entre plusieurs légataires de la chose léguée a lieu, soit qu'elle leur ait été léguée *disjunctìm*, par des dispositions ou phrases séparées, soit qu'elle leur ait été léguée *conjunctìm*, par une même phrase ou disposition.

Mais observez que, si le legs a été fait à quelqu'un d'entre eux *disjunctìm*, par des phrases et dispositions séparées, et à d'autres *conjunctìm*, par une même phrase et disposition, dans le partage qui se fera entre tous ces légataires, ceux qui se trouveront conjoints par une même phrase et disposition, ne prendront qu'une seule part pour eux tous dans le partage qu'ils feront avec ceux qui sont légataires par des phrases séparées: *Si conjuncti disjunctis commixti sunt, conjuncti unius personæ vice funguntur*; l. 34, ff. *de leg.* 1°.

Par exemple, si quelqu'un a légué ainsi : Je lègue ma maison de la Corne à Pierre; je lègue ma maison de la Corne à Paul; je lègue ma maison de la Corne à Jacques et à Jean; Pierre aura un tiers, Paul un autre tiers, et Jean et Jacques, qui sont conjoints dans une même phrase et disposition, n'auront qu'un tiers entre eux.

Si, par une même phrase et disposition, les uns sont

nommés séparément, les autres sont compris sous une appellation collective ; régulièrement ceux qui sont compris sous cette appellation collective ; ne prennent pour eux tous qu'une part. Par exemple, si quelqu'un a légué ainsi : Je lègue à Pierre, à Paul, et à ceux que j'ai faits ci-dessus mes légataires, une telle terre, *Attio et Seïo cum hœredibus meis*, la terre se partagera en trois parts, l'une pour Pierre, l'autre pour Paul, et la troisième pour tous les légataires universels ; l. 7, ff. *de usuf. accres.* Cela dépend néanmoins de beaucoup de circonstances et de l'examen de la volonté du testateur, et souvent les personnes, quoique comprises dans la disposition sous une appellation collective, ne doivent pas être réduites à une seule part pour elles toutes, mais doivent avoir chacune la leur.

Par exemple, si un testateur qui avoit trois filleuls et une filleule, a légué ainsi : Je lègue à mes filleuls et à Jeanne ma filleule, un tel contrat de rente, le contrat ne se partagera pas entre Jeanne pour une moitié, et les trois filleuls pour l'autre moitié, mais ils auront chacun un quart ; parcequ'il y a lieu de penser que, si le testateur a nommé Jeanne séparément, c'est plutôt pour lever le doute qu'il auroit pu y avoir, si elle étoit comprise sous l'appellation générique de filleuls, que dans la vue de lui attribuer une portion égale à celle des trois filleuls, sur-tout lorsqu'il n'y a pas de preuve qu'elle fût plus chère au testateur que ses autres filleuls.

Voici un autre exemple ; un testateur a légué ainsi : Je lègue une telle chose à Pierre et aux enfants qui naîtront de mon frère ; s'il naît depuis ce testament trois enfants de ce frère, ils n'auront pas seulement une part pour eux tous, mais ils partageront chacun avec Pierre par portions viriles et égales, c'est-à-dire qu'ils auront chacun un quart; *arg. l. 6 et 7, ff. de reb. dub.;* car il y a lieu de penser que, si le testateur les a compris sous une appellation générique, c'est parceque n'étant pas encore nés, ils n'avoient point encore de nom propre par lequel ils pussent être désignés, plutôt que parcequ'il eût voulu les réduire à une portion pour eux tous.

§. III. Du droit d'accroissement entre les colégataires d'une même chose, ou d'une même somme.

Les colégataires d'une même chose ou d'une même somme, sont légataires du total de la chose, ou de la somme léguée; ce n'est que par leur concours que la chose léguée, quoique léguée à chacun d'eux en total, ne pouvant pas néanmoins appartenir à chacun d'eux pour le total, *cum duo pluresve unius rei in solidum domini esse non possint,* se partage entre eux.

De là il suit que, si quelqu'un des colégataires ne recueille pas le legs, soit par son prédécès, soit par son incapacité, soit parcequ'il lui plaît de le répudier, la part qu'il auroit eue dans cette chose doit accroître à ses colégataires, *jure accressendi,* ou plutôt, *jure non decrescendi.* Car chacun des colégataires étant légataire du total de la chose léguée, n'y ayant que le concours de deux ou plusieurs légataires qui la partagent entre eux, lorsque l'un d'eux ne concourt pas, le total demeure de plein droit à l'autre.

Ce droit d'accroissement a lieu, pourvu que celui

des colégataires qui ne recueille pas le legs, n'eût |
de substitué ; car si le testateur lui avoit substitué u
autre personne, ce substitué, à son défaut, a tous
mêmes droits que lui ; il recueille le legs à sa plac
il concourt à sa place avec les autres légataires de ce
chose ; c'est pourquoi il est décidé en droit, que le dr
de substitution l'emporte sur le droit d'accroissemen
l. 2, §. 8, ff. *de bon. possess. secun. tab.* ; l. *fin. de vi
gar. substitut.*, et ailleurs.

Le droit d'accroissement a lieu entre les colégatair
à qui le testateur a légué *conjunctìm*, c'est-à-di
par une même disposition, une même phrase, et ent
ceux à qui il a légué *disjunctìm*, c'est-à-dire par d
dispositions et phrases séparées. Par exemple, so
que quelqu'un ait légué ainsi : Je lègue à Pierre,
Paul, et à André, une telle maison, soit qu'il ait lé
gué ainsi : Je lègue à Pierre une telle maison ; je légu
à Paul une telle maison ; je lègue à André une tell
maison ; si André prédécéde ou répudie les legs, l
part qu'il auroit eue accroît à Pierre et à Paul.

Observez néanmoins que les colégataires qui son
conjoints par une même disposition avec celui qui n
recueille pas le legs sont préférés, par le droit d'ac
croissement, à ceux qui sont colégataires de la mêm
chose, par des dispositions séparées ; *præfertur cæteri
qui re et verbis conjunctus est* ; l. 89, ff. *de leg.* 3°. Pa
exemple, je lègue une telle chose à Pierre ; je légu
ladite chose à Paul ; je lègue ladite chose à Jean et
Jacques ; si Jacques prédécéde, la part qu'il auroit eu
accroît à Jean seul, qui est conjoint avec lui par un
même disposition, à l'exclusion de Pierre et de Paul

qui n'étoient colégataires de Jacques que par des dispositions séparées. La raison est que, si Jacques eût concouru avec Jean, il n'eût fait tort qu'à Jean; il n'eût diminué que le droit de Jean, puisqu'ils n'auroient eu qu'un tiers pour eux deux; c'est donc Jean seul qui doit profiter de ce qu'il ne concourt pas.

Par la même raison, lorsque quelqu'un de ceux qui sont compris dans une disposition sous un nom collectif ou générique, et qui, en conséquence, n'auroient eu qu'une part pour eux tous dans la chose léguée, vient à prédécéder ou à répudier le legs, ce qu'il auroit eu dans la chose léguée accroît à ceux compris avec lui sous le même nom collectif, préférablement aux autres colégataires.

Observez aussi que les colégataires partagent la part qui leur accroît dans la même proportion qu'ils partagent la chose léguée; c'est pourquoi, lorsque le testateur a légué ainsi: Je lègue une telle chose à Pierre; je lègue ladite chose à Paul; je lègue ladite chose aux quatre enfants d'André, et que Paul vient à prédécéder, Pierre prendra seul autant dans la part de Paul qui accroît, que les quatre enfants d'André; ces quatre enfants n'ayant droit d'avoir pour eux tous qu'une part dans la chose léguée, ils ne doivent avoir pareillement qu'une part pour eux tous dans la part de Paul, qui accroît à Pierre et à eux.

Lorsque la même chose a été léguée à Pierre, purement et simplement, et à Paul sous condition; Pierre ayant acquis le legs qui lui a été fait, et étant mort pendant que celui fait à Paul étoit encore en suspens, transmet à son héritier le droit de retenir toute la chose léguée, et de profiter, par droit d'accroissement, de la part de Paul, si la condition sous laquelle le legs a été fait à Paul vient à manquer; l. 26, §. 1, ff. *de condit. et dem.*; car ce droit d'accroissement fait partie du droit résultant du legs fait à Pierre, que Pierre, ayant acquis, a transmis à son héritier.

Lorsque, après avoir répudié un legs qui m'étoit fait conjointement avec une autre personne, je deviens héritier de mon colégataire mort depuis l'échéance du legs, et avant que de s'être expliqué sur l'acceptation ou répudiation du legs, puis-je, en qualité de son héritier, acceptant le legs, acquérir même la part que j'ai répudiée de mon chef? Les proculiens et les sabiniens ont été divisés sur cette question; il me paroît qu'on doit préférer le sentiment des sabiniens, qui pensent que, en ce cas, j'acquiers la chose léguée pour le total; car je succède dans tous les droits du défunt dont je suis héritier, et, par conséquent, au droit qu'il avoit de retenir la part que j'ai répudiée. Voyez les différents textes sur cette question, *tit. de leg.*, n. 427.

Il nous reste à observer une différence sur le droit d'accroissement entre les colégataires d'une chose en propriété et les colégataires en usufruit. Lorsqu'une chose a été léguée en propriété à plusieurs colégataires, il ne peut plus y avoir lieu au droit d'accroissement, après que tous les colégataires ont concouru au legs qu'ils ont tous accepté; chacun acquiert irrévocablement, et à perpétuité, la part qu'il a dans la chose léguée par le concours, et la transmet dans sa succession, sans que ses colégataires en puissent jamais profiter; il n'en est pas de même lorsqu'une chose a été léguée en usufruit à plusieurs colégataires ; quoique tous ces colégataires aient concouru et partagé entre eux l'usufruit qui leur a été légué, le droit d'accroissement ne laisse pas d'avoir encore lieu ; car, à mesure que chacun de ces colégataires mourra, la portion qu'il avoit dans l'usufruit accroîtra à ses colégataires, au lieu de s'éteindre et de se consolider avec la propriété. La raison qu'en rendent les jurisconsultes, en la loi 1, §. 3, ff. *de usuf. accresc.*, est, disent-ils, *quia ususfructus quotidie constituitur et legatur, non ut proprietas eo solo tempore quo vindicatur, quumprimum itaquè non inveniat alter eum qui sibi concurrat, solus utetur in totum*, etc. ; c'est-à-dire qu'il n'en est pas de l'usufruit comme de la propriété ; la propriété d'une chose s'acquiert en un moment et pour toujours ; c'est pourquoi, lorsqu'un colégataire a acquis la part dans la propriété de la chose léguée, le legs ne peut plus défaillir pour sa part, puisqu'elle lui est acquise pour toujours ; il ne peut donc plus y avoir lieu au droit d'accroissement de cette part ; mais le droit d'usufruit est un droit successif qui ne s'acquiert que successivement, à mesure qu'on jouit de la chose ; lors donc que l'un des colégataires cesse, par sa mort, de jouir de sa part dans cet usufruit, on peut dire que cette part a défailli en sa personne ; et qu'il y a lieu, par conséquent, au droit d'usufruit de cette part au profit des colégataires, qui, étant chacun légataires de l'usufruit pour le total, ont droit de le retenir, lorsque les autres parts viennent à défaillir. La loi 33, §. 1, ff. *de usuf.*, rapporte une autre différence entre les colégataires d'usufruit et les colégataires d'une chose en propriété, que je ne penserois pas être suivie dans nos usages.

§. IV. Entre quels légataires y a-t-il lieu au droit d'accroissement.

Il n'y a lieu au droit d'accroissement qu'entre ceux qui sont légataires de la même chose, ou de la même somme, chacun pour le total.

Il y a deux espéces de ces colégataires : 1° Ceux à qui on légue la même chose ou la même somme par des phrases séparées, qu'on appelle *conjuncti re tantum,* comme lorsque je légue ainsi : Je légue ma maison de la Corne à Pierre ; je légue ma maison de la Corne à Paul, ou bien je légue à Pierre dix pistoles ; je légue aussi à Paul les mêmes dix pistoles.

Que, si le testateur n'avoit pas dit les mêmes dix pistoles, mais avoit dit : Je légue à Pierre dix pistoles ; je légue à Paul dix pistoles, il seroit censé avoir légué à Paul, non pas les mêmes dix pistoles, mais dix autres pistoles, et Pierre et Paul ne seroient pas conjoints.

Lorsque le testateur a légué la même part d'une chose à plusieurs, ils sont aussi conjoints et colégataires de cette part, et il y a lieu au droit d'accroissement entre eux ; comme lorsque le testateur qui n'a que la moitié d'une certaine maison, légue ainsi : Je légue ma moitié d'une telle maison à Pierre ; je légue ma moitié d'une telle maison à Paul ; ou lorsque étant propriétaire du total, il légue ainsi : Je légue la moitié de ma maison à Pierre ; je légue à Paul la même moitié de ma maison que j'ai déja léguée à Pierre ; mais s'il lègue ainsi : Je lègue la moitié de ma maison à Pierre, et plus bas, je lègue la moitié de ma maison à Paul, Pierre et Paul sont censés légataires d'une différente moitié, et ne sont point conjoints ni colégataires.

Si le testateur avoit légué le total à Pierre, et qu'ensuite il en lègue à Paul une moitié, Pierre et Paul ne seront point encore censés conjoints, mais la présomption est que le testateur a distrait du legs une moitié pour la léguer à Paul; c'est pourquoi Pierre et Paul sont censés légataires d'une différente moitié; l. 41, §. 1, ff. *de leg.*; l. 23, *cod. de leg.*

La' seconde espèce de colégataires et conjoints est de ceux à qui la même chose, ou la même part d'une chose, ou la même somme, est léguée par une même phrase, et ce sont ceux qu'on appelle *conjuncti re et verbis*, comme lorsqu'un testateur a légué ainsi : Je lègue à Pierre et à Paul ma maison de la Corne; ou je lègue à Pierre et à Paul la moitié de ma maison de la Corne; ou je lègue à Pierre et à Paul 10,000 livres; que s'il avoit ajouté, à chacun d'eux, Pierre et Paul ne seroient pas colégataires d'une même somme de 10,000 livres; mais Pierre le seroit de 10,000 livres, et Paul d'une autre somme de 10,000 livres.

Pour que les conjoints de ces deux différentes espèces soient véritablement conjoints, et puissent être légataires chacun pour le total de la même chose, il faut que le testateur ne leur ait point assigné de parts, ni expressément, ni tacitement dans cette chose.

Que, si le testateur a assigné à chacun des légataires auxquels il a légué la même chose une part dans cette chose, ces légataires ne sont point proprement colégataires, étant légataires chacun de leur part, et il n'y a pas lieu au droit d'accroissement entre eux.

On doit décider ainsi, quand même ils seroient légataires par une seule et même disposition, par une seule et même phrase, et ce sont ceux qu'on appelle *conjuncti verbis tantùm*, comme lorsqu'on a légué ainsi : *Je lègue à Pierre et à Paul ma maison de la Corne par égales portions.*

Il y a néanmoins quelques interprètes qui ont prétendu qu'il y avoit lieu au droit d'accroissement, même entre ces conjoints; *arg. leg.* 16, §. 2, *et fin. ff. de leg.* 1º; mais le sentiment contraire, qui est celui de Cujas, est plus conforme aux principes; car le testateur leur ayant assigné des parts dans la chose léguée, ces légataires n'étant légataires que de cette part qui leur a été assignée, il n'y a aucune raison pour qu'il pût y avoir lieu entre eux au droit d'accroissement, à moins qu'ils ne prouvassent par quelques circonstances, que le testateur a voulu le leur accorder; ce qui doit se supposer dans l'espéce de la loi opposée;. au reste, *sola conjunctio verborum* n'est pas, *per se*, suffisante pour faire présumer cette volonté dans le testateur, qui a pu les comprendre dans une même phrase, seulement pour abréger, *propter sermonis compendium.*

Suivant ces principes, il a été jugé qu'une chose ayant été léguée à deux personnes, avec cette clause, pour être partagée entre elles, il n'y avoit pas lieu au droit d'accroissement. L'arrêt est rapporté par Soefve, 1, 2, 3.

Lorsqu'un testateur a légué à plusieurs personnes l'usufruit d'une certaine terre pour leurs aliments, il est censé, en leur léguant pour les aliments, avoir limité le legs qu'il faisoit à la portion de cet usufruit qu'il a jugée être suffisante pour les aliments de chacun d'eux, quoiqu'il n'ait fait aucune mention expresse de parts en sa disposition; c'est pourquoi il n'y aura pas lieu au droit d'accroissement entre ces légataires; l. 57, §. 1, ff. *de usuf.*

Lorsqu'un testateur a chargé Pierre et Paul, ses deux héritiers, de laisser chacun à ses enfants l'usufruit d'une certaine terre, les enfants de Pierre sont bien conjoints entre eux dans l'usufruit de la part de la terre à laquelle Pierre, leur père, a succédé, et il y a lieu au droit d'accroissement entre eux; mais ils ne sont point conjoints et colégataires avec les enfants de Paul, et il n'y a point lieu au droit d'accroissement entre eux et les enfants de Paul, car ils sont légataires de différentes parts, Pierre n'ayant été grevé qu'envers ses enfants, et Paul ne l'ayant été qu'envers les siens, ainsi qu'il résulte de ces termes *chacun à ses enfants;* les enfants de Pierre ne sont légataires que de l'usufruit de la portion à laquelle a succédé Pierre, ceux de Paul de l'usufruit de la portion à laquelle a succédé Paul, et par conséquent, étant légataires de différentes portions, ils ne sont point conjoints, et il ne peut y avoir lieu au droit d'accroissement entre eux. C'est la décision de la loi 11, ff. *de usuf. Cùm singulis ab hœredibus singulis ejusdem rei fructus legatur, fructuarii separati videnter.... Undè fit ut inter eos jus accrescendit non sit.* ff. l. 11. *Cùm alter ab alio hœrede usumfructum vindicat;* l. 12, *d. tit.*

Lorsque la même chose a été léguée à deux personnes sous une alternative; par exemple : Je lègue à

Pierre ou à Paul telle chose, tels légataires ne sont pas conjoints, mais il sont entre eux cocréanciers solidaires de la chose léguée, *corei credendi*, et il est au pouvoir de l'héritier, en faisant la délivrance du total à l'un, de se libérer envers les deux; l. 16, ff. *de leg.* 2º.

§. V. Des différences qu'il y avoit par la constitution de Justinien entre les différentes espéces de conjoints, et si elles ont lieu dans nos usages.

La constitution de Justinien établit deux différences sur le droit d'accroissement entre les conjoints ou colégataires, par dispositions ou phrases séparées, qu'on appelle *conjuncti re tantùm,* ou *disjuncti*, et entre les colégataires conjoints par une même phrase, qu'on appelle *conjuncti re et verbis.*

Le droit d'accroissement, suivant cette loi de Justinien, a lieu, à l'égard des premiers, malgré eux, et sans qu'ils soient tenus des charges imposées au colégataire, dont la portion leur accroît; mais, à l'égard de ceux qui sont conjoints *re et verbis,* la portion du colégataire qui ne recueille pas le legs n'accroît à ses colégataires qu'autant qu'ils le veulent bien, et elle leur accroît avec toutes les charges imposées aux colégataires, dont la portion leur accroît; *disjunctis accrescit invitis et sine onere, conjunctis nonnisi volentibus, sed cum onere.* La raison de cette différence est que les légataires, par dispositions séparées, qu'on appelle *disjuncti,* ou *conjuncti re tantùm,* sont vraiment chacun légataire purement et simplement de la chose léguée entière: lorsque l'un de ces colégataires ne concourt pas au legs avec l'autre, celui qui recueille

seul le legs recueille la chose entière de son chef entièrement, et en rien du chef de son colégataire; le droit
d'accroissement est, à son égard, un non décroisse-
ment plutôt qu'un accroissement: d'où il suit qu'il ne
doit pas être tenu des charges imposées au colégataire, dont la portion lui accroît, puisqu'il n'a point
cette portion du chef de ce colégataire, mais que c'est
entièrement de son chef qu'il retient la chose entière,
d'où il suit aussi qu'*accrescit invito*, puisque, ayant
entièrement de son chef la chose entière, il ne peut
être en son pouvoir d'en accepter le legs pour partie,
et de le répudier pour partie.

Au contraire, lorsque le testateur a légué une chose
à plusieurs colégataires par une même phrase, par
une même disposition, la disposition faite au profit
de ces légataires renferme par elle-même, et *per se*,
et non *ex accidenti* d'une autre disposition, l'obligation de partager la chose léguée, en cas de concours
des colégataires; il est vrai que le testateur n'ayant
point assigné expressément de part à chacun, n'ayant
point, par conséquent, limité à aucune part le legs
qu'il faisoit à chacun d'eux, on peut dire, en un sens,
qu'il a légué à chacun d'eux la chose entière, mais il
n'a légué la chose entière à chacun d'eux qu'à défaut
des autres; chacun n'est donc proprement légataire *ex
personâ suâ* que de la portion virile, il tient le surplus du chef des autres, dont les portions lui accroissent par leur défaut, et, par conséquent, il doit être
tenu de toutes les charges imposées à ses colégataires,
selon cette maxime que, *qui alterius jure utitur eodem
jure uti debet.*

De là il suit que cette espéce de colégataire ne doit avoir le droit d'accroissement qu'autant qu'il le voudra, *accrescit volentibus*, et qu'il peut se tenir à la part qu'il a de son chef.

Cette subtile distinction entre les différentes espéces de colégataires, par rapport au droit d'accroissement, n'est point, selon que l'enseigne Ricard, admise dans nos usages, et tout colégataire, soit qu'il soit conjoint *re et verbis*, soit qu'il soit conjoint *re tantùm*, est tenu des charges imposées à ses colégataires, dont les portions lui accroissent, s'il veut user du droit d'accroissement, ce qui est à son choix.

CHAPITRE VII.

De l'interprétation des legs.

SECTION PREMIÈRE.

Régles générales sur l'interprétation des legs.

PREMIÈRE RÉGLE.

Les dernières volontés sont susceptibles d'une interprétation large, et on doit principalement s'attacher à découvrir quelle a été la volonté du testateur. *In testamentis pleniùs voluntates testantium interpretantur;* l. 12, ff. *de reg. jur. In ambiguis orationibus maximè sententia spectanda est ejus qui eas protulisset;* l. 96, ff. *de reg. jur.*

SECONDE RÈGLE.

Il ne faut pas néanmoins s'écarter de la signification propre des termes du testament, s'il n'y a de justes raisons de croire que le testateur les a entendus dans un autre sens que leur sens naturel; *non aliter à significatione verborum recedi opportet, quàm cùm manifestum est aliud sensisse testatorem;* l. 69, ff. *de leg,* 3°.

TROISIÈME RÈGLE.

Lorsqu'il y a de justes raisons de croire que le testateur a entendu les termes dont il s'est servi dans un autre sens que leur sens naturel, il faut les entendre dans le sens dans lequel il y a lieu de croire que le testateur les a entendus, plutôt que dans leur sens naturel.

Ces justes raisons sont: 1° lorsque la disposition renfermeroit une contradiction, si les termes étoient pris dans leur sens naturel. On peut apporter pour exemple des formules de substitution fidéicommissaire, dont se servent dans les testaments les notaires ignorants : *Je veux que la portion qu'un tel, mon neveu, aura dans ma succession, soit après sa mort substituée à ses enfants nés et à naître, en réservant seulement l'usufruit à mon-dit neveu.*

Il est clair que, dans cette formule, le terme d'usufruit n'est pas pris dans son sens naturel, c'est-à-dire pour un droit séparé de la propriété qu'une personne a de jouir d'une chose; mais il est pris pour le droit de propriété de substitution, que le testateur a appelé improprement *usufruit*, parceque de même que le droit d'usufruit s'éteint par la mort, de même le droit de propriété qu'a le grevé de substitution doit s'éteindre par la mort en sa personne, s'il y a ouverture à la substitution, et passer en celle des substitués ; si on l'entendoit autrement, la disposition impliqueroit contradiction ; car le testateur ayant voulu, suivant qu'il paroît par le commencement, grever son neveu de substitution, après sa mort, au profit des enfants de sondit neveu, de la portion qu'il aura dans la succession, c'est-à-dire le charger de restituer après sa mort cette portion à sesdits enfants, car voilà ce que signifie substitution ; il répugneroit qu'il n'eût pas jusqu'à sa mort la propriété de cette portion, et qu'il n'en eût que l'usufruit, car il ne pourroit pas la restituer après sa mort, s'il ne l'avoit pas ; c'est la décision de la loi 15 , ff. *de aur. et arg. leg.* 2° ; c'est encore une juste raison d'entendre les termes dont le testateur s'est servi dans un autre sens que leur sens naturel ; puisque, s'ils étoient pris dans leur sens naturel, ils exprimeroient quelque chose que le testateur n'auroit pu ordonner, ou auroit inutilement ordonné : *Quum in testamento ambiguè aut etiam perperàm scriptum est, benignè interpretari et secundùm id quod credibile est cogitatum, credendum est ;* l. 24 , ff. *de reb. dub.*

Par exemple, si dans nos coutumes, un testateur s'étoit exprimé ainsi : J'institue un tel mon héritier, le terme d'héritier dont il s'est servi ne doit pas s'entendre dans son sens naturel ; car dans ce sens, la disposition seroit inutile, puisque institution d'héritier n'a pas lieu dans nos coutumes, et qu'elles ne reconnoissent d'autres héritiers que ceux que la loi fait, et qu'il n'est point au pouvoir des testateurs de se faire des héritiers testamentaires ; ce terme d'*héritier*, dans cette disposition, doit donc se prendre plutôt dans un sens impropre, pour légataire universel, qui est le sens dans lequel vraisemblablement le testateur l'a entendu.

Voici un autre exemple ; si le testateur a fait un legs à un mineur, que le testateur devoit connoître pour avoir déja passé l'âge de pleine puberté, sous cette condition, lorsqu'il sera parvenu à la puberté, le terme de puberté ne doit pas s'entendre, dans cette disposition, dans le sens qu'il signifie ; autrement le testateur auroit inutilement apposé cette condition ; mais on doit prendre le terme de puberté pour l'âge de majorité, qui est le sens dans lequel il y a lieu de penser que le testateur l'a entendu ; *si quis jam puberi, minori tamen viginti quinque annis sic legaverit, cùm ad pubertatem pervenerit, puto de œtate eum sensisse ;* l. 5o, §. 5, ff. *de leg.* 3,

Il y a quantité d'autres exemples de cette règle, rapportés *tit. de leg.* n. 15o.

QUATRIÈME RÈGLE.

Une disposition doit s'entendre plutôt dans le sens selon lequel elle peut avoir effet, que dans le sens selon lequel elle ne pourroit en avoir aucun ; par exemple, si quelqu'un a fait des donations par contrat de mariage à sa femme, et qu'il lui en ait fait aussi pendant le mariage, et qu'étant dans une coutume qui permet de donner aux femmes par testament, et non pas entre-vifs, il se soit exprimé ainsi : *Je lègue à ma femme ce que je lui ai donné entre-vif,* on doit entendre ees termes, de ce que le testateur lui a donné par les donations qu'il lui a faites pendant le mariage, et qui sont nulles, et non de ce qu'il lui a donné par contrat de mariage; car le legs n'auroit aucun effet s'il s'entendoit de ces donations, puisque inutilement légue-t-on à quelqu'un ce qu'on lui a valablement donné; c'est la décision de la loi 109, ff. *de leg.* 1°.

CINQUIÈME RÉGLE.

Lorsqu'il ne paroît pas bien clairement par les termes dont le testateur s'est servi, ce qu'il a voulu léguer, on doit faire usage de toutes les circonstances qui peuvent servir à découvrir la volonté du testateur.

Par exemple, si j'ai légué à mon filleul une bourse de cent piéces de la monnoie qui aura cours, qui lui sera donnée le jour de ses noces; dans le doute de quelles piéces le testateur a entendu parler, si c'est de louis d'or, ou d'écus de six francs, ou d'écus de trois livres, ou d'autre moindre monnoie, il faudra examiner d'abord l'usage du testateur; car s'il étoit dans l'usage, de son vivant, de faire à ses filleuls du même état que le légataire, lors de leurs noces, un présent d'une bourse de piéces de monnoie, il sera présumé avoir entendu parler de la même espéce de monnoie dont il avoit coutume de faire présent de son vivant; à défaut de cette circonstance, l'usage du pays doit entrer en considération; car, si ces espéces de présents sont en usage dans le pays, et qu'entre gens de pareil état, ce soit ordinairement en des bourses de cent louis d'or que ces présents se font, le testateur sera présumé avoir entendu parler de bourses de cent louis d'or; la dignité de la personne du légataire, l'amitié que le testateur lui portoit, entrent aussi en considération ; enfin, les sommes qu'il a léguées à d'autres peuvent servir aussi à découvrir la volonté du testateur; car si, par le même testament, il a fait des legs à d'autres de ses filleuls de même état, d'une somme de 2,400 livres, de 2,500 livres, etc., on pourra en conclure que la bourse de cent pièces dont il a entendu parler, est une bourse de cent louis d'or; l. 5o, §. *fin.* ff. *de leg.* 1.

Un autre exemple : J'ai légué à quelqu'un la terre des Granges ou des Mazures, à son choix; j'avois réuni à celle des Granges plusieurs autres terres; dans l'incertitude si c'est la terre entière des Granges, ou l'ancien domaine de cette terre que j'ai voulu léguer, la conformité de la valeur de l'ancien domaine des Granges, avec la terre des Mazures, dont j'ai donné le choix au légataire, est une circonstance qui sert à décider que je n'ai entendu parler que de l'ancien domaine; l. 1, ff. *de reb. dub.*

Ce que le testateur a exprimé du motif de son legs, peut aussi entrer en considération pour juger du sens de la disposition, lorsqu'il est ambigu; l. 41, ff. *de leg.* 3°.

Mais quand il est d'ailleurs clair, on ne doit point s'attacher à ce qu'a pu dire le testateur sur le motif de son legs; l. 4, ff. *de alim. leg.*

SIXIÈME RÈGLE.

A défaut de circonstances sur la plus ou moins grande quantité de ce qui a été légué, on doit décider pour la moins grande; *semper in obscuris quod minimum est sequimur;* l. 9, ff. *de reg. jur.*

Par exemple, si quelqu'un a légué à un étranger une part telle qu'en auroit un de ses enfants dans ses biens; si ses enfants y ont des parts inégales, celle du légataire doit être mesurée sur celle de l'enfant qui aura la moindre part; l. 43, §. 1, ff. *de leg.* 2°.

Autre exemple : si le testateur avoit marqué qu'il réduisoit un légataire à qui il avoit fait différents legs, à un seul de ceux qu'il lui avoit faits, il seroit censé l'avoir réduit au moindre desdits legs; *sed quod magis est ademptum? ait posse dici exiguius esse præstandum;* l. 14, §. 1, *de leg.* 1°.

Cette régle cadre avec la précédente; car la cause d'un héritier étant plus favorable que celle d'un légataire étranger, c'est interpréter le legs dans le sens le plus favorable, que de l'interpréter contre le légataire, et dans le sens qui décharge davantage l'héritier.

C'est pourquoi cette régle peut souffrir exception, lorsque la personne du légataire est extrêmement favorable; *arg. leg.* 38, §. 2, ff. *de aur. leg.;* ce qui doit avoir lieu, lorsque les successeurs universels, qui profiteroient de l'interprétation qui restreindroit le legs particulier, sont des étrangers moins favorables que le légataire particulier; voyez l. 27, §. 1, ff. *de leg.* 3°.

SEPTIÈME RÉGLE.

Ce n'est pas toujours celui par qui le testateur a marqué que la somme léguée seroit comptée, qui est grevé du legs, mais plutôt celui que le testateur a eu effectivement envie de grever.

Par exemple, si le testateur a légué ainsi: Je lègue à un tel une telle somme, que mon fermier d'un tel endroit lui paiera sur ses fermes, c'est l'héritier, et non pas le fermier, qui est réputé grevé du legs de cette somme, quoique le testateur eût aussi fait des legs à ce fermier; l. 27, §. *fin.* ff. *de leg.* 3°.

Voyez d'autres exemples au n. 155.

HUITIÈME RÈGLE.

Ce n'est pas toujours celui à qui le testateur a marqué que la somme léguée seroit comptée, qui est le légataire, mais c'est celui que le testateur a voulu gratifier.

Par exemple, s'il est dit dans un testament: Je veux qu'on paie à Pierre les mille écus pour lesquels il retient mon cousin Jacques en prison: il est évident que ce n'est pas Pierre qui est le légataire, mais Jacques; c'est pourquoi, si Jacques prédécéde, le legs sera caduc; il y a une espéce semblable dans la loi 11, §. 22, ff. *de leg.* 3°. Et en général, toutes les fois qu'un testateur ordonne qu'on paiera à un créancier ce qui lui est dû par un tiers, le legs est plutôt censé fait au débiteur qu'au créancier; et pareillement, lorsque le testateur charge quelqu'un de ses légataires de payer ce qu'il doit, cette disposition est censée faite plutôt au profit des autres successeurs du testateur, qui seroient tenus de cette dette, qu'au profit du créancier.

Cependant il peut y avoir des circonstances qui fassent présumer que le testateur, en ordonnant qu'on paieroit aux créanciers d'un tiers ce qui lui étoit dû par le tiers, a voulu gratifier non seulement le débiteur, mais aussi le créancier qui avoit intérêt d'avoir un autre débiteur que le sien, qui n'étoit peut-être pas trop bon; l. 3, §. *fin.*; et l. 4, ff. *de lib. leg.* Cela se présume par les relations d'amitié, et, en ce cas, l'un et l'autre sont légataires et peuvent demander l'accomplissement du legs; c'est pourquoi le créancier même, dans le cas auquel le débiteur seroit prédécédé, peut demander que les héritiers du testateur lui paient sa dette; mais, en ce cas, comme le legs fait au débiteur est éteint par son prédécès, les héritiers du testateur pourront, en payant, se faire subroger aux actions du créancier, pour répéter la somme contre les héritiers du débiteur; ce qu'ils ne pourroient pas faire, si le débiteur, que le testateur a voulu libérer, eût survécu et acquis le droit résultant du legs que le testateur à voulu lui faire.

Il y a plusieurs autres exemples de cas auxquels d'autres que la personne à qui le testateur a exprimé que la chose ou somme léguée est délivrée ou comptée, sont, par les circonstances, présumées en être légataires. Voyez *tit. de leg.* depuis le n. 156, jusqu'au n. 164.

NEUVIÈME RÈGLE.

Le legs général de toutes les choses d'une certaine matière, renferme celles qui ne sont pas entièrement de cette matière, et dans lesquelles il entre quelque autre matière, comme accessoire.

Par exemple, si quelqu'un avoit légué ses boîtes d'écaille, le legs comprendroit celles qui auroient des charnières ou des clous d'or ou d'argent; *arg. leg.* 100, §. *fin.* ff. *de leg.* 3°.

Si quelqu'un a légué ses meubles de bois, le legs comprend, non seulement ceux qui ne sont composés que de bois, comme des tables, etc., mais ceux dont le bois fait la principale matière, quoiqu'il y en entre d'autres, comme des armoires dans lesquelles il entre des serrures et fiches de fer ; les chaises et les fauteuils, quoique garnis de tapisseries plus précieuses que le bois qui en fait la principale matière, ce qui peut néanmoins dépendre des circonstances ; mais ce legs ne comprendra pas les miroirs, ni les tableaux, quoique encadrés de bois, parceque le cadre n'en est que l'accessoire.

DIXIÈME RÈGLE.

Lorsque le testateur qui fait un legs général des choses d'une certaine espéce exprime qu'il les légue avec certaine chose qui en est accessoire, le legs renferme tant celles qui ont cet accessoire que celles qui ne l'ont pas.

Par exemple, si quelqu'un a légué le vin qui se trouve lors de son décès, avec les bouteilles dans lesquelles il seroit contenu, le legs renferme aussi celui qui seroit dans des tonneaux, des foudres qui font partie des bâtiments ; l. 6 ; l. 15, ff. *de trit. vin. leg.*

Si quelqu'un avoit légué ses chevaux avec leurs équipages, le legs comprendroit même ceux qui n'ont point d'équipages.

La raison est que ce que le testateur a ajouté, touchant les accessoires, paroît plutôt ajouté dans la vue d'expliquer ou augmenter sa disposition, que dans la vue de la limiter.

ONZIÈME RÉGLE.

Lorsque le testateur, par le legs général d'un genre de choses qui contient plusieurs espéces ou genres subalternes, a énoncé une ou deux de ces espéces, il n'est pas censé, à la vérité, avoir, par cette énonciation, voulu restreindre son legs à ces espéces, mais plutôt avoir voulu déclarer que les espéces qu'il a énoncées étoient renfermées sous ce genre, ayant pu croire qu'on en auroit pu douter; mais, s'il a fait une énonciation détaillée de plusieurs espéces, il sera présumé avoir renfermé le legs dans ces seules espéces, à moins qu'il n'ait ajouté ces termes, *et autres, ou bien,* etc.

Cùm species ex abundanti per imperitiam enumerantur generali legato non derogatur; si tamen species certi numeri demonstratæ fuerint, modus generi datus in his speciebus intelligitur; l. 9, ff. *de supell. leg.*

Par exemple, si quelqu'un avoit légué ainsi : Je légue mes meubles d'une telle maison, la bibliothéque, et l'argenterie qui s'y trouvera, il ne sera pas censé avoir restreint le legs général des meubles de cette maison à la bibliothéque et à l'argenterie; l'énonciation de la bibliothéque et de l'argenterie paroît n'être faite que dans la vue de lever le doute que le testateur pensoit qu'il pouvoit y avoir, si ces choses étoient comprises sous le terme générique de meubles d'une maison.

Mais, s'il a légué ainsi : Je légue les meubles d'une telle maison, lits, chaises, fauteuils, tapisseries, tables, coffres, armoires, et batteries de cuisine, ce long détail, dans lequel il est entré, fait présumer qu'il a voulu expliquer tout ce qu'il a entendu comprendre par ce terme générique de meubles d'une telle maison, et le legs ne renfermera rien autre chose que les espéces exprimées, à moins qu'il n'ait ajouté un *etc.*

DOUZIÈME RÈGLE.

Lorsque le testateur, par un legs général, énonce certaines choses particulières, comprises sous une certaine espéce particulière ou genre subalterne, on en conclut qu'il n'a point entendu comprendre les autres choses de cette espéce particulière ou genre subalterne; l. 18, §. 11, ff. *de inst. vel. instr.*

Par exemple, si quelqu'un a légué ainsi : Je lègue les meubles d'une telle maison, et le *Dictionnaire de Moréry,* qui y est. Les autres livres, quoique compris sous l'appellation générale de meubles d'une telle maison, ne seront point compris dans ce legs; car s'il eût entendu les comprendre, il n'eût pas, par ce legs, légué en particulier le *Dictionnaire de Moréry.*

TREIZIÈME RÈGLE.

Un legs général ne renferme point les choses de ce genre qui n'appartenoient point au testateur.

Par exemple, si j'ai légué ma terre avec tous les meubles qui servent à son exploitation, je ne suis censé avoir légué que ceux qui m'appartiennent, et non ceux qui appartiennent à mes fermiers; l. 24, ff. *de inst. vel. instr.*

Que si rien des meubles de cette terre n'appartenoit au testateur, en ce cas, il seroit censé avoir légué ce qui appartient à ses fermiers; *de leg.* 24.

20.

QUATORZIÈME RÉGLE.

Un legs général ne renferme point non plus les choses comprises sous ce genre, qui n'ont été acquises que depuis la mort du testateur, quoique par son ordre; l. 4, ff. *de aur. leg.*

QUINZIÈME RÉGLE.

Un legs général ne comprend pas les choses comprises sous ce genre, qui ont été léguées en particulier à d'autres personnes.

C'est une suite de cette régle : *In toto jure generi per speciem derogatur, et illud potissimum habetur quod ad speciem directum est;* l. 8o, ff. *de reg. jur.*

Par exemple, si j'ai légué à quelqu'un toutes les provisions de bouche qui se trouveront lors de ma mort, et que j'aie légué à un autre le vin qui se trouvera dans ma cave lors de ma mort; quoique ce vin soit compris sous ce terme général de provision de bouche, il ne sera point néanmoins compris dans le legs général, parceque le testateur en a disposé envers un autre; l. 22, ff. *de trit. vin. leg.*

Observez néanmoins que ce qui est compris dans une disposition particulière n'est excepté du legs général qu'autant que la disposition particulière seroit valable; l. *fin.*, §. *fin.* ff. *de aur. leg.*

SEIZIÈME RÉGLE.

Le legs d'une certaine rente viagère ou d'une certaine somme une fois payée, fait en termes généraux à chacune des personnes comprises sous un certain genre, ne comprend pas celles qui étoient mal avec le testateur, ni celles à qui le testateur a légué en particulier.

Par exemple, si j'ai légué une certaine somme à chacun de mes domestiques qui sont à mon service ou qui y ont été par le passé au moins pendant trois ans; un domestique qui y auroit demeuré pendant ce temps et plus, mais que j'aurois chassé et que je n'aurois pas voulu voir depuis, ne seroit pas censé compris dans cette disposition; *arg. leg.* 88, §. 11, ff. *de leg.* 2°.

Si j'ai légué à chacun de mes domestiques une certaine somme ou une certaine rente viagère, celui de mes domestiques à qui j'aurai légué en particulier quelque autre chose, ne pourra pas prétendre être compris dans le legs général, cela néanmoins dépend des circonstances; car si celui à qui j'ai fait un legs particulier étoit un de ceux qui paroissent avoir le plus mérité mon affection, et que le legs que je lui ai fait en particulier fût moindre que celui que j'ai fait, par la disposition générale, à chacun de mes domestiques, il y auroit lieu de présumer que je n'ai pas voulu, par le legs particulier, l'excepter du legs général; l. 19, §. 1, ff. *de alim. leg.*

DIX-SEPTIEME RÈGLE.

La recommandation particulière faite après un legs général de quelques personnes comprises sous une appellation générale ne restreint pas le legs général aux seules personnes recommandées.

Par exemple, si j'ai légué 70 livres de pension viagère à chacun de mes domestiques et que je dise ensuite :

Je recommande à mes héritiers André et Martine que
j'aime beauçoup, le legs que j'ai fait précédemment
ne sera pas censé restreint par cette recommandation
aux seuls André et Martine ; *arg. leg.* 5, ff. *de alim.
leg.*

DIX-HUITIÈME RÈGLE.

Dans les testaments, comme ailleurs, une disposition conçue au pluriel se distribue en plusieurs dispositions singulières.

Par exemple, si j'ai légué ainsi : Je lègue à Pierre
et à Jacques une telle chose, s'ils sont à mon service
lors de mon décès ; quoique l'un d'eux ait quitté le service du testateur, le legs ne laissera pas d'être valable
à l'égard de celui qui y sera demeuré, et cette disposition équipolle à celle-ci : Je lègue à Pierre telle
chose, s'il est à mon service lors de mon décès ; je lègue à Jacques telle chose, s'il est à mon service lors
de mon décès ; *arg. leg.* 29, §. *fin.*, ff. *de leg.* 3° ;
l. 2, §. 1, ff. *de cond. ins. et* l. 33, §. *fin.* ff. *de cond. et
demonst.*

Un autre exemple : si quelqu'un a légué ainsi : Je
fais Pierre mon légataire universel pour moitié, et
Paul pour l'autre moitié, et je leur substitue Jacques
après leur mort ; c'est comme s'il avoit dit : Je subsitue
Jacques à Pierre après sa mort, et à Paul après sa
mort ; *arg. leg.* 78, §. 7, ff. *ad senatusc. trebell.*

Cette interprétation dépend néanmoins des circonstances ; car le substitué ne recueillera les biens
qu'après la mort du dernier décédé, s'il y a des circonstances qui fassent connoître quelle a été la vo-

lonté du testateur, comme dans l'espéce de la loi 34,
ff. *de usuf. leg.*

DIX-NEUVIÈME RÈGLE.

Ces termes *mon héritier* signifient tous mes héritiers;
l. 43, ff. *de leg.* 2°; l. 98, ff. *de leg.* 3°.

VINGTIÈME RÈGLE.

Ces termes *une telle chose* signifient cette chose entière; ils signifient aussi la pleine propriété de cette
chose.

Cette décision a lieu, quand même l'usufruit de
cette chose auroit été légué à un autre; c'est pourquoi, si quelqu'un a légué ainsi : Je lègue à Pierre ma
maison de la Corne, je lègue à Paul l'usufruit de la
maison de la Corne, le legs fait à Pierre ne laissera
pas de renfermer la pleine propriété de cette maison,
et, en conséquence, il concourra avec Paul dans l'u-
sufruit; l. 19, ff. *de usuf. leg.;* l. 1, §. 17, ff. *ut leg.
caus. cav.*

VINGT-UNIÈME RÈGLE.

Dans les testaments, comme ailleurs, ce qui est à
la fin d'une phrase se rapporte à toute la phrase, et
non pas à ce qui précéde immédiatement, pourvu
néanmoins que cette fin de phrase se rapporte entièrement, en genre et en nombre, à toute la phrase.

Par exemple, si quelqu'un a légué ainsi : Je lègue à
mes domestiques mes provisions de bouche, à l'exception des bouteilles de vin qui sont à Paris; ces termes,
qui sont à Paris, ne se rapportent pas seulement aux

bouteilles de vin, mais à toute la phrase, et, par conséquent, il n'y aura de provisions de bouche, comprises dans le legs, que celles qui sont à Paris, et non celles qui sont ailleurs.

Il en seroit autrement s'il avoit légué ainsi : Je lègue mes provisions de bouche, à l'exception du vin qui est à Paris ; car ces termes, *qui est à Paris,* n'étant pas concordants en genre avec ceux-ci, *mes provisions,* ne peuvent s'y rapporter, et ne restreignent point, par conséquent, le legs aux seules provisions qui sont à Paris. *Facit.* l. 8, ff. *de aur. leg.*

VINGT-DEUXIÈME RÈGLE.

Le genre masculin renferme ordinairement le féminin ; mais le féminin ne comprend jamais le masculin.

Par exemple, lorsque ayant des frères et des sœurs, je fais un étranger légataire de mes biens ou de quelque chose particulière, et que je le charge de restituer, après sa mort, ce que je lui laisse, *à mes frères ;* par ces termes, *frères,* je suis censé avoir compris mes sœurs ; l. 93, §. 3, ff. *de leg.* 3°.

Si, n'ayant qu'un enfant, je lègue ainsi : Je fais mes légataires universels mon fils, et les autres fils que je pourrai avoir par la suite, je suis censé avoir compris les filles sous ce terme de fils ; l. 116, ff. *de verb. signif.* Au contraire, si je lègue à mes filles, mes fils ne seront point compris dans ce legs ; l. 45, ff. *de leg.* 2°.

Si quelqu'un lègue ses chevaux, ses mulets, ses moutons, les mules, les cavales, et les brebis, sont comprises dans le legs ; l. 62 ; l. 65, §. 6, ff. *de leg.* 3°.

Au contraire, si quelqu'un a légué ses cavales, ses brebis, les chevaux, les moutons, n'y seront point compris. *Exemplo pessimum est fœminino vocabulo etiam masculos contineri;* l. 45 , ff. *de leg.* 2°.

VINGT-TROISIÈME RÈGLE.

Une disposition conçue par termes du présent ou du passé, ne s'étend pas à ce qui survient depuis.

Par exemple, si quelqu'un a légué ainsi : Je lègue à Pierre ce qu'il me doit, ou ce que *je lui ai prêté*, le legs ne s'étend pas aux nouvelles dettes que Pierre auroit contractées depuis le testament envers le testateur ; l. 28 , §. 2, ff. *de lib. leg.*

Au reste, il suffit que la cause de la dette existât lors du testament, quoique le droit n'ait été ouvert que depuis.

Par exemple, si j'ai légué à mon débiteur d'une somme qui porte intérêt, ce qu'il me doit, le legs comprend les intérêts courus depuis le testament ; l. 28, §. 6 ; l. 31, §. 4, ff. *de lib. leg.*

Cette règle souffre exception, 1° à l'égard du legs de choses qui sont de nature à se subroger les unes aux autres ; car ce legs, quoique conçu par termes du présent ou du passé, comprend tout ce qui se trouve au jour de la mort, comme lorsque je lègue une métairie telle qu'elle est garnie ; l. 19 ; l. 28, ff. *de instruct. vel. instr. leg.;* l. 28, ff. *qui dies   leg.* un magasin et les marchandises qui y sont.

La règle souffre une seconde exception à l'égard de cette clause qui se trouve dans les legs, *autant que la loi me permet donner.* Car, quoiqu'elle soit conçue par termes du présent, néanmoins elle s'interprète de ce que le testateur peut donner au temps de sa mort. Par exemple, si, dans une coutume qui ne défend pas aux conjoints de se donner par testament, une femme, ayant des enfants du premier mariage lors de son testament, lègue en ces termes : Je lègue à mon mari ce que les lois me permettent de lui donner, le legs sera valable pour le total si, lors de sa mort, elle n'a plus d'enfants de son premier lit; *arg. leg.* 51, ff. *de leg.* 2°.

La raison de cette exception est que les lois qui défendent de donner au-delà d'une certaine quantité, se référant au temps de la mort, la disposition par laquelle le testateur déclare se soumettre à cette loi doit s'y référer pareillement.

Une troisième exception est à l'égard de cette clause qui se trouve dans certains legs : Je veux qu'on donne à tels et à tels, tous les ans, pendant leur vie, ce que j'ai coutume, ou ce que j'avois coutume de leur donner pour leurs aliments, pour leurs étrennes, etc., ces termes, ce que j'ai coutume, ou que j'avois coutume, *quæ vivus præstabam,* quoique termes du temps présent, ou du passé, du moins de l'imparfait, s'entendent de ce que le testateur aura eu coutume de leur donner, non au temps du testament, mais au temps qui aura précédé sa mort; l. 14, §. 2, ff. *de alim. leg.*

Une quatrième exception est à l'égard de la clause de prorogation dont il sera parlé ci-après.

VINGT-QUATRIÈME RÈGLE.

Une disposition conçue par termes du futur se réfère au temps de la mort du testateur.

Par exemple, si, dans les coutumes qui le permettent, j'ai légué à ma femme tous les bijoux et joyaux qui *seront* à son usage, ce legs conçu au futur, renferme tous ceux qui se trouveront lors de ma mort; au lieu que, si j'avois légué tous les bijoux qui sont à son usage, le legs ne renfermeroit que ceux qui étoient à son usage, au temps du testament; l. 34, §. 1 et 2, ff. *de aur. leg.*

Quelquefois pour obvier aux fraudes du légataire, on est obligé de restreindre un legs, quoique conçu au futur, à la quantité que le testateur avoit au temps du testament.

Par exemple, un épicier qui se reposoit de son commerce sur son facteur, a légué à ce facteur toutes les marchandises d'une certaine espéce qui se trouveront, ce facteur, qui avoit connoissance du legs, a rempli les magasins de son maître d'une quantité beaucoup plus grande de marchandises de cette espéce, que son maître n'avoit coutume d'en avoir; on doit restreindre le legs de ces marchandises à la quantité que le testateur avoit coutume d'en avoir lors du testament; l. 32, §. 3, ff. *de leg.* 2°; l. 34, §. 1, *de leg.* 3°.

VINGT-CINQUIEME RÈGLE.

Une disposition qui, dans les termes qu'elle est conçue, n'exprime ni temps, ni passé, ni futur, se rapporte ordinairement au temps du testament.

Par exemple, si j'ai légué à quelqu'un mon argenterie, le legs ne comprend que celle que j'avois lors de mon testament, et non de celle que j'aurois acquise depuis ; *cum dicit argentum meum, hâc demonstratione, meum, præsens, non futurum tempus ostendit;* l. 7, ff. *de aur. leg.*

Si j'ai légué à quelqu'un les journaux des savants depuis trois ans, on doit entendre que ce sont ceux depuis trois ans avant le testament, et non ceux depuis trois ans avant la mort du testateur ; *arg. leg.* 41, §. 4, ff. *de leg.* 3°, où il est dit que, si quelqu'un a légué cinq de ses esclaves, à les prendre parmi ceux au-dessous de sept ans, le legs doit s'entendre de ceux qui étoient au-dessous de sept ans au temps du testament.

La régle souffre exception à l'égard du legs de choses qui se subrogent les unes aux autres; car si cette espéce de legs se réfère au temps de la mort du testateur, quoique la disposition soit conçue en termes exprès du temps présent, et comprenne les choses qui se trouveront lors du décès, à plus forte raison doit-on le décider lorsque la disposition n'exprime aucun temps.

ARTICLE II.

Régles d'interprétation, lorsque deux ou plusieurs dispositions se contredisent.

Lorsqu'un testateur a ordonné deux choses qui se contredisent et qu'il a également persévéré dans l'une et l'autre de ses volontés, ou qu'on ne peut pas discerner quelle est celle dans laquelle il a persévéré, et

celle à laquelle il a dérogé, l'une et l'autre se détruisent mutuellement et n'ont aucun effet : *Ubi pugnantia
inter se testamento jubentur, neutrum ratum est;* l. 188,
ff. *de reg. jur.*

Ce qui est écrit en dernier lieu est présumé contenir
la volonté en laquelle le testateur a persévéré, et contenir une dérogation à ce qu'il a écrit auparavant de
contraire; *in testamentis novissimæ scripturæ valent;*
l. 12, §. 3, ff. *de leg.* 1°.

Cette régle souffroit exception à l'égard de la liberté
et de l'institution de l'héritier, lesquelles ne sont point
de notre usage.

La régle souffroit une autre exception, lorsque le
testateur, dans ce qu'il avoit ordonné en premier lieu,
avoit ajouté une clause par laquelle il dérogeoit à ce
qu'il pourroit par la suite ordonner de contraire; car,
en ce cas, ce que le testateur ordonnoit de contraire en
dernier lieu étoit de nul effet, à moins qu'il n'eût expressément dérogé à la clause dérogatoire contenue en
la première disposition; l. 22, ff. *de leg.* 3°; l. 12,
§. 3, ff. *de leg.* 1°.

Cette exception n'a pas lieu parmi nous; car l'ordonnance de 1735, art. 16, déclare nulle et de nul effet toutes les clauses dérogatoires; c'est pourquoi, ce
qui est écrit en dernier lieu déroge à ce qui a été écrit
en premier lieu et sans qu'il soit besoin de déroger
expressément à ces clauses dérogatoires.

Lorsqu'un testateur, par un même testament, a légué deux ou plusieurs fois à la même personne une
même somme, il est censé avoir fait cette répétition
par inadvertance, et le légataire ne peut prétendre

qu'une seule fois cette somme, à moins qu'il ne prouve que la volonté du testateur a été de multiplier le legs; l. 34, §. 3, ff. *de leg.* 1°.

Cette décision a lieu lorsque ce sont les mêmes personnes grevées de la prestation du legs, ou lorsque le testateur n'a pas exprimé qui il en grevoit, comme lorsqu'il a légué ainsi : Je lègue à Pierre 1,000 livres et après quelques autres articles de son testament, il a ajouté : Je lègue à Pierre 1,000 livres, Pierre ne pourra prétendre qu'une seule fois 1,000 livres.

Il en seroit autrement s'il avoit grevé différents héritiers par ces différentes dispositions, *putà*, s'il avoit ainsi légué : Mon fils donnera à Pierre la somme de 1,000 livres; et plus bas : Ma fille donnera à Pierre la somme de 1,000 livres; en ce cas, le légataire auroit droit de demander à chacun 1,000 livres; l. 44, §. 1, ff. *de leg.* 2°.

Lorsque ce n'est pas par le même testament, mais par différents testaments ou codiciles, que le testateur a légué à quelqu'un plusieurs fois la même somme, elle lui sera due plusieurs fois, quoiqu'il en ait grevé les mêmes héritiers, ou qu'il n'ait pas exprimé qui il en grevoit; l. 12, ff. *de prob.*

La raison de différence est que, s'étant passé un intervalle de temps depuis la première disposition, il n'est pas nécessaire de supposer que le legs a été répété par inadvertance, le légataire ayant pu mériter une nouvelle marque d'amitié et de reconnoissance de la part du testateur.

Lorsque le testateur a légué, par un codicile postérieur, une somme différente de celle qu'il avoit léguée par un testament ou codicile antérieur, la présomption est qu'il a voulu augmenter ou diminuer la somme portée par le testament ou codicile antérieur, et non pas qu'il ait voulu léguer les deux sommes; l. 18, ff. *de alim. leg.*

Cette décision a lieu, lorsque les deux sommes sont léguées à la même personne; il en seroit autrement s'il avoit légué une somme au père par son testament, ensuite par le codicile une autre somme aux enfants, ou à la femme; l. 27, ff. *de leg.* 3º.

ARTICLE III.

Règles pour l'interprétation de certaines choses fréquentes dans les testaments.

§. I. De la clause d'exception.

Lorsque le testateur a fait un legs de ses biens, ou d'un certain genre de chose, à l'exception de certaines choses, la clause d'exception n'est valable qu'autant qu'on peut connoître quelles sont les choses que le testateur a voulu excepter; *arg.*, l. 36, ff. *de leg.* 1º.

Quand on les connoît, elle a son entier effet, quand même le legs se trouveroit, par cette exception, entièrement absorbé; par exemple, si un homme, qui avoit un grand nombre de chiens, légue à quelqu'un tous ses chiens, à l'exception de deux que son héritier retiendra à son choix, et qu'il n'en laisse que deux en mourant, ces deux seront exceptés du legs, quoiqu'il n'en reste aucun autre; l. 65, ff. *de leg.* 1º.

§. II. De la clause de prorogation.

On appelle clause de prorogation **une clause** générale par laquelle le testateur accorde à ses héritiers un certain terme pour le paiement de ses legs, comme lorsqu'il dit : Mon héritier aura le terme d'un an pour acquitter les legs du présent testament, ou bien mes legs seront payables en trois termes, d'année en année.

Cette clause ne comprend que les legs d'une somme d'argent, ou d'une certaine quantité, comme tant de blé, tant de vin, et non pas les legs de corps certains; l. 30, *ppio.* et §. 6, ff. *de leg.* 1°.

Elle ne comprend que les legs qui sont faits sans terme et sans condition; car ceux que le testateur a faits sous un certain terme, ou sous une certaine condition, sont payables lors de ce terme ou de cette condition; d. l. 30, §. 3, 4, et 5. Le terme particulier qui leur est assigné déroge au terme général accordé pour le paiement des legs, suivant la maxime : *Generi per speciem derogatur.*

Cette clause ne comprend pas non plus les legs que le testateur a déclarés expressément devoir être acquittés incontinent après sa mort, *præsenti die;* d. l. 30, §. 2.

Elle ne comprend pas non plus les legs faits à un créancier de ce qui lui est dû, qui ne renferment d'autre avantage pour le légataire que l'avancement du paiement, et qui seroient entièrement inutiles, s'ils n'étoient payables qu'à l'expiration du terme accordé par la clause générale; l. 4, ff. *de dot. præleg.*

Cette clause, quoique conçue par terme du temps

passé, comprend non seulement les legs que le testateur a déja faits, mais ceux qu'il fera depuis, soit par le même testament, soit par des codiciles postérieurs; l. 30, §. *fin.*, et l. 31, ff. *de leg.* 1°.

Observez sur le sens de cette clause que, lorsqu'il est dit que les legs seront payés en trois termes, d'année en année, cela doit s'entendre en paiements égaux, à moins que le testateur n'ait déclaré le contraire; l. 3, *ppio.* et §. 1, ff. *de ann. leg.*

Que si le testateur a dit que l'héritier pourroit les payer en trois paiements inégaux, sans exprimer de quelle portion de la somme léguée devroit être chaque paiement, le juge les arbitrera eu égard à l'état de la succession; d. l. 3, §. 2.

§. III. De la clause de répétition.

La clause de répétition est une clause par laquelle le testateur répéte au profit de quelqu'un le legs d'une somme, ou d'une chose qui lui a été déja fait, ou qu'il a fait à un autre.

Cette clause s'exprime par ces termes : De plus que cela, *hoc ampliùs*, ou par ceux-ci : *Outre et par-dessus.*

Par exemple, si quelqu'un a légué ainsi : Je lègue à Pierre une telle métairie, et à Paul, *outre et par-dessus cela*, la somme de 100 pistoles, il est censé, par ces termes, avoir répété au profit de Paul le legs de la métairie qu'il avoit fait à Pierre : c'est pourquoi Paul et Pierre concourront au legs de cette métairie; l. 13, ff. *de leg.* 3°.

Cette clause a quelquefois l'effet de rendre valable un legs qui étoit nul; *legata inutiliter data Papinianus putat confirmari per repetitionem;* l. 19, ff. *de leg.* 1º.

Par exemple, j'avois légué, par mon testament, à Pierre un héritage que je ne savois pas lui appartenir, le legs est nul; Pierre l'ayant depuis aliéné, je m'exprime ainsi par un codicile : Je légue à Pierre 100 pistoles de plus que je ne lui ai légué; ces termes, *de plus que,* contiennent une répétition du legs de l'héritage fait par le testament, et ce legs, qui étoit nul, devient valable par la répétition, parcequ'au temps du codicile qui le contient l'héritage n'appartenant plus au légataire a pu lui être valablement légué.

Cette clause est quelquefois générale, comme lorsque le testateur s'exprime ainsi par un codicile : Je légue à chacun de mes légataires, outre et par-dessus ce que je leur ai déja légué, la somme de tant.

§. IV. De la clause d'augmentation de legs.

Lorsqu'un testateur, par un codicile, déclare qu'il légue à tous ses légataires une fois autant qu'il leur a déja légué, il est évident que cette clause ne comprend que les legs de sommes d'argent ou de quantité, comme tant de vin, tant de blé, etc., et non pas les legs de corps certains.

Elle ne comprend pas non plus ceux par lesquels le testateur n'a fait qu'ordonner la restitution de ce qu'il devoit avant le terme; l. 88, §. 7, ff. *de leg.* 2º.

C'est une question sur l'effet de cette clause, si, lorsque l'un des legs étoit fait sous des charges, on devoit doubler la somme entière, ou seulement doubler celle qui reste après la déduction des charges ; la loi 18, §. 3, ff. *de alim. leg.* paroît décider qu'on doit doubler la somme entière ; cela doit beaucoup dépendre des circonstances.

ARTICLE IV.

Règles pour l'interprétation des différents noms employés par les testateurs, pour désigner les choses qu'ils lèguent.

§. I. Interprétation de quelques noms à l'égard de legs d'immeubles.

Si j'ai légué *mes maisons d'Orléans*, le legs comprend celles que j'ai dans les faubourgs ; l. 41, §. 6, ff. *de leg.* 3°.

Que si j'avois légué les maisons que j'ai dans la ville, il y auroit lieu de soutenir que celles des faubourgs n'y seroient pas comprises, pourvu qu'il y en eût au moins deux dans la ville, sur lesquelles pût tomber cette expression. Cette décision est fondée sur la loi 2, ff. *de v. s.*, qui dit : *Urbis appellatio muris Romæ continentibus ædificiis finitur.* Lorsqu'on dit la ville simplement, cela paroît dit par opposition aux faubourgs.

Que si je n'avois pas dit simplement, que j'ai dans la ville, mais que j'ai dans la ville d'Orléans, on pourroit peut-être dire que celles des faubourgs y sont comprises, *arg.*, l. 4, §. 4, ff. *de pen. leg.*, qui dit : *Romam continentibus (finiri) et urbem Romam æquè continentibus.*

Si j'ai légué mes biens de ville, mes maisons de

ville, je pense que celles des faubourgs y sont comprises; car, maisons de ville se disent par opposition aux maisons de campagne, et comprennent celles des faubourgs.

§. II. Du legs des biens meubles, et du legs des meubles.

Lorsque je légue mes biens meubles, ou mes effets mobiliers, ce legs comprend toutes les choses mobiliaires, tant incorporelles que corporelles, et généralement tout ce qui n'est point immeuble.

Mais lorsque je légue mes meubles, le legs ne comprend que les choses qui servent à meubler mes maisons, soit à la ville, soit à la campagne; les marchandises, l'argent comptant, les billets n'y sont pas compris.

§. III. Du legs d'une terre avec les meubles servants à son exploitation.

Lorsque j'ai légué une terre que je faisois valoir, avec les meubles qui *servent à son exploitation, fundum cum instrumento*, ce legs comprend toutes les choses qui servent à faire venir les fruits, à les recueillir, et à les conserver; *ea quæ fructus cogendi, quærendi, et conservandi gratiâ parata sunt*; l. 8, *de instruct. vel instr. leg.*: tels que sont les bestiaux qui servent à fumer les terres, les bœufs ou chevaux qui servent à les labourer, ou à voiturer les fumiers et les fruits; les charrues, les charrettes, les herses, et tous autres instruments aratoires; les cuves, les tonneaux, les vans, les cribles, etc.

Ce legs comprend aussi les provisions pour la nourriture des valets et servantes employés pour l'exploitation de la terre, les marmites et autres ustensiles de cuisine, les meubles à leur usage; l. 12; l. 18, §. 3, et 9, ff. *de instr. vel. instrum. leg.*

Mais ce legs ne comprend pas ce qui est dans la terre pour l'usage de la personne du père de famille; *supellex, cæteraque, si qua in agro fuerunt quo instructior esset paterfamilias, instrumento fundi non continentur;* l. 12, §. 15.

§. IV. Du legs d'une terre où d'une maison meublée.

Lorsque je lègue une terre toute garnie, *fundum ut instructus est,* le legs comprend non seulement les meubles qui servent pour l'exploitation des métairies, mais il comprend aussi tous les meubles qui servent à meubler le château, et généralement tout ce qui y est pour l'usage du père de famille; *hoc legato, non agri instrumentum, sed proprium suum instrumentum reliquisse videteur;* l. 12, §. 27, *de instruct. vel instrum.; instructo continebuntur quæ ibi habuit ut instructior esset. d.* §.

Ce legs comprend donc, de même que le legs d'une maison garnie, non seulement les meubles d'hôtel qui servent à garnir les appartements, comme lits, fauteuils, chaises, tapiseries, tableaux, tables, bureaux, armoires, batteries et ustensiles de cuisine; il comprend aussi l'argenterie, le linge de table, les draps, la garde-robe, les carrosses, chevaux, les provisions du ménage, tant pour la table du père de famille, que pour celle de ses domestiques, tant de ceux qui sont employés auprès de sa personne, que de ceux qui sont employés aux ouvrages de la campagne; et pour la nourriture des animaux, tant de ceux qui servent pour sa personne, que de ceux qui servent à l'exploitation des terres, telles que sont les provisions de blé, avoine, pailles, foins, vins, vinaigre, sel, liqueurs, fruits, etc. *Si fundus sit instructus legatus et supellex continebitur et vestis non solùm stragula, sed et quid ibi uti solebat... Aurum et argentum vina quoque, si quæ ibi fuerint usûs ipsius causâ, et si quid aliud ustensilium;* d. l. 12, §. 28.

Les livres sont aussi compris dans le legs d'une terre meublée, ou d'une maison de ville meublée, quoique quelques jurisconsultes en eussent douté; d. l. 12, §. 34 et 43.

Mais les blés, vins, foins et autres fruits qui n'étoient point destinés pour la provision du père de famille, mais étoient destinés à être vendus, ne sont point compris dans ce legs; *fructus ibi repositos ut venirent instructo non contineri;* d. l. 12, §. 30.

Les choses qui y sont comme en réserve et qui ne servent ni à meubler les appartements, ni à l'usage du père de famille, ne sont point non plus comprises dans ce legs; *imagines hæ solæ videntur quæ in aliquo ornatu villæ fuerunt, sed si qua eò congesserat non usûs sui causâ, sed custodiæ gratiâ non continebuntur;* d. l. 12, §. 36 et 29.

Les choses mêmes qui servent à l'usage du père de famille ne sont comprises dans ce legs, que lorsque elles y sont pour y être consommées ou pour y rester, et, non pas celles qui y sont transportées pour y être seulement pendant le temps d'un séjour passager que le père de famille y fait; *fundo sicut instructus est legato, omnia quæ vel ut ipse paterfamilias cum ibi ageret, vel ut fundus esset instructus, non temporis causâ in eo habuit, relicta esse juris aucthoritate definitum est;* l. 2, *cod. de v. s.*

C'est pourquoi, ce que nous avons dit que l'argenterie, la garde-robe et autres choses qui servent à l'usage du père de famille étoient comprises dans le legs qui est fait de la terre, telle qu'elle est garnie, ne doit s'entendre que des choses de cette espéce qui sont dans cette espéce pour y rester, et non pas de celles qui y sont transportées pour y être seulement pendant le temps d'un séjour passager que le père de famille y fait; et qu'on remporte quand on s'en retourne.

§. V. Du legs des choses qui sont dans un tel lieu.

Lorsque le testateur a légué sa terre, sa maison et tout ce qui y est, le legs renferme les choses qui y sont pour y rester.

. Celles qui y sont pour rester, y sont comprises, quoiqu'au temps de la mort du testateur elles ne s'y soient pas trouvées, le testateur les ayant envoyées ailleurs pour quelque temps à dessein de les y faire revenir; et au contraire, celles qui s'y sont trouvées au temps de la mort n'y sont pas comprises, si elles n'y étoient pas pour rester, mais seulement pour un temps; *rebus quæ in fundo sunt legatis, accedunt etiam ea quæ non sunt, si esse solent, nec quæ casu ibi fuerint legata existimantur;* l. 78, §. 7, ff. *de leg.* 3°.

Par exemple, si un testateur qui a légué une telle terre ou une telle maison et ce qui y est, avoit prêté quelques livres ou quelque autre chose qui avoit coutume d'être en sa maison, ou l'avoit mise en dépôt pendant un voyage, ou mise en gage, de telle manière que la chose ne se trouvât pas, lors de sa mort, dans cette maison cette chose ne laissera pas d'être comprise au legs, comme le décide fort bien Labeon, contre le sentiment d'Ofilius; l. 39, §. 1, ff. *de aur. leg.*

Vice versâ, les choses qui seront trouvées dans cette terre ou dans cette maison lors de l'échéance du legs, ne seront pas comprises au legs, si elles n'y étoient pas pour y rester; par exemple, les bestiaux d'une autre terre, qui n'étoient dans celle-ci que pour y séjourner.

Suivant le même principe, les choses que le testateur avoit dans cette terre ou dans cette maison pour les vendre quand il en trouveroit l'occasion favorable, tels que sont les blés, les vins, de ses récoltes, à l'exception de ce qu'il a coutume d'en garder pour sa provision et généralement toutes espéces de marchandises ne sont point comprises dans ce legs; l. 32, §. 2 et 3, ff. *de usuf. leg.*

Par la même raison, l'argent comptant qui s'y trouve n'est point compris dans le legs, parcequ'il n'y étoit que pour en sortir à mesure que le testateur auroit occasion de le dépenser; l. 41, §. 6; l. 44; l. 92, §. 1, ff. *de leg.* 3°.

A l'égard des dettes actives dont les billets et cédules se seroient trouvés dans la maison, il est évident qu'elles ne sont point comprises dans ce legs, car les billets et cédules n'en sont que l'instrument probatoire, ces choses sont en elles-mêmes quelque chose d'incorporel qui ne peut être en aucun lieu; l. 18, §. *fin.*, **ff.** *de inst. vel instrum.*; d. l. 41, §. 6.

§. VI. Du legs de l'argenterie.

Lorsqu'un testateur a légué à quelqu'un son argenterie, si, comme je le pense, notre terme françois *argenterie* répond à celui d'*argentum factum*, ce legs comprend seulement la vaisselle d'argent. *Q. Mucius scribit argentum factum, vas argenteum videri esse;* l. 27, **ff.** *de aur. leg.*, c'est-à-dire tout ce qui sert pour la table, plats, assiettes, cuillers, fourchettes, couteaux, bassins, salières, chandeliers, réchauds, etc.

Les autres meubles d'argent n'y sont pas compris, comme une table d'argent, des lustres et bras d'argent, un foyer d'argent, de petites statues d'argent. *Lectum argenteum vel si qua alia argentea supellex fuit, argenti appellatione non continetur, si numero argenti habita non est, nec candelabra, vel sigilla quæ in domo reposita sunt;* l. 19, §. 8, *de aur. leg.*

Tout ce qui fait partie des bijoux ou de la toilette, quoique d'argent, n'est point compris non plus sous le terme d'argenterie, ni les médailles, encore moins l'argent monnoyé; *argentum factum rectè quis definierit quod nec in massâ, nec in laminâ, nec in signato, nec in supellectili, nec in mundo, nec in ornamentis insit;* d. l. 27, §. 6.

S'il paroissoit néanmoins que le testateur eût réputé dans son argenterie quelques unes des choses que nous avons dit n'y être pas comprises, elles y seroient comprises, c'est pourquoi la loi ci-dessus citée dit: *Si numero argenti habita non est.*

§. VII. Du legs de la garde-robe, de la toilette, des bijoux.

Lorsqu'une personne légue sa garde-robe, ce legs comprend tout ce qui sert à nous vêtir; ce legs comprend toutes sortes de vêtements, tant pour le jour que pour la nuit, les chemises comme les vêtements extérieurs, ce qui sert pour la chaussure et la coiffure; en quoi le legs de la garde-robe a plus d'étendue parmi nous que le legs *vestimentorum*, qui ne comprenoit pas la chaussure; l. 25, §. 4, ff. *de aur. leg.*

Les gants, les manchons, les manteaux, les parapluies, les parasols, paroissent aussi devoir y être compris.

Le legs de la garde-robe comprend non seulement les habits ordinaires, mais les habits de masques; *vestis appellatione et scenica continetur;* l. 127, ff. *de v. s.*, et les habits de cérémonies, comme une robe rouge, une fourrure, les habits de chœur d'un ecclésiastique, comme l'aumusse.

Ce legs ne comprend pas les pierreries, les anneaux, pendants d'oreilles, colliers, brasselets, ornements de tête, et autres choses semblables, qui servent plutôt à parer qu'à vêtir.

Il ne comprend pas les chasubles, les aubes, etc., ces choses faisant partie de la chapelle plutôt que de la garde-robe.

La toilette ne fait pas non plus partie du legs de la garde-robe; les choses qui composent la toilette d'une femme composent une espéce particulière de meubles, qui peut répondre à ce que les Romains appeloient *mundus muliebris, de quo vid. tit. de aur. leg.*, art. 2.

On connoît assez ce qui compose et fait partie de la toilette des femmes, il n'est pas besoin ici de le détailler.

Les bijoux font aussi une espéce particulière de meubles; elle a plus d'étendue qu'*ornamenta muliebria* chez les Romains; car le legs que fait une femme de ses bijoux, ne comprend pas seulement les choses qui servent à sa parure, tels que sont les colliers, pendants d'oreilles, bracelets, anneaux, pierreries, ornements de tête, rubans, etc., il comprend aussi les montres, tabatières, petites boîtes, bourses, petites statues, etc.; il ne doit pas comprendre ce qui fait partie de la toilette; car la toilette comprend une espéce particulière.

Un homme peut aussi léguer ses bijoux.

§. VIII. Du legs des provisions de ménage ou de maison.

Ce legs a rapport à celui dont il est traité au titre du Digeste *de penu legatâ;* il comprend toutes les provisions que le testateur avoit, tant pour son usage, que pour celui de ses domestiques, ses chevaux et autres animaux qu'il peut avoir à son service, comme le blé, le vin, le vinaigre, l'huile, le sel, le foin, l'avoine, la paille, le sucre, les confitures, les épiceries, *et passìm tit. de pen. leg.*

Le bois, le charbon, la chandelle, les bougies y sont aussi compris; l. 3, §. 9, ff. *de pen. leg.* Quelques jurisconsultes néanmoins en avoient douté, parcequ'on définit ordinairement *penus quœ esui potuique sunt.*

Les vins et autres liquides, qui ne peuvent être sans les barils et tonneaux qui les renferment, entraînent avec eux les barils et les tonneaux où ils sont renfermés; l. 4, ff. *de pen. leg.*

Les coffres, boîtes, paniers, qui renferment les autres provisions, ne sont point compris dans ce legs, encore moins les ustensiles de cuisine; l. 3, §. 11; l. 6, ff. *d. tit.*

Ce legs comprend non seulement les choses qui se sont trouvées dans la maison du testateur lorsqu'il est mort, mais même celles qu'il avoit ailleurs et qui néanmoins étoient destinées pour sa provision; l. 4, §. 5; l. 7, ff. *d. tit.*

Lorsque le testateur se servoit pour son ménage, du blé, du vin, et autres marchandises semblables qu'il avoit à vendre, sans avoir séparé ce qu'il destinoit pour sa provision de ce qu'il destinoit pour vendre, on doit prendre sur le total la quantité qu'il avoit coutume de dépenser pour sa maison dans une année; ff. l. 4, §. 2.

Observez aussi que ce legs ne comprend pas les provisions pour les serviteurs et animaux employés pour l'exploitation des terres du père de famille, mais seulement de ceux employés au service de sa personne; l. 3, §. 6 et 7, ff. *h. tit.*

§. IX. Du legs des meubles d'hôtel ou meubles meublants.

Les meubles d'hôtel ou meubles meublants ont rapport à ce que les Romains appeloient *Supellex;* c'est pourquoi, lorsque quelqu'un a légué ses meubles d'hôtel, ses meubles meublants, ou même simplement ses meubles, je pense que ce legs comprend tout ce qui est nécessaire à garnir une maison pour l'usage ordinaire du père de famille, à l'exception des choses qui appartiennent à quelque autre genre particulier de meubles ; *supellectilis eas res esse puto quæ ad usum communem patrisfamiliæ paratæ essent, quæ nomen sui generis separatum non haberent;* l. 6, ff. *de supell. leg.*

C'est pourquoi ce legs doit comprendre les lits, chaises, fauteuils, tapisseries, tapis, miroirs, tables, bureaux, armoires, lustres, foyers, batterie de cuisine, vaisselle d'étain et de faïence, porcelaine, cristaux de table, linge de table; l. 3 *ppio*, §. 1, 3, 4, 5, ff. *d. tit.*

L'argenterie, les provisions du ménage, la garderobe, la toilette, les bijoux, n'y sont point compris ; car ces choses sont d'autres genres particuliers de meubles; l. 1 ; l. 7, §. 1, ff. *d. tit.*

La bibliothèque n'y est point comprise ; l. 3, §. 2.

Les chevaux équipages, et autres animaux, ne sont point non plus compris dans ce legs; l. 2, *d. tit.*, ni tout ce qui sert pour les voyages, comme les malles, valises, etc.

§. **X.** Du legs d'une certaine somme par chacun an.

Lorsque le testateur a légué à quelqu'un une certaine somme d'argent, par chacun an pendant sa vie; selon les lois romaines, cette disposition contient autant de legs que de sommes, qui doivent être payées par chacun an de la vie du légataire, dont le premier échoit lors de la mort du testateur, et chacun des autres au commencement de chaque année, après la précédente révolue; de manière qu'il suffit que le lé=

gataire ait vécu le premier jour, pour qu'il transmette dans sa succession le legs de la somme entière, qui doit être payée pour cette année; *si in singulos annos alicui legatum sit, Sabinus plura legata esse ait, et primi anni purum, sequentium conditionale si vivat; l. 4, ff. de ann. leg.; sed utrùm initio cujusque anni an finito anno cedat... Labeo et Sabinus... In omnibus quæ in annos singulos relinquuntur, hoc probaverunt, ut initio cujusque anni hujus legati dies cederet; l. 12, §. 1, ff. qu. di. leg. ced.*

Je ne pense pas que cette décision soit siuvie parmi nous, et lorsqu'un testateur a légué à quelqu'un une certaine somme par chacun an, ce legs est le legs d'une pension viagère dont la somme qui est léguée par chacun an, se distribue en autant de parties qu'il y a de jours dans chaque année, et qui échoit chaque jour; c'est pourquoi lorsque le légataire meurt, il ne transmet de cette pension dans sa succession que ce qui en a couru jusqu'au jour de sa mort.

Lorsque le testateur a légué une certaine somme par chacun an pendant un certain nombre limité d'années, par exemple, pendant dix ans, il est censé n'avoir fait qu'un seul legs distribué en plusieurs paiements partiels d'année en année pour la commodité du grevé; c'est pourquoi, si le légataire meurt pendant ce temps, il transmet dans sa succession la somme entière qui devoit être payée pendant ce temps; il en seroit autrement si le testeur avoit marqué qu'il lui léguoit ces sommes pour ses aliments, ou qu'il parût par les circonstances que telle étoit la volonté du testateur; *l. 20; l. 26, §. 2, ff. qu. dies leg.*

cedat. C'est pourquoi, dans ce cas, le légataire ne transmettra dans sa succession que ce qui en aura couru jusqu'au jour de sa mort.

Lorsqu'on a légué à quelqu'un une somme pendant qu'il vivra, sans ajouter que ce seroit par chacun an, on peut douter si c'est d'une seule somme une fois payée que le testateur a entendu parler, comme l'avoit pensé Labeon, ou d'une rente viagère de cette somme, il est plus probable que c'est d'une rente viagère; ces termes pendant qu'il vivra, *donec vivat,* présentent ce sens. l. 17, **ff.** *de ann. leg.*

FIN DU TRAITÉ DES DONATIONS TESTAMENTAIRES,
ET DU 22e VOLUME.

TABLE

DES CHAPITRES, SECTIONS, ARTICLES, ET PARAGRAPHES
CONTENUS DANS LE TRAITÉ DES PROPRES ET DANS CELUI
DES DONATIONS TESTAMENTAIRES.

TRAITÉ

DES PROPRES.

TRAITÉ

DES

DONATIONS TESTAMENTAIRES.

CHAPITRE VI.

CHAPITRE VII.

FIN DE LA TABLE DU VINGT-DEUXIÈME VOLUME.

9 782019 624170